Albena Azmanova · Kapitalismus

W0175583

Reihe KURVEN

Albena Azmanova

Kapitalismus an der Kippe

Radikaler Wandel ohne Krise

Edition Konturen
Wien · Hamburg

Originaltitel: Capitalism on Edge
Copyright © 2020 Columbia University Press
Übersetzt von Georg Hauptfeld

Bibliografische Information der Deutschen Bibliothek
Die Deutsche Bibliothek verzeichnet diese Publikation in der
Deutschen Nationalbibliografie, detaillierte bibliografische Daten
sind im Internet über http://dnb.ddb.de abrufbar

Copyright © 2021 Edition Konturen
Mediendesign Dr. Georg Hauptfeld GmbH – www.konturen.cc

Umschlaggestaltung: Georg Hauptfeld
Umschlagbild: Interesni Kazki, The Sysyphus (2010). Mural
painting. Ekaterinburg, Russia.

Layout: Georg Hauptfeld
Lektorat: Sarah Fitsch

ISBN 978-3-902968-62-3

Druck: Druckerei Berger, 3580 Horn
Printed in Austria

Inhalt

Zur deutschen Ausgabe

Übersetzte Ausgaben sind ein Test dafür, wie gut ein Buch durch Zeit und Raum reist. Nicht immer erreicht diese Reise ihr Ziel. Zu dem Zeitpunkt, an dem das Buch in einer anderen Sprache für einen anderen Ort veröffentlicht wird, haben die Ereignisse die Analyse überholt. Zwischen der englischen Veröffentlichung von „Capitalism on Edge" im Januar 2020 und seiner deutschen Ausgabe im Februar 2021 schlug die Pandemie zu und stellte uns alle vor drei Rätsel. Das erste war der Zusammenstoß zwischen wissenschaftlichem Wissen und politischem Handeln: Experten hatten beharrlich vor der Wahrscheinlichkeit einer bevorstehenden Pandemie gewarnt, doch die westlichen Regierungen waren völlig unvorbereitet. Das zweite war die Kluft zwischen Wohlstand und Kapazität: Als sich die Pandemie ausbreitete, wurde deutlich, dass die wohlhabendsten Gesellschaften der Welt Schwierigkeiten hatten, den einfachen Bedarf an Schutzkleidung, medizinischer Ausrüstung und Massenimpfungen zu decken. Das dritte betrifft eine verblüffende Umkehrung der politischen Orthodoxie westlicher Regierungen vom Kapitalismus der freien Marktwirtschaft zur Stilllegung der Wirtschaft.

Durch Voraussicht, Intuition oder einfach nur Glück enthält dieses Buch Antworten auf diese Rätsel. Die Analyse des zeitgenössischen Kapitalismus, die ich in diesem Buch anbiete, ist eine Geschichte der allgegenwärtigen Fragilisierung unserer Gesellschaften – ein Zustand politischer, wirtschaftlicher und psychologischer Prekarität, der diese Gesellschaften trotz ihrer wissenschaftlichen Macht, ihres Wohlstands und ihrer politischen Raffinesse brüchig gemacht hat.

Die Leser werden auch Antworten auf ältere Rätsel finden – jene, die mich zu meiner Forschung veranlasst haben: Warum kam der Populismus in den wohlhabenden 1990er-Jahren auf, deutlich vor dem wirtschaftlichen Zusammenbruch 2008? Warum hat diese tiefgreifende Wirtschaftskrise nicht zu einem radikalen linken Aufstand geführt, wie „progressive" Kräfte gehofft hatten? Und wie steht es um die terminale Krise des Kapitalismus, die durch die Turbulenzen des jungen Jahrhunderts immer wieder ins Gespräch kommt?

Diese Ausgabe des Buches unterscheidet sich von der englischen Erstausgabe nur durch das überarbeitete Kapitel 2. Darin habe ich die Diskussion der Gesellschaftstheorie auf die Elemente reduziert, die für das Verständnis meiner Diagnose des Zustands des zeitgenössischen Kapitalismus und meiner Prognose seines Schicksals unerlässlich sind.

Albena Azmanova
Brüssel, 19. Februar 2021

Vorwort

In den 1980er-Jahren – als den sozialistischen Diktaturen der Zusammenbruch drohte – kursierte im Sowjetblock ein Witz: „Der Kapitalismus steht am Rande des Abgrunds. Er wird schon bald vom Kommunismus überholt werden." Sehr zur Überraschung aller trat dies tatsächlich ein. Die „schöne neue Welt" des autokratischen Sozialismus ist längst von der Klippe gestürzt. Der Kapitalismus steht heute noch am Abgrund, die Anhäufung ökologischer, sozialer und ökonomischer Probleme brachten ihn an die Kippe, wenn nicht sogar an den Rand seiner Existenz.

Diese Witze der Dissidenten dienten nicht der Belustigung, sie gaben uns vielmehr das schöne Gefühl, das tägliche politische Denken der Zeit zu karikieren. In diesem Buch geht es um die Möglichkeiten des radikalen Wandels, darum, den Kapitalismus zu verunsichern und aus dem Gleichgewicht zu bringen, obwohl er in den scheinbar endlosen Krisen gedeiht. Es soll dem Leser das Vergnügen bereiten, den gesunden Menschenverstand hinter dem scheinbar Undenkbaren zu erkennen – unseren Weg aus dem Kapitalismus zu finden, ohne notwendigerweise den Sozialismus anzustreben.

Kapitalismus und Sozialismus waren jene beiden konkurrierenden Systeme, die Wohlstand für alle bringen wollten. Bei der Verfolgung dieses Ziels haben sie eine unverzichtbare Bedingung des Wohlstands, die natürliche Umwelt, schwer beschädigt. Heute versagen selbst die weit entwickelten demokratischen Gesellschaften bei der Erfüllung ihrer Verpflichtung, den Klimawandel zu bekämpfen. Das wirft einige unbequeme Fragen auf: Können die politischen und wirtschaftlichen Systeme, die an der Umweltzerstörung beteiligt waren, sie wieder beheben? Wenn die Antwort nein lautet, haben wir eine Alternative?

Unsere Zeit ist arm an entscheidenden Krisen (zumindest bis Corona), revolutionären Umwälzungen und Utopien. Trotzdem waren die Bedingungen noch nie so gut für die Überwindung des Kapitalismus – ohne Mitwirkung von tödlichen Krisen, Revolutionen oder Utopien. Radikaler progressiver Wandel ohne revolutionären Bruch ist möglich, und die Zeit ist reif dafür, wie dieses Buch zu zeigen versucht.

Ich habe das kurze Bestehen des autokratischen Sozialismus (oder des „kommunistischen Regimes", wie es oft genannt wird) persönlich erlebt und durch meine Beteiligung an den Dissidentenbewegungen und Studentenstreiks, die sich in meiner Heimat Bulgarien dagegen bildeten, geholfen, es zu verkürzen. Aber wir rebellierten nicht gegen den Kommunismus; wir sehnten uns auch nicht nach dem Kapitalismus. Unsere Unzufriedenheit war durchdrungen von dem Gefühl, unser Alltag sei irgendwie pathologisch. Er hatte sich viel zu weit von den Idealen des Humanismus, der Brüderlichkeit und des Anstands entfernt, die das System zu verkörpern vorgab.

Damals wurde viel darüber geredet, dass die Dinge „nicht normal" seien: Die herrschende Klasse sei korrupt und ignorant, die Privilegien der Eliten erschreckend, die Einschränkungen der Meinungsfreiheit absurd. Und das Leben in Sparsamkeit sei beunruhigend – einer Sparsamkeit für die Masse, um den Wohlstand einiger weniger zu ermöglichen.

Unsere Forderungen waren nicht radikal; sie entsprachen der Blaupause des Kommunismus als einer gerechten und freien Gesellschaft. Deshalb fiel ich aus allen Wolken, als mir unser Fachbereichsleiter an einem Frühlingstag im Jahr 1988 mitteilte, dass ich von der Universität verwiesen werden sollte, weil ich einer Organisation beigetreten war, die „nicht den Segen der Partei hatte". Tags zuvor war ich unwissentlich zur Feindin des Regimes geworden, indem ich eine Petition unterschrieben hatte, die dazu aufrief, die lebensbedrohliche

Verschmutzung in einer Stadt an der Donau zu stoppen – wohl kaum eine Gefahr für das Establishment. Das Regime selbst hatte unsere vernünftigen Forderungen zum Schutz des menschlichen Lebens und der Umwelt zu einer Anti-Establishment-Aktion gemacht, ähnlich wie es jetzt mit Fridays for Future und dem Green New Deal geschieht.

Als die Diktaturen Osteuropas 1989 kollabierten, gab es keine Strategie, keinen großen Plan für die Zeit danach, keine organisierte revolutionäre Kraft und nicht einmal eine große Krise des Systems selbst – abgesehen von einigen Schwierigkeiten in der Wirtschaft, ähnlich der Rezession nach 2008 in den westlichen Demokratien. Die kürzlich veröffentlichten Geheimdienstakten haben gezeigt, dass das Regime Rebellinnen wie mich nicht als ernsthafte Bedrohung ansah. („Sie sind gute Kommunisten", lautete die Einschätzung.) Doch die Vielzahl unserer scheinbar unschuldigen und unkoordinierten Aktionen hatte den Sozialismus an die Kippe gebracht und löste einen radikalen, unumkehrbaren Wandel aus, der eine völlig neue politische und wirtschaftliche Ordnung hervorbrachte.

Jahre später, zunächst als Politikstudentin in New York und dann als Professorin in Paris und Brüssel, verbrachte ich viel Zeit damit, mich über die gescheiterten Versprechen und halben Misserfolge der kapitalistischen Demokratien zu wundern: von den beinahe erfolgreichen Kämpfen der Frauen für die Gleichberechtigung der Geschlechter und der immer wieder auftauchenden „religiösen Frage" in säkularen Demokratien bis hin zur berüchtigten Krise des Kapitalismus, die nie ganz eingetreten ist. Die Häufung von Beinahe-Erfolgen (Wohlstand, aber nicht für alle) und Teil-Misserfolgen (Beinahe-Umweltkatastrophe), die Verbindung aus beispielloser technologischer Fähigkeit zur Lebensverbesserung mit einer Angst, die ganze Gesellschaften verschlingt. All diese widersprüchlichen Trends haben den demokratischen Kapitalismus zu einem Augenblick der Wahrheit geführt. Dieses Buch entstand aus dem Gefühl eines politischen Déjà-vus: Eine Revolution im Westen ist nicht in Sicht, doch das Potenzial für radikale Veränderungen ist akut vorhanden.

Ein Jahrzehnt nach dem finanziellen Zusammenbruch von 2007 und 2008 – und obwohl die Vereinigten Staaten und Europa zu ihrem Wachstum vor der Krise zurückgekehrt sind – werden diese Gesellschaften von einer breiten, nebulösen Unzufriedenheit heimgesucht, die sogar von einigen Verfechtern des Kapitalismus geteilt wird. Irgendetwas stimmt nicht, sagen der zum Präsidenten gewordene Wirtschaftsmagnat Donald Trump und Christine Lagarde, Präsidentin der Europäischen Zentralbank. In der Tat stimmt vieles nicht, darin sind Millionen von Menschen einig, die durch die Art und Weise, wie Leute wie Trump und Lagarde unsere Welt gestalten, ihre Existenzgrundlage verlieren.

Auf den Straßen und in den Wahlkabinen, von Demonstrationen gegen die Sparpolitik bis zur Wahl von Anti-Establishment-Parteien hat der Aufschwung des sozialen Protests zu Beginn des 21. Jahrhunderts etwas deutlich gemacht: Wir können es nicht länger hinnehmen, wenn man uns sagt, es gebe „keine Alternative". Wir, die Bewohner der liberalen Demokratien, haben nun doch etwas von unserer politischen Leichtgläubigkeit verloren.

Dieses Buch stellt eine einfache These auf: Der gegenwärtige Zustand der kapitalistischen Demokratie birgt ein konkretes Potenzial für die Überwindung des Kapitalismus, indem man ihn *untergräbt.* Das ist ein anderer Weg der Veränderung, als ihn zu *stabilisieren* (das Streben der politischen Rechten), ihn zu *stürzen* (die Forderung der radikalen Linken) oder ihn zu *reformieren,* um ihn menschlicher zu machen (das Ziel der linken Mitte).

Den Kapitalismus zu *untergraben* bedeutet, Veränderungen von innen heraus vorzunehmen. Mit Praktiken, die die treibende Kraft des Kapitalismus angreifen – die kompetitive Produktion von Profit –, also genau jene

Dynamik, die menschliche Existenzen, soziale Gemeinschaften und die natürliche Umwelt zerstört. Ein solcher Prozess der Subversion, so behaupte ich, hängt nicht von einer bewussten und politisch artikulierten Unterstützung des Sozialismus oder einer anderen Vision einer guten Gesellschaft als Alternative zum Kapitalismus ab. So wie der Übergang vom Feudalismus zum Kapitalismus nicht unter der Ägide eines großen Entwurfs namens „Kapitalismus" stattfand, verlangt die gegenwärtige Möglichkeit eines Ausstiegs aus dem Kapitalismus keine leitende theoretische Ausarbeitung des Postkapitalismus.

Mir ist bewusst, dass mein Sinn für Geschichte durch meine persönliche Erfahrung mit der Ablösung des autokratischen Sozialismus beeinflusst wurde und, wie ich hoffe, wacher geworden ist. Die Intuitionen über den gegenwärtigen historischen Wendepunkt der kapitalistischen Demokratien sind in etwa fünfzehn Jahren Forschung zu einer Analyse herangereift. Mein Denken wurde stark beeinflusst durch die Arbeit von (und oft durch Debatten mit und schriftliche Kommentare von) Claus Offe, Robert Reich, Nancy Fraser, Wolfgang Streeck, Kalypso Nicolaïdis, Étienne Balibar, Jodi Dean, Peter Fleming, Andreas Kalyvas, Wendy Brown, Costas Douzinas, Seyla Benhabib, Steven Lukes, Maeve Cooke, Michael Leigh, Amy Allen, Rainer Forst, Peter Hall, David Rasmussen, Alessandro Ferrara, Andrew Feenberg, Victor Elgersma, Mirella Elgersma und meinen Mitstreitern im Radical Critical Theory Circle sowie meinen Studenten an der University of Kent, um nur einige jener Menschen zu nennen, die mein Denken gefördert und angeregt haben. Besonders zu Dank verpflichtet bin ich Anastas Gueordjev und Jacqueline Cessou für ihre treffenden redaktionellen Eingriffe und Victor Elgersma für seine aufschlussreiche Forschungsunterstützung während des Schreibens. Eines der gelungensten Ergebnisse dieser vorbereitenden Untersuchungen war die Entstehung der „Brüsseler Gruppe" der Frankfurter Schule, in der Azar Dakwar, Raphael Wolf, Daniel Lopez Perez und ich gemeinsam an unseren getrennten Projekten arbeiteten – über Arbeit, Protest, Religion, Sicherheit und Bürgerkrieg –, verbunden durch eine Kritik des aktuellen Kapitalismus. Nicht zuletzt zu nennen ist das Team von Columbia University Press – dessen kluger Rat und geduldiger Enthusiasmus für dieses Projekt Freude brachten, wo normalerweise Frustration herrscht.

Einer meiner Lehrer, der große Historiker Eric Hobsbawm, pflegte zu sagen, dass Geschichtsbücher nicht für Historiker geschrieben werden sollten, so wie Philosophiebücher nicht nur für andere Philosophen geschrieben werden sollten. Indem ich meinen Stil der Reflexion auf dem Mittelweg zwischen Eingeweihten und Neulingen ansiedle, möchte ich seinem Rat folgen. Natürlich kann ein gewisses Maß an Kenntnissen der Geschichte und Philosophie die Lektüre angenehmer machen, doch ich hoffe, auch ohne diese steht dem Verständnis nichts im Wege.

Meine Analysen stützen sich auf Geschichte, politische Theorie und politische Ökonomie. Anfangs war ich skeptisch gegenüber dieser disziplinären Vermischung, doch entschloss ich mich dazu, weil sie dem Thema dieses Buches angemessen ist. Zudem erkannte ich, dass meine eigene idiosynkratische Ausbildung diese Vermischung ermöglicht hat und ich in der Tat davon profitieren würde. Ich habe das Glück, bei einigen der besten Köpfe auf diesem Gebiet studiert zu haben: Claus Offe, Nancy Fraser, Andrew Arato, Seyla Benhabib, Ira Katznelson, Aristide Zolberg, Charles Tilly, Eric Hobsbawm, Charles Larmore, Ronald Dworkin und Joseph Raz. All die Weisheit dieser Gelehrten wäre mir jedoch wahrscheinlich verloren gegangen ohne die subversiv erhellende Arbeit von drei meiner Lehrer aus der Zeit des „alten Regimes" in Bulgarien: Georgi Dimitroff, Evgenij Dajnov und Stefan Popov. Ich stehe tief in ihrer Schuld. Hätte ich nicht die Sorge, anmaßend zu klingen, würde ich ihnen dieses Buch widmen.

Einleitung: „Wie konnte das passieren?", fragt eine verwirrte Linke

„Die beste Art, deine Träume zu verwirklichen, ist
aufzuwachen."
Paul Valéry, Tel Quel (1941)

Erinnern Sie sich an die „Roaring Nineties" – das wohlhabendste Jahrzehnt der Welt?[1] Schon als das 20. Jahrhundert glorreich das 21. einleitete und lange bevor die unrühmliche Finanz-, Wirtschafts- und Sozialkrise von 2008 Europa und die Vereinigten Staaten heimsuchte, zeichnete sich eine Welle rätselhafter Entwicklungen ab. Eines dieser Rätsel wurde mir 2002 von einer Gruppierung linker Parteien im Europäischen Parlament vorgelegt, die folgende Frage stellte: „Wie kommt es, dass trotz guter Wirtschaftsleistung und niedriger Arbeitslosigkeit die regierenden Linksparteien in ganz Europa Wahlen verlieren?"

Ich erklärte mich bereit, der Sache nachzugehen, und fand schließlich eine Antwort, die meinen Gesprächspartnern allerdings nicht gefiel: Unter dem Einfluss global integrierter Märkte und der Automatisierung durchlief der Kapitalismus eine rasante Transformation. Sie erzeugte neue soziale Probleme, die vom europäischen politischen Establishment der Mitte-Links- und Mitte-Rechts-Parteien wie auch von der radikalen Linken ignoriert wurden, sodass neue oder reformierte Anti-Establishment-Parteien der wachsenden öffentlichen Unzufriedenheit Ausdruck verleihen konnten.[2] Ich empfahl der Linken, sich dieser Realität umgehend zu stellen, wenn sie politisch relevant bleiben wollte.

Das schien mir jedoch eine voreilige, wenn auch plausible Antwort auf eine wichtige Frage zu sein, die eine weitere Untersuchung verdiente. Daher setzte ich meine Forschungen in den folgenden Jahren fort und untersuchte das gesamte Spektrum des Wandels, von der politischen Ökonomie der westlichen Demokratien bis hin zur ideologischen Landschaft und zu den vorherrschenden Stilen des sozialen Protests und der intellektuellen Kritik. Dieses Buch führt die verschiedenen Stränge meiner Untersuchung zusammen und erzählt eine Geschichte der Transformation des demokratischen Kapitalismus im frühen 21. Jahrhundert.

Es ist eine Geschichte über die Mutation dessen, was als „neoliberaler Kapitalismus" bekannt geworden ist, zu der neuen, bösartigeren Form der kapitalistischen Gesellschaft, in der wir heute leben. Ich nenne sie *Prekaritätskapitalismus,* um eines ihrer charakteristischen Merkmale hervorzuheben – die Universalisierung der Unsicherheit, von der jetzt die Mehrheit der Bevölkerung betroffen ist, nahezu unabhängig von Beschäftigungsart und Einkommensniveau.

Während in den letzten Jahren viel über die Krise des Kapitalismus und seinen drohenden Zusammenbruch gesagt wurde, biete ich hier eine alternative Geschichte an: dass es dem Kapitalismus als Motor des Wohlstands gut geht. Doch brauchen wir keine große Krise, keine Revolution und keine Utopie, um ihn zu überwinden. Dieses Buch zeichnet sowohl die – trotz des vielen emphatischen Krisengeredes – nicht existierende Krise des Kapitalismus nach als auch die bestehenden Möglichkeiten seiner radikalen Überwindung.

Auf den folgenden Seiten stelle ich die These auf, dass bei allen Befürchtungen und Vorwegnahmen der Krise des Kapitalismus keine solche stattgefunden hat. Was man gemeinhin als ihre Manifestationen ansieht – vom Aufstieg des Populismus bis zum Anstieg der prekären Beschäftigung und der Verlangsamung des Wachstums –, sind vielmehr die „Wachstumsschmerzen" in einem Prozess der Transformation des Kapitalismus vom neoliberalen zum prekären Modell. Das zeigt schon der Diskurs über die Krise des Kapitalismus. Wie Jacques Derrida

16

warnte, müssen wir gerade dann misstrauisch werden, wenn „die Idee, dass die gegenwärtige Welt in der Krise ist, ihre größte Inflation erlebt", und fragen: „Wer spricht über die Krise? Wer spricht gerade jetzt am meisten über sie? Mit wem? In welcher Form? Im Hinblick auf welche Auswirkungen und welche Interessen?" (1983, 71).

Merkwürdigerweise haben sich sowohl die neoliberale Rechte als auch die radikale Linke dem Diskurs über die Krise des Kapitalismus verschrieben, wenn auch in gegensätzlichen Zusammenhängen – Ängste vor dem drohenden Zusammenbruch des Kapitalismus oder Hoffnungen auf seinen baldigen Untergang. Auf der politischen Rechten geht es um eine vorübergehende, aber gefährliche Störung eines Mechanismus, der für das Wohlergehen der Gesellschaften angeblich essenziell ist und den es zu retten gilt, indem man den wirtschaftlichen und politischen Eliten noch mehr Macht gibt. Diese Vorstellung führte zu einer Fülle von politischen Maßnahmen, die darauf abzielen, den Kapitalismus zu heilen (zum Beispiel Kürzung öffentlicher Ausgaben, um die Finanzmärkte zu besänftigen). Diese konservative Nutzung des Krisendiskurses hat ihr Gegenstück auf der radikalen Linken, die auf den Zusammenbruch des Kapitalismus durch einen selbst verschuldeten Herzstillstand hofft, ausgelöst durch grassierende Ungleichheit, gierige Banker und rücksichtslose Regierende. In dieser Version soll der Kapitalismus „sein eigenes Grab schaufeln", wenn die Handlungen seiner politischen und wirtschaftlichen Führung massive Aufstände auslösen.

In ihren voreiligen Diagnosen blenden diese Zwillingsversionen die Transformation der soziopolitischen Ordnung und die Entstehung von Formen des Leidens und der Ungerechtigkeit aus, für die das alte Lexikon progressiver Politik – das Ungerechtigkeit vor allem als eine Angelegenheit von Ungleichheit und Ausgrenzung sah – keine Begriffe bereithält. Schlimmer noch: Sie ignorieren die Möglichkeit einer radikalen Transformation ohne Krise, Revolution oder Utopie.

Wir sollten die Faszination für die Krise des Kapitalismus ablegen und stattdessen alle Aufmerksamkeit auf die Einzigartigkeit unserer Zeit richten, um Tendenzen zu erkennen, die Chancen zur *Überwindung* des Kapitalismus enthalten, anstatt ihn zu stabilisieren oder zu stürzen. Dieses Buch bietet jedoch weder Vorhersagen über noch Rezepte für ein Leben nach dem Kapitalismus. Stattdessen zeichnet es ein erkennbares Muster nach, zunächst der Transformation des neoliberalen Kapitalismus in eine neue Form, danach von Tendenzen und greifbaren Entwicklungen eines radikalen Wandels – der Überwindung des Kapitalismus durch seine Subversion.

Das Motiv für dieses Buch ist das Bewusstsein für die Chancen eines radikalen Wandels, zugleich auch die Befürchtung, dass die fortschrittlichen Kräfte den falschen Weg einschlagen – indem sie die bekannte Formel des „Klassenkampfes" in ihren Forderungen nach der Rettung der Demokratie durch die Besteuerung der Reichen wiederaufleben lassen. Die politischen und wirtschaftlichen Oligarchien, die in den letzten dreißig Jahren entstanden sind, sowie verstärkte Angriffe auf liberale Werte durch protofaschistische Bewegungen haben unseren Gesellschaften schrecklichen Schaden zugefügt. Es ist notwendig, die Demokratie zu stärken.

Meiner Meinung nach können wir mehr tun. Um einen Weg zu zeichnen, der über die Demokratisierung des Kapitalismus hinausführt, formuliere ich die Kritik des Kapitalismus neu und konzentriere mich stärker auf die Dynamik der kompetitiven Produktion von Profit. Im Mittelpunkt meiner Analyse steht die Vorstellung der „radikalen Praxis", die jenen Dynamiken entgegenwirkt, die für den Kapitalismus konstitutiv sind. Ich beschreibe dieses Modell in Kapitel 2. Auch der Anhang bietet eine schnelle Referenz für Begriffe wie „Emanzipationsparadoxon".

Ich schulde dem Leser eine frühe Offenlegung meiner Auffassung von Kapitalismus. In der Frage von Sozialismus und Kapitalismus habe ich immer die Ansicht des tschechischen Schriftstellers, Staatsmannes und ehemaligen Dissidenten Václav Havel geteilt, dass „diese durch und durch ideologischen und oft semantisch verworrenen Kategorien schon seit Langem neben der Sache liegen" ([1984] 1991, 263). Um jedoch Art und Reichweite der Impulse zu erörtern, die heute in den westlichen Gesellschaften für radikale Veränderungen zu beobachten sind, betrachte ich diese Gesellschaften als institutionelle Ordnungen, die Demokratie als politisches System mit Kapitalismus als sozialem System verbinden. Ich spreche daher vom *demokratischen Kapitalismus* als einer besonderen institutionalisierten sozialen Ordnung, die diese beiden miteinander verflochtenen Systeme umfasst, jedes mit seiner besonderen operativen Logik, seinen ermöglichenden Strukturen und seinen Verteilungsergebnissen.

Unter „System" verstehe ich strukturierte soziale Beziehungen – Beziehungen, die durch die alltäglichen Interaktionen von Beteiligten im Zuge alltäglicher sozialer Praktiken (wie Arbeit oder Bezahlen von Rechnungen) erzeugt und durch die Regeln, die diese Praktiken regulieren, stabilisiert werden. Ich behaupte nicht, dass es ein „objektives System" gibt, das völlig unabhängig vom Willen der Akteure ist. Eine solche Sichtweise würde uns alle zu Gefangenen eines Schicksals machen, dem wir nicht entkommen können. Schlimmer noch: Sie würde die Täter von Ungerechtigkeit als unschuldige Opfer eines anonymen Systems entlasten. Für unsere Zwecke ist es an dieser Stelle jedoch nützlich, das gegenwärtige historische Vexierbild als Auswirkung eines Systems zu denken, und zwar aus einem einfachen Grund: Kapitalistische Demokratien weisen die Symptome von Systemen auf, mit ihren ausgeprägten Kernlogiken der kompetitiven Erzeugung von Profit und dem kompetitiven Erwerb von politischen Ämtern. Diese Systeme und die soziale Ordnung, die sie begründen, werden durch Regeln und Institutionen zum Leben erweckt – sie können jedoch kritisiert, bekämpft und aufgelöst werden.

Dieses marxsche (aber nicht marxistische)[3] Verständnis des Kapitalismus als ein historisch spezifisches und sich entwickelndes System sozialer Beziehungen lässt sich nicht einfach auf eine „Marktwirtschaft" reduzieren, auf die Produktion und den Konsum von Gütern, die über den Markt ausgetauscht werden. Das ganzheitliche Konzept, das ich vertrete – das Konzept des demokratischen Kapitalismus als institutionalisierte soziale Ordnung und des Kapitalismus als soziales System innerhalb dieser Ordnung – legt den Schwerpunkt auf Praktiken, durch die sich die Gesellschaft reproduziert. Dies verschiebt die Aufmerksamkeit weg von einer ausschließlichen Konzentration auf soziale *Klassenverhältnisse*, einer Perspektive, die unter marxistischen Gelehrten vorherrscht und den Ton in der aktuellen linken Kritik am Neoliberalismus angibt. Solche Denker nehmen die Ungerechtigkeit des Kapitalismus ausschließlich als eine Frage der Klassen- oder Gruppenherrschaft wahr. Ihr Augenmerk liegt auf der Verteilung der Lebenschancen in der Gesellschaft.

Besonders aufmerksam sollten wir auf die Bildung von Lebenschancen achten. Was macht ein gelungenes Leben im Kapitalismus aus? Wie werden dadurch bestimmte Handlungsszenarien politisch realisierbar? Antworten lassen sich finden, indem die Kernlogiken, die institutionelle Logistik der kompetitiven Produktion von Profit und die verschiedenen Formen des Schadens untersucht werden, den sie den Menschen, den Gesellschaften und der Natur zufügt. Auf diese Weise lassen sich Erfahrungen von Ungerechtigkeit nicht nur als Klagen von Opfern behandeln, die Wiedergutmachung verlangen (weil sie zum Beispiel unterbezahlt sind oder nicht respektiert werden), sondern die Vielfalt solcher Erfahrungen weist auf eine Notlage hin, die auf die übergreifende Logik des sozialen Systems zurückgeführt werden kann. Das Achten auf systemische Dynamiken statt auf materielle Ungleichheiten und Eigentumsstrukturen wird dazu führen, die beispiellose Kumulation von Ungerechtigkeiten unter den „99 Prozent" (gemäß dem Motto der Occupy-Wall-Street-Bewegung) zu erkennen und die Prekarität als gemeinsamen Nenner der verschiedenen Missstände herauszustellen. Hier liegen greifbare Möglichkeiten, Widerstand (eine Gegenhegemonie) gegen die treibende Kraft des Kapitalismus zu mobilisieren und ihn schließlich mithilfe der Institutionen der liberalen Demokratie zu unterlaufen.

Wegweiser durch die sieben Kapitel dieses Buches

Ausgangspunkt in Kapitel 1 ist der Diskurs über die „Krise des Kapitalismus", der im Zuge des wirtschaftlichen Zusammenbruchs von 2008 aufkam. Ich verfolge die Deflation des Narrativs einer großen, endgültigen Krise des Kapitalismus und den Aufstieg eines Narrativs über die Ungerechtigkeit der Ungleichheiten, das den Ruf nach Umverteilung über die politische Kluft zwischen Links und Rechts hinweg beflügelt hat.

Diese Verschiebung weist auf etwas Bedeutsames in der Natur des „Legitimitätsabkommens" zwischen Bürgern und öffentlicher Autorität hin – nämlich darauf, was die Bürger als wertvolle Dienste ansehen, die der Staat für die Gesellschaft leisten kann und muss. Bei der Vorauswahl der Missstände, die als politisch relevant gelten, wird ein ebenso wichtiger Teil des Legitimitätsabkommens ausgeblendet. Warum hat der Druck auf den Staat zugenommen, für wirtschaftliche Gerechtigkeit zu sorgen, indem er Ungleichheit reduziert, statt Armut zu lindern oder stabile Arbeitsplätze zu schaffen? Dies führt dazu, den selektiven Prozess der Politisierung genauer zu betrachten – also die Art und Weise, wie die Leiden der Gesellschaft, von Arbeitslosigkeit über mangelnde physische Sicherheit bis hin zu wachsender wirtschaftlicher Unsicherheit, als Themen dargestellt werden, die politische Aufmerksamkeit und politisches Handeln erfordern. Das Thema der Politisierung wird im Mittelpunkt meiner Untersuchung stehen: Welche sozialen Probleme werden als der öffentlichen Aufmerksamkeit würdig angesehen und wie werden soziale Ängste zu politischen Problemen, die politisches Handeln verdienen?

Die Ungerechtigkeit der Ungleichheit ist zum dominierenden Thema des sozialen Protests geworden, seit die Occupy-Bewegung stolz verkündete: „Wir sind die 99 Prozent." Ich halte diese Empörung nicht für ein Symptom der Krise des Kapitalismus, sondern vielmehr für dessen ungebrochene Gesundheit. Proteste gegen die Ungleichheit stellen die zahlreichen und schwerwiegenden Fehler des Kapitalismus dar, als seien sie mit einer Dosis Umverteilungspolitik und verstärkter Aufsicht leicht in den Griff zu bekommen. Diese scheinbar radikale Herausforderung des neoliberalen Kapitalismus verstärkt diesen in Wirklichkeit, da sie unweigerlich das Lebensmodell unterstützt, in das wir gleichberechtigt einbezogen werden wollen – was ich als „das Paradox der Emanzipation" beschreibe.

Öffentliche Proteste legitimieren somit unabsichtlich das soziale System, das sie vorgeben, infrage zu stellen, indem sie versuchen, die Ungleichheiten, die der Neoliberalismus hervorgebracht hat, zu verringern, ohne sich mit den Ursachen der wirtschaftlichen und sozialen Krise auseinanderzusetzen. (Immerhin war das Wachstum der Ungleichheit ein Ergebnis dieser Krise, nicht ihre Ursache). Auf diese Weise konnte der Kapitalismus trotz wachsender öffentlicher Unzufriedenheit weiter gedeihen.

Obwohl der wirtschaftliche Motor des Kapitalismus erhebliche Schwierigkeiten hat, Wachstum und Wohlstand *für alle* bereitzustellen, hat sich das Modell der Legitimität in den westlichen Gesellschaften so verändert, dass er mit neuer Autorität ausgestattet wurde. Es gibt keine Krise des Kapitalismus – wir leben in einer *Krise der Krise des Kapitalismus*.

Die Deflation des sozialen Protests (also die Verlagerung vom Diskurs über die Krise des Kapitalismus zu

Forderungen nach Umverteilung) und der konservative, defensive Charakter der Proteste sind symptomatisch für eine tiefgreifende Umwandlung des sozioökonomischen Modells der westlichen kapitalistischen Demokratien. Während über die Krise des Kapitalismus debattiert wurde, hat der neoliberale Kapitalismus nicht nur die wirtschaftliche Rezession des zweiten Jahrzehnts dieses Jahrhunderts überlebt, sondern auch eine Transformation vollendet, die bereits vor der Finanzkrise ihren Anfang nahm. Aus Gründen, die im Verlauf der Darstellung deutlich werden, werde ich diese Mutation des Neoliberalismus in die noch schädlichere Form des „Prekaritätskapitalismus" nachzeichnen.

In Kapitel 3 geht es um die Bildung politischer Ideologien und die Umgestaltung der Landkarte der Wahlmobilisierung im Zuge der Entstehung dieser neuen Form des Kapitalismus. Dazu gehört, dass seit Beginn dieses Jahrhunderts die klassische Links-Rechts-Spaltung durch eine Chancen-Risiko-Spaltung ersetzt wurde, die alte Loyalitäten kappt und merkwürdige neue Allianzen schmiedet. Diese Verschiebungen wurden durch die Wahrnehmung der Folgen der neuen Ökonomie offener Grenzen und technologischer Innovationen entweder als Chancen oder als Risiken begünstigt, die als öffentliche Sorgen zum Ausdruck kamen (etwa Einwanderung, Verlust der Lebensgrundlage oder CO_2-Fußabdruck).

Die alten politischen Formationen von Mitte-Links und Mitte-Rechts nähern sich nun einerseits einem „Chancen"-Pol an, der die Vorteile von Marktoffenheit und technokratischer Politikgestaltung erkennt, während sich die früheren Extreme des politischen Spektrums um einen „Risiko"-Pol zusammenziehen, der Menschen versammelt, die das ablehnen, was der Senator von Vermont, Bernie Sanders, als „Establishment-Politik und Establishment-Wirtschaft" bezeichnete. Ich stütze mich auf Erkenntnisse aus der politischen Mobilisierung und der Wahlpolitik in den Vereinigten Staaten und Europa, um die Entstehung einer neuen Reihe öffentlicher Forderungen zu analysieren, auf die das politische Angebot der Parteien derzeit reagiert. Dieses Verständnis bietet eine Alternative zu Narrativen über Aufstieg (und den implizierten Fall) des Populismus. Die Vorstellung von einem populistischen Aufstand weist auf ein Zwischenspiel, eine vorübergehende Abweichung von der „normalen Politik". Dies ist nicht meine Interpretation des Phänomens, und ich habe vorgeschlagen, auf den Begriff „Populismus" zu verzichten. Wenn man die vermeintlich populistischen Umwälzungen innerhalb dieser neuen, aber stabilen Neukonfiguration der ideologischen Landschaft der kapitalistischen Demokratien ansiedelt, wird deutlich, wie es weitergeht.

Wenn in Wahlkämpfen und öffentlichen Debatten neue Bruchlinien auftauchen, bedeutet das nicht unbedingt, dass sich eine Opposition gegen den neoliberalen Kapitalismus „von unten" zusammenbraut. Es bedeutet auch nicht, dass die gesellschaftlichen Kräfte, die derzeit den politischen Status quo unterstützen, ein dauerhaftes Interesse daran haben, diese Unterstützung fortzusetzen. Um das Potenzial für eine radikale Transformation zu untersuchen, gebe ich in Kapitel 5 einen Überblick über die politische Ökonomie und die Beziehungen zwischen Staat und Gesellschaft in der neuen Form des Kapitalismus. Um seine Besonderheiten hervorzuheben, bietet das Kapitel davor einen kurzen Rückblick auf seine Vorgänger, nämlich den liberalen Kapitalismus des 19. Jahrhunderts, den Wohlfahrtskapitalismus des frühen 20. Jahrhunderts und die neoliberale Formel des späten 20. Jahrhunderts.

Bei meiner Untersuchung über den Kapitalismus und eine seiner Ausprägungen fälle ich nicht leichtfertig ein negatives Urteil. Obwohl ich mich auf viele intellektuelle Kritiken stütze, die „Neoliberalismus" in einen pejorativen Begriff verwandelt haben, betrachtet meine Analyse alle Formen des Kapitalismus als miteinander verflochtene Dynamiken der Emanzipation (das heißt der Linderung von Unterdrückung) und der Herrschaft, so wie es der ursprünglichen Analyse von Marx entspricht. Es geht darum, fortschrittliche Tendenzen aufzuspüren und dabei zugleich die aktuell wirkenden unterdrückenden und ausbeutenden Prozesse ins Auge zu fassen.

In Kapitel 6 befasse ich mich mit der Möglichkeit oder sogar der Wahrscheinlichkeit einer anderen Art radikalen Wandels, indem ich das übergreifende Interesse formuliere, das die „99 Prozent" entwickelt haben, um das sozioökonomische System grundlegend zu verändern. Politische Antworten auf die vielfältigen Missstände könnten zu einem allmählichen Ausstieg aus dem Kapitalismus führen, weil sie dessen eigentliche konstitutive Logik hemmen würden – nämlich das kompetitive Streben nach und die Produktion von Profit.

Kapitel 7 artikuliert die Politik und die Strategien dieser Transformation als Aufbau einer „politischen Ökonomie des Vertrauens".

Obwohl ich mich auf die zentralen strukturellen Dynamiken und die systemische Logik des zeitgenössischen Kapitalismus konzentriere, bleibt meine Analyse in der historischen Besonderheit verwurzelt – die soziale Welt ist einfach akkumulierte Geschichte. Mehr über meine Auffassung von den Transmutationen des Kapitalismus möchte ich hier nicht sagen. Trotz meines früheren Rückgriffs auf Jacques Derridas Weisheit über den Gebrauch und Missbrauch von Krisendiskursen wird es nicht nötig sein, ein Schild aufzustellen, auf dem steht: „Vorsicht! Dekonstruktion im Anmarsch!" [4]

1. Die Beinahe-Krise des Kapitalismus

„Die Krise besteht gerade darin, dass das Alte stirbt und das Neue nicht geboren werden kann; in diesem Interregnum treten die verschiedensten morbiden Symptome auf."
Antonio Gramsci, Gefängnishefte (1929–1935)

Das „Ende des Kapitalismus" gibt es nicht mehr

„Ein geschickt getimter Aufruf zum Umsturz des Kapitalismus", schrieb ein Rezensent der Financial Times im Frühjahr 2010 über David Harveys Buch „Das Rätsel des Kapitals entschlüsseln". „Wenn das kein revolutionärer Moment ist, was dann?" Vergessen Sie die wütende Straße – die globalen Occupy-Bewegungen, die Indignados in Spanien, den griechischen Aufstand gegen die Austeritätspolitik, der die kommunistische Partei Syriza an die Macht brachte. Es war ausgerechnet die intellektuelle Bastion des Kapitalismus, die seinen Untergang nach der globalen Finanzkrise verkündete.

Der Kapitalismus ist natürlich immer in irgendwelchen Schwierigkeiten – Krisen sind essenziell für sein Funktionieren, wie sowohl sein Kritiker Karl Marx als auch sein Befürworter Joseph Schumpeter erklären würden.[1] Erst mit dem endgültigen Triumph der neoklassischen Ökonomie im späten 20. Jahrhundert wurde die wohlwollende unsichtbare Hand des Marktes zur Orthodoxie. Die Autorität des neoliberalen Kapitalismus gründete sich auf die herrschende Vorstellung, dass der Markt optimale Ergebnisse „ohne Fehler, Instabilität oder Krisen" sicherstellt (Shaikh 2016). Der finanzielle Zusammenbruch im ersten Jahrzehnt des 21. Jahrhunderts provozierte allerdings Äußerungen über eine *terminale* Krise des Kapitalismus – der Kapitalismus auf dem Sterbebett.

Die Bankenkrise von 2008 löste eine Reihe weiterer Krisen aus: eine Krise der Staatsfinanzen, eine Krise der Realwirtschaft und schließlich, durch steigende Arbeitslosigkeit, eine soziale Krise. Der Kapitalismus scheint immer härter daran zu arbeiten, sein eigenes Grab zu schaufeln.

Einige seiner weniger „kreativen Widersprüche" – sein Drang, Kapital zu akkumulieren, ohne es investieren zu können (da die Unternehmen auf Bargeld sitzen), seine Vorliebe für Lohnkürzungen und den Entzug von Mitteln für den Konsum, sein Zwang zur Ausbeutung der Natur bis hin zur Ausrottung – scheinen, jetzt bedrohlicher denn je, auf den bevorstehenden Untergang des Kapitalismus hinzuweisen (Harvey 2014). Sozialwissenschaftler und Fachleute haben viel zu diesem Thema gesagt. Im Umfeld der Finanzkrise widersprach Paul Mattick (2011) der verbreiteten Ansicht, menschliche Gier, strategische Fehler und Missmanagement seien schuld an der Krise – eine Position, die impliziert, dass das System repariert ist, wenn die Fehler in Moral und Verhalten beseitigt werden. Das System, so argumentierte er energisch, sei nicht zu reparieren.[2]

Ähnlich hat Wolfgang Streeck behauptet, dass sich das kapitalistische System unter dem Druck von rückläufigem Wachstum, Oligarchie, Aushungerung der öffentlichen Sphäre, Korruption und internationaler Anarchie im Niedergang befinde und nichts weiter tun könne, als seinen endgültigen Untergang hinauszuzögern. Die Regierungen kauften lediglich Zeit durch Umverteilung, Finanzregulierung und andere politische Maßnahmen, die helfen sollen, eine Illusion von Wohlstand zu schaffen (Streeck 2014, 2016).

Eine langjährige Position des Ökosozialismus aktualisierend, behauptet Saral Sarkar (2014), der Kapitalismus sei endgültig an seine Grenzen gestoßen, denn auch im Zeitalter der „nicht-materiellen" Informationstechnologie stütze er sich nach wie vor auf Ressourcen, die bald aufgebraucht seien. Paul Mason hat (2015) die These formuliert, der Kapitalismus, so widerstandsfähig er auch sein mag, könne die gleichzeitige existenzielle Bedrohung durch eine alternde Bevölkerung im globalen Norden, eine weltweite Schuldenkrise und den Klimawandel nicht überleben. Er glaubt, wir stünden kurz vor dem Ausstieg aus dem Kapitalismus, da die Informationstechnologien nicht nur ein transformatives Potenzial enthielten (das in jede Richtung gehen kann), sondern eine wirklich emanzipatorische Kraft, die die Entwicklung einer sozial gerechteren und nachhaltigeren Wirtschaft fördere. Auch Slavoj Žižek (2018) besteht darauf, der globale Kapitalismus stehe kurz davor, unter der unerträglichen Leichtigkeit der Automatisierung, dem Aufstieg immaterieller/intellektueller Arbeit, der Virtualisierung des Geldes und der Auflösung von Klassengemeinschaften völlig zu verschwinden.

Die Diagnosen über den bevorstehenden Untergang des Kapitalismus stützen sich typischerweise auf drei Behauptungen. Erstens, das System steht aufgrund der schlechten wirtschaftlichen Leistung, einschließlich der Erschöpfung der natürlichen Ressourcen, auf die es sich stützt, kurz vor dem Zusammenbruch. Zweitens, die Institutionen, von denen es abhängt, nämlich die der liberalen Demokratie, resignieren. Drittens, der Kapitalismus verliert seine Legitimität, da die breite öffentliche Unterstützung für ihn schwindet. Nichts von alledem ist eingetreten oder steht kurz bevor. Noch wichtiger ist, dass eine solche tödliche Krise des Kapitalismus keine Vorbedingung für seine Überwindung ist. Diese Skizze der gegenwärtigen Zwangslage kann vorerst als Einstieg in die Analyse dienen.

Die Mahnungen vor dem Kapitalismus und die Warnungen vor seinem Untergang nach der Finanzkrise kamen nicht nur von der Linken. Man denke auch an Papst Franziskus' öffentliche Befürwortung von Marx' Kritik von Entfremdung und Ausbeutung, ebenso an das Bild des französischen Präsidenten Nicolas Sarkozy aus dem Jahr 2009, der ostentativ eine Ausgabe von „Das Kapital" in der Hand hält. Manche Äußerungen stammen aus der Geschäftswelt selbst. „Der Kapitalismus ist tot", schrieb Alec Reed, Gründer eines der größten Privatunternehmen Großbritanniens (Reed 2011). In ihrer Rede auf der „Conference on Inclusive Capitalism" sprach die damalige Direktorin des Internationalen Währungsfonds, Christine Lagarde, 2014 über die jüngsten Exzesse des Finanzkapitalismus und behauptete: „Eines der Hauptopfer ist das Vertrauen – in Führungskräfte, in Institutionen, in das System des freien Marktes selbst" (Lagarde 2015). Dies deutete eher auf eine Krise des sozialen Systems als auf einen finanziellen und wirtschaftlichen Zusammenbruch hin.

Ein gutes Jahrzehnt nach dem Höhepunkt der Krise hat der wirtschaftliche Motor des Kapitalismus immer noch Schwierigkeiten, und es herrscht das allgemeine Gefühl, dass vieles im Argen liegt. Auch wenn sich die Wirtschaft erholt hat, die Gesellschaft hat es nicht: Für die meisten Menschen fühlt sich die Erholung wie eine Depression an. Die Weltwirtschaft liegt immer noch in Trümmern. Die Gesellschaften sind durch finanzielle Volatilität und mageres Wachstum gelähmt. Die Arbeitsverhältnisse werden immer prekärer, für Wohlhabende wie für Arme. Der zunehmende Arbeitsdruck fordert selbst von „Insidern" des Arbeitsmarktes, die wir so beneiden, wachsenden psychischen Tribut. Junge Menschen sind zu Recht besorgt, dass sie vielleicht nie einen Job finden werden. Angesichts der Vielzahl guter Gründe für massive Unzufriedenheit sollte die Suche nach einem alternativen sozioökonomischen System, das Wohlstand und Gerechtigkeit bringen kann, jetzt greifbare Formen annehmen. Stattdessen sind die Rufe nach dem Umsturz des Kapitalismus verstummt. Wir sind in eine Zone eingetreten, die Jacques Derrida (1983, 71) die „Krise der Krise" genannt hat – eine Situation, in der auch ohne das Wort „Krise" die Idee fortbesteht, dass die gegenwärtige Welt in einer solchen steckt.

Die Formulierung „Krise der Krise" passt zur gegenwärtigen Zwangslage. Eine Krise ist ein kurzer Moment extremer Herausforderung, der einen Wendepunkt in der Existenz einer Einheit markiert. Es gibt prinzipiell drei Lösungen: den Tod, die Rückkehr zum Zustand vor der Krise oder den Übergang zu einem neuen Zustand. Die Welt befindet sich in einer sehr eigenartigen historischen Konjunktion, in der keine dieser drei Optionen offensteht. Strategien zur Bewältigung der großen Rezession (die in Kapitel 5 behandelt werden) konnten die Krise nicht überwinden. Es hat sich ein Zustand chronischer Entzündung eingestellt, und kurzfristiges Krisenmanagement ist zur neuen Normalität geworden. Der Kapitalismus steht nicht am Rande seines Zusammenbruchs, doch zweifellos an der Kippe.

Rufe nach dem Sturz des Kapitalismus sind durch Rufe nach Gleichheit ersetzt worden. Kurz nachdem der Ökonom Robert J. Shiller 2013 den Nobelpreis erhielt, erklärte er, dass „die zunehmende Ungleichheit in den Vereinigten Staaten und anderswo auf der Welt" das wichtigste Problem der Gesellschaft sei (Shiller 2013). Der Schlachtruf der „Besteuerung der Reichen" ging von einer Reihe breit diskutierter Autoren aus, die sich in ihren Arbeiten der Thematik widmeten, darunter Thomas Piketty (2013 und 2015), Anthony Atkinson (2015), Harry G. Frankfurt (2015) und Joseph E. Stiglitz (2013 und 2015). Hinzu kommt die Stimme von Christine Lagarde, die dazu aufrief (2017), der steigenden Ungleichheit dringend entgegenzuwirken, da sie einem nachhaltigen Wachstum abträglich sei. Im Vorfeld der Wahlen zum Europäischen Parlament im Mai 2019 hat die Sozialdemokratische Partei Europas acht Resolutionen für eine gleichberechtigte Gesellschaft als Grundlage ihres Wahlprogramms verabschiedet.[3]

Was ist aus der prophezeiten, gefürchteten, erwarteten Krise des Kapitalismus geworden? Warum sind die begeisterten Forderungen, ihn abzuschaffen, zu den vertrauten, etwas nörglerischen Rufen nach Besteuerung der Reichen verpufft? Eine solche Maßnahme würde unsere Frustration zwar lindern, könnte soziale Privilegien beenden und helfen, die Defizite der öffentlichen Haushalte zu reduzieren, aber sie würde keine politische Ökonomie herbeizaubern, die Lebensgrundlagen schafft, ohne der Natur und den Menschen zu schaden. Um zu verstehen, warum diese diskursive Verschiebung so abwegig ist, gerade in einer Zeit, in der die Aussichten des Kapitalismus nie düsterer waren, sind zwei Paradoxien der gegenwärtigen Situation zu betrachten.

Kapitalismus auf dem Totenbett: zwei Paradoxien
In politischen und akademischen Kreisen herrscht allgemeine Einigkeit darüber, dass die Wirtschaftskrise zu Beginn des 21. Jahrhunderts durch die neoliberale Politik verursacht wurde: Deregulierung und Liberalisierung der Finanz-, Produkt- und Arbeitsmärkte hätten wirtschaftliche und soziale Risiken von unüberschaubarem Ausmaß hervorgerufen. Und dennoch ist das verabreichte Heilmittel für die Krankheit genau das, was sie verursacht hat – mit leichten Variationen in den USA und in Europa: Deregulierung, Privatisierung, Steuersenkungen und Haushaltskürzungen, die allesamt Kürzungen der öffentlichen Investitionen und der Löhne nach sich ziehen. Einige lindernde Maßnahmen wurden verabreicht, darunter der Schutz bestimmter Industrien und die Erhöhung des Mindestlohns. Es gab jedoch keine kohärente Alternative zu der Politik, die die Wirtschaftskrise verursacht und aufrechterhalten hat. Viele Experten warnen davor, dass ein weiterer Einbruch bevorsteht.[4] Auch wenn der Kapitalismus seine jüngste Krise unbeschadet überstanden hat, sind viele Menschen ärmer geworden und haben weniger stabile Lebensgrundlagen.

Eine mächtige Gegenbewegung gegen den freien Markt nahm vor einem Jahrhundert in einem ähnlichen Kontext Gestalt an. Der Sozialhistoriker Karl Polanyi stellte damals fest, die Mobilisierung zum Schutz der Gesellschaft vor dem Markt sei eine breite gesellschaftliche Bewegung, weil eine Vielzahl von lebenswichtigen sozialen Interessen durch den ungezügelten Marktmechanismus geschädigt worden sei. Er schreibt: „Gerade weil nicht die ökonomischen, sondern die sozialen Interessen der verschiedensten Sektoren der Bevölkerung durch den Markt bedroht wurden, vereinigten Menschen aus den verschiedensten ökonomischen Schichten unbewußt ihre Kräfte, um der Gefahr entgegenzutreten." Dieser Konsens kam nicht durch die Bedrohung der Interessen einer bestimmten sozialen Gruppe durch die Marktwirtschaft zustande, sondern weil der Markt, losgelöst von der Gesellschaft, zu einer „Bedrohung der menschlichen und natürlichen Komponenten der Gesellschaftssubstanz" wurde. (Polanyi [1944] 1978, 214, 207 f.) Dies führte zu einer breiten, ideologieübergreifenden Koalition der Kräfte – sozialistische und konservative Parteien sowie die katholische Kirche in Europa –, die begann, sich für den Schutz der Gesellschaft vor dem Markt einzusetzen. Unterdessen warb in den Vereinigten Staaten eine christlich-soziale Bewegung der Protestanten (der „Social Gospel") um politische Unterstützung gegen „Wettbewerb, Individualismus und Eigennutz als moralisch und ethisch abwegig" und rief zu einer neuen Gesellschaft der Zusammenarbeit, des Teilens und der Selbstlosigkeit auf (Greenberg 1974, 16).

Dieser Konsens vom Beginn des 20. Jahrhunderts blieb fast das ganze Jahrhundert hindurch erhalten. Die New Deal-Politik in den Vereinigten Staaten wurde in den 1930er-Jahren von einer Koalition aus Demokraten und dem liberalen Flügel der Republikanischen Partei ins Leben gerufen, eine Partnerschaft, die bis in die späten 1960er-Jahre andauerte. Während seiner Präsidentschaftskampagne 1964 versprach Lyndon B. Johnson eine „Great Society", um die Armut in Amerika zu beenden, und gewann unter den reichsten fünf Prozent der Wähler eine größere Mehrheit als Hillary Clinton im Jahr 2016. Im Gegensatz dazu hat die populistische

Empörung des 21. Jahrhunderts gegen den Neoliberalismus in den Vereinigten Staaten und Großbritannien jene Adepten des freien Marktes an die Macht gebracht, die den Schutz „unseres" nationalen Kapitalismus vor dem globalen Kapitalismus fordern. Auf diese Weise haben Anhänger des freien Marktes ihre Dominanz stabilisiert oder wurden trotz und oft mithilfe populistischer Mobilisierungen neu in öffentliche Ämter eingeführt.[5] Obwohl Wirtschafts- und Finanzkrisen eindeutig eine soziale Krise hervorgerufen haben, gab es nicht die Spur einer ideologieübergreifenden Gegenbewegung gegen den freien Markt. Die Rufe nach einer Umverteilung des Einkommens verblassen im Vergleich zu der mächtigen Welle, die den Wohlfahrtsstaat nach dem Zweiten Weltkrieg einführte und aufrechterhielt.

Etwa hundert Jahre nach den von Polanyi beschriebenen Ereignissen wiederholt sich die Geschichte, abermals als Tragödie, wie Matthew Desmonds anschauliche Darstellung der extremen Armut in den Vereinigten Staaten zeigt (2016). Er malt ein lebensgroßes Porträt von ausbeuterischen Vermietern und Mietern am Rande der Obdachlosigkeit, und das in der angeblich reichsten Marktdemokratie der Welt. Im wohlhabendsten Land der Erde leben 50 Millionen Menschen (von etwa 320 Millionen) unterhalb der Armutsgrenze, und jeder achte Einwohner kämpft gegen den Hunger, ein Zustand, der an Großbritanniens Elend des 19. Jahrhunderts oder an die Opfer der Dust Bowl in den 1930er-Jahren erinnert, die in John Steinbecks „Früchte des Zorns" geschildert werden.[6]

Dennoch unterscheiden sich die politischen Reaktionen in heutigen Krisenzeiten auffallend von denen vor einem Jahrhundert. Im frühen 20. Jahrhundert kamen sozialistische und konservative politische Eliten zu einem Konsens, der den Aufbau des Sozialkapitalismus der Nachkriegszeit und des Wohlfahrtsstaates ermöglichte, nicht nur durch Einkommensumverteilung, sondern auch durch die Stabilisierung von Arbeitsverträgen und die Verbesserung der Arbeitsbedingungen. Im Gegensatz dazu eilen die Regierungen heute – unabhängig von ihrer ideologischen Zugehörigkeit – dem Finanzkapital und dem Großkapital zu Hilfe und führen Sparprogramme durch, um die Kapitalmärkte zu beruhigen, und zwar auf die sozialen Kosten wachsender Armut und Prekarität.

Das erste Paradox der nicht vorhandenen Krise des Kapitalismus betrifft das Fehlen eines breiten Konsenses unter den politischen und intellektuellen Eliten über die Notwendigkeit, die Gesellschaft vor dem Markt zu schützen. Das zweite, noch alarmierendere Paradox ist das Fehlen ernsthafter Bemühungen der Gesellschaft, sich selbst zu schützen. Sie befindet sich in Agonie, doch sie erträgt ihre Schmerzen mit erstaunlichem Gleichmut.

Die monatelangen Proteste der „Gelbwesten" in ganz Frankreich in den Jahren 2018 und 2019, bei denen es zum Bau von Barrikaden, zu Bränden und handfesten Auseinandersetzungen mit der Polizei kam, sind eine Mahnung, was in unserer Gesellschaft fehlt. Der Wirtschaft geht es besser, den Menschen nicht. Abgesehen von sporadischen Straßenprotesten, von denen die meisten schnell abklingen, und dem Wachstum von (populistischen) Anti-Establishment-Parteien und Bewegungen gibt es eine allgemeine stillschweigende Akzeptanz der Situation: Wir sind stolz auf unsere Resilienz. In den letzten hundert Jahren haben sich die Energien des Protests allmählich von der *Revolution* zur *Reform*, zum *Widerstand* und heute zur *Resilienz* verflüchtigt.

Trotz zunehmender globaler Volksproteste (die mit der Occupy Wall Street-Bewegung im September 2011 in New York begannen und sich auf Fragen der Ungleichheit und der Austerität konzentrierten) ist die Legitimität des als „demokratischer Kapitalismus" bekannten Systems kaum in der Krise. Wie ein berühmter Slogan der spanischen Indignados verkündete: „Wir sind nicht gegen das System – das System ist gegen uns" (mit anderen Worten: Wir wollen einen inklusiveren Kapitalismus, nicht seinen

Untergang). In den Vereinigten Staaten nahm der Protest hauptsächlich die Form von Wahlunterstützung für einen Außenseiter unter den Präsidentschaftskandidaten des wirtschaftlichen Establishments an.

Die radikalsten und nachhaltigsten Ausbrüche wirtschaftlicher Unzufriedenheit im Jahrzehnt nach der Finanzkrise 2008 kamen von den Gelbwesten, die gegen die steigenden Lebenshaltungskosten protestierten. Die Bewegung blieb defensiv und sogar konservativ und entwickelte keine ehrgeizige Vision für gesellschaftliche Reformen – vergleichbar mit der Revolution von 1968. Gerade die Proteste gegen das neoliberale Establishment zeigen Anzeichen einer anhaltenden Legitimität des Kapitalismus, obwohl er als Motor des wirtschaftlichen Wohlstands versagt hat. Wenn demokratische Wahlen ein Indikator für die vorherrschenden Präferenzen in unseren Gesellschaften sind (und sie sind sicherlich ein besserer Indikator als Straßenproteste), dann deuten die Wahlen in den reifen Demokratien Europas auf dem Tiefpunkt der Krise darauf hin, dass der neoliberale Kapitalismus beträchtliche Unterstützung aus der Bevölkerung hat. Die Mehrheit der Stimmen ging an die wirtschaftsliberalen Mitte-Rechts-Parteien, die genau das Wirtschaftsmodell vertreten, das die Kernschmelze von 2008 bis 2011 verursacht hat; Parteien der Linken wurden drastisch marginalisiert.[7] Allem Anschein nach hat der Kapitalismus des freien Marktes gelernt, den Dissens zu kontrollieren (Alasdair Roberts 2013).

Gleichzeitig deuten soziale Umfragen darauf hin, dass eine wachsende Zahl von Menschen jenseits der Kluft zwischen Kapital und Arbeit frustriert ist über den verstärkten Leistungsdruck und die Beschäftigungsunsicherheit – erzeugt von der Politik der sogenannten Strukturanpassung.

Die Befragten erklären, sie würden sich eine wesentlich bessere Work-Life-Balance wünschen, einschließlich freier Zeit jenseits familiärer Verpflichtungen, was auf den Wunsch nach Autonomie vom produktivistischen Druck sowohl am Arbeitsplatz als auch in der Familie hinweist (auf diese Entwicklung wird in Kapitel 4 näher eingegangen). Diese Abneigung gegen berufliche Zwänge verbindet sich mit einem beispiellos breiten Bewusstsein dafür, dass die Art und Weise, wie wir produzieren und unser Leben leben, die Umwelt vergiftet und die Risiken lebensbedrohlicher Naturkatastrophen erhöht.

Anstatt jedoch eine radikale Alternative zum maroden System zu suchen, haben die Menschen ihre soziale Frustration in zwei Richtungen kanalisiert.

Die erste ist der Hass auf die Superreichen: Die Wut auf das eine Prozent verdeckt die Ungerechtigkeit der Ungleichheiten innerhalb der 99 Prozent und scheint sie zu dulden, einschließlich der grassierenden Armut. Die zweite Richtung ist die Fremdenfeindlichkeit, wie der phänomenale Anstieg der Wählerunterstützung für Anti-Einwanderer- und Anti-EU-Parteien in Europa und die spektakuläre Mobilisierung zeigen, die Donald Trump zur US-Präsidentschaft verholfen hat. Beide Formen des Protests können eher als nostalgische Gesten in Richtung eines inklusiveren Kapitalismus gelesen werden, weniger als dessen Ablehnung.

Angesichts des Elends, das die jüngste Wirtschaftskrise hervorgebracht hat, scheinen die Rufe nach Gleichheit etwas kleinlich und kurzatmig. Wie der Philosoph Harry G. Frankfurt (2015) anmerkt, ist die Beschäftigung mit Ungleichheit fehl am Platz. Wir sollten uns stattdessen um die Armut kümmern: Die Armen leiden nicht, weil andere mehr und manche viel zu viel haben, sondern weil sie selbst nicht genug haben. Wir sind daher moralisch verpflichtet, nicht Gleichheit zu erreichen oder Ungleichheit zu verringern, sondern Armut zu beseitigen, fordert Frankfurt.

Aus dieser Perspektive fühlt sich die Lektüre von Büchern über Ungleichheit wie ein sündiges Vergnügen an, bei dem wir unserem Neid auf die obszön Reichen frönen können. Dass es dramatische Auswirkungen auf unser Leben hat, wenn wir außerhalb des einen Prozents geboren wurden – von der Einschränkung der Bildungs- und Beschäftigungsaussichten bis hin zur Verringerung der Lebenserwartung und der Beeinträchtigung unserer psychischen Gesundheit – mag nicht plausibel erscheinen, aber es ist genau das, was wir hören wollen. Das Vergnügen wandelt sich in Schuld, sobald wir uns an Frankfurts Erwiderung erinnern: Die Anhäufung von obszönem Reichtum ist ein eigenartiges Phänomen und die Gegenüberstellung von riesigem Reichtum und Armut ist kränkend, doch die wirkliche Ungerechtigkeit liegt in der Armut, nicht in der Ungleichheit.

Doch wie kommt es, dass eher die Ungleichheit als die Zunahme von Armut und die massive Prekarität politisiert wird, also zu einem politisch bedeutsamen gesellschaftlichen Anliegen gemacht wird? Um die erhebliche Bedeutung der Verschiebung von einem Diskurs der Krise und der Ablehnung des Kapitalismus zu einem auf Ungleichheit fokussierten Diskurs zu verstehen, ist zu fragen: Warum ist Ungleichheit, die schon immer ein Merkmal von Marktgesellschaften war, plötzlich so beunruhigend, warum wird sie so viel diskutiert? Oder, wie Frankfurt fragt: Warum scheinen sich viele Menschen mehr an den Reichen zu stören als an den Armen? Wenn so viele andere Dinge in kapitalistischen Demokratien außer Kontrolle geraten sind (von der ökologischen Krise bis zum Anstieg der Selbstmordraten), sollte selbst ein dramatischer Anstieg der Ungleichheit nicht ausreichen, um sie ins Zentrum der öffentlichen Unzufriedenheit zu rücken? Was steht hier wirklich auf dem Spiel?

Eine mögliche Erklärung liegt in der Macht des Kapitalismus selbst. Wie David Harvey formuliert hat, „war die Leistung des Kapitalismus in den letzten 200 Jahren nichts weniger als erstaunlich kreativ" (2010, 46). Seine Bestandsaufnahme der Kreativität des Kapitalismus – zum Beispiel die Art, wie er immer wieder neue Wege zur Wertschöpfung findet, wenn die alten Wege blockiert sind – umfasst den Übergang vom Agrarkapitalismus zum Industriekapitalismus, zur Dienstleistungswirtschaft und zuletzt zur „Kreditwirtschaft". Der kapitalistische Wirtschaftsmotor hat es immer wieder geschafft, sich durch Krisen neu zu erfinden. Doch beantwortet es nicht die Frage: Warum plädieren wir jetzt so eifrig für Gleichheit innerhalb des Kapitalismus statt für eine gründlichere Revision?

Die beeindruckendste Art, wie der Kapitalismus seine Kreativität unter Beweis gestellt hat, ist wohl diese: Selbst am Tiefpunkt seiner Leistungsfähigkeit hat er neue Unterstützung für sich selbst generiert. Aber warum? Die oberflächliche Antwort des „falschen Bewusstseins", das die Massen angeblich daran hindert, die wahre Natur ihrer Lage wahrzunehmen, werde ich übergehen und anderswo suchen. Denn während wir damit beschäftigt waren, über seine Krise zu debattieren, hat der neoliberale Kapitalismus eine neue Form angenommen. Die Wirtschaftskrise des frühen 21. Jahrhunderts hat zwar dazu beigetragen, diese Transformation zu festigen, aber sie hat sie sicherlich nicht ausgelöst. Anstatt über die Krise des Kapitalismus nachzudenken, sollten wir seine neuerliche Konsolidierung erklären und unsere Kritik darauf konzentrieren, wie diese neuen Formen von Ungerechtigkeit und Herrschaft hervorgebracht wurden, ein Thema, dem wir uns in den folgenden Kapiteln zuwenden.

2. Kapitalismus auf dem Prüfstand

*„Das Zusammenfallen des Aenderns der Umstände und
der menschlichen Thätigkeit kann nur als umwälzende
Praxis gefasst und rationell verstanden werden."*
Karl Marx, Thesen zu Feuerbach

Viele meinen, die Aufstände auf den Straßen und in den
Wahlkabinen im Jahrzehnt nach dem wirtschaftlichen
Zusammenbruch 2008 seien ein Zeichen für das Ende
der neoliberalen Hegemonie. Sie richteten sich gegen
den politischen Konsens, der diese Hegemonie gesichert
hatte – unregulierte Märkte, freier Handel und niedrige
Steuern (Fraser 2017b; Grundy und Avery 2017). Dies ist
tatsächlich eine plausible Sichtweise.

Ich werde jedoch eine Alternative ins Spiel bringen und
argumentieren, dass der Neoliberalismus bereits gegen
Ende des 20. Jahrhunderts zu einer neuen, robusteren und
widerstandsfähigeren Form mutiert war – lange vor der
Wirtschaftskrise. Der Aufstieg des sozialen Protests, in der
besonderen Form, die er im globalen Norden angenommen hat, bestätigt diese Transformation. Um zu erkennen,
warum unsere Gesellschaften keine ernsthaften gemeinsamen Anstrengungen unternehmen, um sich selbst zu
schützen (ähnlich wie früher die Bewegung gegen den
freien Markt, die den Wohlfahrtsstaat vorantrieb), müssen
wir die Natur dieser neuen Form des Kapitalismus verstehen, in der wir zu Beginn des 21. Jahrhunderts leben.

Dieses Argument wird in den nächsten Kapiteln weiter ausgeführt, hier zunächst eine Darstellung über die
Logik meiner Analyse. Es geht dabei nicht um einen ausführlichen theoretischen Rahmen – dafür verweise ich
interessierte Leser auf mein früheres Buch „The Scandal
of Reason". Dort geht es um eine Kritik in der Tradition
der Frankfurter Schule, die den sozialen Konflikt in den

Mittelpunkt der Analyse stellt, aber die zugrunde liegenden strukturellen Triebkräfte zu artikulieren sucht.

Diskussionen über den Kapitalismus sind seit der Krise von 2008 (als die Rede von einer finalen Krise des Kapitalismus begann) zu einer Art Mode geworden, sodass es vielleicht nützlich ist, meinen Ansatz dazu offenzulegen. In einem Interview wurde ich einmal gebeten, über den Unterschied zwischen (akademischer) Wirtschaftswissenschaft und Politik nachzudenken (Azmanova 2021). Dies ist vielleicht ein guter Ausgangspunkt, um zu klären, welche Art von theoretischer Reflexion politisch nützlich sein könnte – also aufschlussreich genug, um plausible Verbesserungen der bestehenden Verhältnisse zu formulieren. Die offensichtlichste Antwort auf diese Frage lautet: der konzeptionelle Rahmen, der Zeithorizont. Politik ist eine Antwort auf Dringlichkeiten des Tages, sie lebt von Missständen, Anfechtungen, von der Notwendigkeit, Konflikte zu lösen. Das macht sie zwangsläufig kurzsichtig. Die Ökonomie als Wissenschaft hingegen sollte den langen Überblick liefern und damit die Politik weitsichtiger, klüger machen. Doch genau in diesem Sinne hat die vorherrschende Form der Ökonomie – die neoklassische Ökonomie – enttäuscht. (Karl Polanyi bezeichnete die klassische Ökonomie bekanntlich als das gewaltigste konzeptionelle Instrument der Zerstörung.)

Das beruht auf einer Besonderheit des politischen Urteils: Ein gesundes politisches Urteil ist weder von spezifischen Interessen und Werten (den unmittelbaren Spezifika) noch von theoretischen Abstraktionen geprägt, sondern von praktischer Weisheit (Phronesis). Dabei handelt es sich um ein gewisses intuitives Verständnis des kollektiven historischen Unbewussten, des Klimas der Epoche, dessen, was den Menschen jenseits ihrer Meinungsverschiedenheiten und als Grundlage ebendieser wichtig ist.

Ein solches Verständnis kann nur durch praktische Erfahrung entwickelt werden. Diese Form des politischen Urteils wurde zuerst von Aristoteles beobachtet, der feststellte, dass die Politik sich mit den Besonderheiten der kollektiven Existenz befasst. Daher sollte uns praktische Weisheit auf der Suche nach dem richtigen Weg des Zusammenlebens leiten – und nicht allgemeine Prinzipien und theoretische Überlegungen. Doch in der vorherrschenden Form der Ökonomie gibt es keine Phronesis. Mit ihrer Theorie der rationalen Erwartungen, ihrer Beschäftigung mit der Nutzenmaximierung, ihrer Vorliebe für mathematische Modellierung, Systembildung und deduktives Denken hat sie sich als ziemlich unbrauchbar für die Politik erwiesen.

Diese Kurzsichtigkeit hat zwei Ursachen: Zum einen lässt sich die Mainstream-Ökonomie leicht von abstrakten Gesetzen leiten. Zum anderen lässt sie sich, selbst wenn sie auf die Besonderheiten des Lebens achtet, von allem Messbaren verführen – und übersieht den Rest. Deshalb besteht die Gefahr, dass Ökonomen oft die falsche Diagnose stellen und Politiker darauf mit der falschen Politik reagieren.

Nehmen wir als Beispiel die Art und Weise, wie Ökonomen den Aufstieg des Rechtspopulismus in den letzten Jahren erklären. Im Allgemeinen so: Die Ungleichheit innerhalb der westlichen Demokratien hat rapide zugenommen, die Globalisierung spaltet die Gesellschaft in Gewinner und Verlierer. So hat der bedeutende französische Ökonom Thomas Piketty – der die Ungleichheit in den Mittelpunkt der Kapitalismusdebatte stellt – eine akribisch dokumentierte Darstellung dieses Phänomens vorgelegt und davor gewarnt, der Populismus werde militanter, wenn nichts gegen die Ungleichheit unternommen wird. Sie ist also der Übeltäter.

Institute, Konferenzen und sogar akademische Abschlüsse in Ungleichheitsstudien schossen wie Pilze aus dem Boden, und zwar einfach deshalb, weil Ungleichheit eine statistische Tatsache ist. Sie kann gemessen und berichtet werden, sie macht Schlagzeilen wie „Die reichsten 1 Prozent der Welt besitzen 44 Prozent des weltweiten

Reichtums" und „Der Vermögenszuwachs von zehn Menschen während einer Pandemie könnte Impfstoffe für alle kaufen". Ökonomen (oder ökonomisch denkende Menschen) sehen also einen Zusammenhang zwischen dem Aufschwung des Populismus und dem Anstieg der Ungleichheit und schließen, dass Ersteres durch Letzteres verursacht wird.

Andere Wissenschaftler würden das Phänomen anders angehen: Ein Historiker würde feststellen, dass der Kapitalismus schon immer Ungleichheit geschaffen hat. Daran ist nichts Bemerkenswertes oder Neues, doch es stellt sich die Frage: Wie kommt es zum plötzlichen Interesse an der Ungleichheit? Derselbe Historiker würde auch anmerken, dass rechtsextreme Aufstände in der Regel durch Wirtschaftskrisen ausgelöst wurden (wie im Fall des Aufstiegs des Nationalsozialismus nach Deutschlands Niederlage im Ersten Weltkrieg), während die aktuelle Welle des Populismus in den wohlhabenden 1990er-Jahren begann – unter Bedingungen guten Wirtschaftswachstums und niedriger Arbeitslosigkeit. Seltsam, nicht wahr? Das weist der Analyse eine ganz andere Richtung.

Ein Sozialpsychologe würde erklären, dass Menschen sich in der Regel mit anderen Menschen aus der gleichen sozioökonomischen Gruppe vergleichen. Wachsende Ungleichheit ist also im Normalfall nicht sichtbar und kann daher kein starker Motivationsfaktor für politisches Handeln sein. Ein Soziologe würde sich auf Umfragen stützen, die offenlegen, dass die meisten Menschen sich nicht um Ungleichheit kümmern und die meisten Armen in kapitalistischen Demokratien die Reichen sogar bewundern. Könnte also der Missstand, der die von populistischen Bewegungen geäußerten Ängste antreibt, von Koryphäen falsch etikettiert worden sein? Ein Politologe könnte zudem meinen, dass es seltsam und möglicherweise symptomatisch ist, dass die Radikalisierung eine Verschiebung nach rechts vollzieht und nicht nach links, wie viele erwartet haben.

Ein kritischer Theoretiker wie ich könnte hinzufügen, dass in den Vorschlägen für eine radikale Umverteilung von Reich zu Arm die Abkehr von der neoliberalen Konvention nur scheinbar ist. Das Denken in Begriffen der Ungleichheit bedient sich einer Logik des Vergleichs zwischen Individuen und präsentiert die Idee der sozialen Gerechtigkeit in individualistischen Begriffen – als eine Frage der persönlichen Lage, des privaten Reichtums. Ein solcher Fokus auf individuelle Umstände ist ein Markenzeichen der neoliberalen Mentalität. Er ignoriert die Idee des kollektiven Wohlergehens, die für den Sozialismus immer grundlegend war, der für eine solidarische Wirtschaft eintrat und weder Gleichheit noch Wohlstand betonte. (Tatsächlich stand Karl Marx Vorschlägen zur Lohngleichheit zu seiner Zeit kritisch gegenüber. Im Kommunismus lautete die von ihm befürwortete Verteilungsformel nicht Gleichheit, sondern „Jeder nach seinen Fähigkeiten, jedem nach seinen Bedürfnissen!")

Jede dieser verschiedenen wissenschaftlichen Perspektiven enthält ein Stück praktischer Weisheit. Die Herausforderung besteht darin, sie alle zu nützen, wie ich es bei der Ausarbeitung meines theoretischen Rahmens versucht habe.

1. Das Repertoire des Kapitalismus

Den Kapitalismus betrachte ich nicht als „Marktwirtschaft", sondern als ein System sozialer Beziehungen, eine institutionalisierte Gesellschaftsordnung, die mit verschiedenen politischen Systemen vereinbar ist (etwa den kapitalistischen Demokratien Westeuropas oder dem autokratischen Kapitalismus Chinas). Der Kapitalismus hat in verschiedenen historischen Modalitäten Gestalt angenommen: Der „koordinierte" Typ ist für Kontinentaleuropa typisch, der „liberale" Typ für Großbritannien und die USA, und der liberal-unternehmerische Kapitalismus des 19. Jahrhunderts steht dem neoliberalen Typ des späten 20. Jahrhunderts gegenüber.

All diese Variationen sind jedoch Konfigurationen eines Repertoires.

Das Repertoire des Kapitalismus geht von seiner konstitutiven Dynamik (oder operativen Logik) aus – der *kompetitiven Produktion von Profit* –, das heißt, Profit wird durch die *Produktion* von Waren im *Wettbewerb* zwischen wirtschaftlichen Akteuren angestrebt. Diese Logik bestimmt den ökonomischen Prozess als einen der aktiven Erzeugung von Bedürfnissen, die dann befriedigt werden. Dieser Prozess wird von einer ursprünglichen Kapitalakkumulation begleitet: der Aneignung dessen, was für das kompetitive Gewinnstreben eingesetzt werden soll. Im 21. Jahrhundert hat sie die Form der Aneignung persönlicher Daten von Verbrauchern durch Internetfirmen angenommen. Ich benütze den Begriff der *ursprünglichen Aneignung*, um das Element der Aneignung von Eigentum hervorzuheben, das im Streben nach Profit eingesetzt werden soll, anstatt einfach nur Reichtum anzuhäufen.

Der Kapitalismus ist ein System sozialer Beziehungen, nicht nur eine Marktwirtschaft. Aufrechterhalten wird er durch die schwindelerregende Dynamik des sich immer weiter aufblähenden Konsums und der Produktion, indem die Menschen, ihre Gesellschaften und ihre natürliche Umwelt diesem Prozess unterworfen werden. Denn die Kapitalakkumulation wird durch die Schaffung von Bedürfnissen (und daher durch wahrgenommene Bedürfnisse) und nicht durch die Befriedigung von Bedürfnissen angetrieben. Dieser Prozess wird von sehr starken ideellen Komponenten bestimmt, die mit der Wahrnehmung von Lebenschancen und sozialem Status, Vorstellungen von erfolgreichem Leben und sogar dem Selbstverständnis zusammenhängen. Institutionen der demokratischen Repräsentation und Partizipation sollten diese Abhängigkeit reflektieren, sie hinterfragen und gegebenenfalls kritisieren.

Die systemische Dynamik des Kapitalismus vollzieht sich in alltäglichen sozialen Praktiken, durch die Menschen in bestimmte soziale Beziehungen eintreten (als Eigentümer oder Manager von Kapital, als Lohnarbeiter oder Selbstständige, als Produzenten und Konsumenten, als Lehrende und Lernende). Diese Praktiken und Beziehungen werden durch zentrale Institutionen strukturiert: das Privateigentum an und die Verwaltung von Produktionsmitteln, den „freien" Arbeitsvertrag und den Markt als Mechanismus des Warenaustauschs und als primärer Mechanismus der ökonomischen Steuerung – das heißt, für die Zuteilung von Produktionsleistungen und sozialem Überschuss.

Für meine Untersuchung ist es wichtig, von der eher undurchschaubaren Weise abzugehen, in der die „strukturelle Dynamik" des Kapitalismus meist diskutiert wird, wobei „Strukturen" auf etwas hindeuten, das unter der Oberfläche liegt und sich dem Zugriff und der Kontrolle entzieht. Aus diesem Grund bevorzuge ich es, die systemischen und strukturellen Dimensionen des Kapitalismus voneinander zu trennen. Auf der einen Seite stehen die kompetitive Profitproduktion und die ursprüngliche Aneignung seiner primären bzw. sekundären systemischen Dynamiken. Andererseits werden diese Dynamiken durch Institutionen umgesetzt, die als ermöglichende Strukturen dienen. Die Institution des Privateigentums verleiht den kapitalistischen sozialen Beziehungen mit ihren bekannten Verteilungsergebnissen eine klare Struktur in Bezug auf materielle Ressourcen und sozialen Status. Das Wesen des sozialen Systems wirklich kapitalistisch macht jedoch das Engagement *aller Akteure* im Prozess der kompetitiven Produktion von Profit. Engels (1845, Kap. 3) stellt fest: „Diese Konkurrenz der Arbeiter gegeneinander ist aber die schlimmste Seite der jetzigen Verhältnisse für den Arbeiter, die schärfste Waffe gegen das Proletariat in den Händen der Bourgeoisie."

Weder die Tatsache, dass es in China bis vor Kurzem kein Privateigentum an Produktionsmitteln gab, noch das

Fehlen geeigneter Marktmechanismen bei der Zuteilung von Produktionsleistungen und sozialem Überschuss hat verhindert, dass China ein kapitalistisches Land ist, in dem der Staat als Unternehmer in der Weltwirtschaft agiert. Würde alles Eigentum in den gegenwärtig kapitalistischen Ländern verstaatlicht und von den Arbeitern gemeinsam gehalten (wie es die radikale Linke fordert), aber für die Zwecke der kompetitiven Profitproduktion in der globalen Wirtschaft genutzt, wären diese Gesellschaften nicht weniger kapitalistisch. Strukturierende Institutionen (zum Beispiel die Kirche, das Patriarchat, das Privateigentum) bestimmen, wie Lebenschancen in einer Gesellschaft verteilt werden, während systemische Logiken bestimmen, was eine Lebenschance ist. In kapitalistischen Gesellschaften prägt die kompetitive Produktion von Profit die Vorstellungen von gelungenem Leben und verwirklichtem Selbst.

Die Unterscheidung zwischen der systemischen und der strukturellen Dimension des Kapitalismus ermöglicht mir eine Kritik der politischen Ökonomie des gegenwärtigen Kapitalismus, die nicht ausschließlich auf die sozialen Klassenbeziehungen zentriert ist (wie es im gegenwärtigen Wiederaufleben des Interesses an der politischen Ökonomie häufig geschieht), sondern auch der Dynamik der kompetitiven Profitproduktion die gebührende Aufmerksamkeit schenkt.

Es ist wichtig, zwischen systemischen und strukturellen Aspekten in der Funktionsweise des Kapitalismus zu unterscheiden, und zwar aus einem einfachen Grund: Selbst in einer Gesellschaft, in der die Produktionsmittel und das Management in öffentlicher Hand und alle Mitglieder einbezogen und vollkommen gleichberechtigt sind, bedeutet dies nicht, dass sich die Gesellschaft nicht mit der kompetitiven Produktion von Profit beschäftigen würde, mit all den negativen Auswirkungen auf die Menschen und ihre natürliche Umwelt. Deshalb mein Appell, sich vor allem auf die systemischen Dynamiken zu konzentrieren und sicherzustellen, dass unsere Kämpfe gegen Ungleichheit und Ausgrenzung nicht unbeabsichtigt die systemische Logik des Kapitalismus stärken. Aktuell entstehende wichtige emanzipatorische Energien richten sich auf diese systemische Logik und weniger auf Eigentumsformen, Klassenstrukturen und Verteilungsergebnisse.

Mit der operativen Logik des Kapitalismus verbunden ist das von Max Weber sogenannte „Ethos" – eine Reihe von Weltanschauungen, die das Verhalten bestimmen und ihm die Bedeutung von rationalem Unternehmertum unter individueller Initiative verleihen.

Um es zusammenzufassen: Als System sozialer Beziehungen, das für eine Gesellschaft von Warenproduzenten typisch ist, verfügt der Kapitalismus über ein grundlegendes Repertoire an konstitutiven Merkmalen: zwei systemische Dynamiken (die konstitutive Dynamik der kompetitiven Produktion von Profit und eine ermöglichende Dynamik der ursprünglichen Aneignung), Schlüsselinstitutionen mit strukturierender Funktion und ein Ethos, das das Verhalten der Akteure bestimmt und ihm den Sinn des rationalen Unternehmertums unter individueller Initiative gibt.

Aufgrund dieser Komponenten meiner Definition des Kapitalismus möchte ich als Nächstes einige besondere Merkmale meiner Kapitalismuskritik formulieren.

2. Verzicht auf Utopie

Der Kapitalismus wird gewöhnlich aus der Position seines „Außen" oder „Anderen" kritisiert – typischerweise Sozialismus und Kommunismus. Ich möchte diese Krücken fallen lassen und eine nicht-ideale, negativistische Konzeption von Emanzipation anwenden – eine, die danach strebt, Leiden zu vermindern, anstatt die gerechte Gesellschaft zu erreichen, was Amy Allen „Emanzipation ohne Utopie" genannt hat (Allen 2015). Es ist jener Ansatz, den Karl Marx in seiner Analyse des Kapitalismus verfolgte. Er bot keine detaillierte Darstellung einer postkapitalistischen Gesellschaft. In seinen Schriften ist der Kommunismus die Verwirklichung der Demokratie als spontane Selbstorganisation des Volkes, weit entfernt von einem ausgeklügelten Gesellschaftsmodell.

Wie kommen wir ohne die Hilfe von Utopien voran? Das *normative* Ziel der Kritik ist für mich nicht die Artikulation oder Herstellung eines gesellschaftlichen Konsenses über Prinzipien der Gerechtigkeit, die als Rechte kodifiziert sind, sondern die Enthüllung und Beseitigung soziohistorischer Muster der Ungerechtigkeit. Der eigentliche Zweck der Kritik und des von ihr geleiteten politischen Handelns ist Emanzipation, nicht Gerechtigkeit (Azmanova 2011c, 117). Aber wie ist dann Emanzipation zu verstehen?

3. Ziele: drei Formen von Herrschaft

Selbst wenn Emanzipation nicht von einer animierenden Utopie gesteuert wird, kann sie stark von dem Bestreben angetrieben sein, die Conditio humana durch die Bekämpfung von Herrschaft zu verbessern. Max Horkheimer (1992 [1937]: 263) nannte es die Beseitigung der Umstände, die uns versklaven. Für Marx ist die Beseitigung des Privateigentums an Produktionsmitteln kein programmatisches Element im Entwurf des Kommunismus als der einzig gerechten Gesellschaft. Es ist vielmehr ein Weg, eine der Hauptquellen der Ungerechtigkeit zu beseitigen, die der Industriekapitalismus des 19. Jahrhunderts systematisch hervorgebracht hat – die Ausbeutung der Arbeiter. Die Abschaffung des Privateigentums an den Produktionsmitteln (nicht des privaten persönlichen Eigentums insgesamt) ist ein Weg, sich von bestimmten Formen der Herrschaft zu emanzipieren, nicht aber absolute Freiheit zu sichern.

Innerhalb des Kapitalismus als sozialer Ordnung sind diese „Umstände" von dreierlei Art, bezogen auf die systemische Dynamik, die strukturierenden Institutionen und die Verteilungsergebnisse des Kapitalismus, die drei entsprechende Wege von Herrschaft aufzeigen; systemische, strukturelle und relationale.

(a) Relationale Herrschaft: Bei dieser Form der Herr-schaft handelt es sich um die Unterordnung einer Gruppe von Akteuren unter eine andere aufgrund der ungleichen Verteilung von Macht in der Gesellschaft. Die Macht-asymmetrien resultieren aus der ungleichen Verteilung von materiellen oder ideellen Ressourcen (etwa Reich-tum, Wissen, Anerkennung). Typische Formen der Un-gerechtigkeit auf der Ebene der relationalen Herrschaft sind Ungleichheit und Ausgrenzung. Um sie zu beheben, reicht es aus, die Machtverteilung auszugleichen, etwa durch eine Politik der Umverteilung von Reichtum und der politischen und kulturellen Inklusion. Es gibt For-men von Herrschaft, die auf Machtasymmetrien zurück-geführt werden können, die aus der ungleichen Vertei-lung von Ressourcen resultieren. (Es kann sein, dass die Reichen nicht dominieren und die Herrschenden nicht reich sind, dennoch können die Reichen unter bestimm-ten Bedingungen, die es zu erforschen gilt, mithilfe ihrer überlegenen Ressourcen systematisch unzulässigen Ein-fluss ausüben.)

(b) Systemische Herrschaft: Bei dieser Form der Herr-schaft werden alle Mitglieder der Gesellschaft der kons-titutiven Dynamik des sozialen Systems (dem Profitstre-ben) untergeordnet. Sie gestalten ihr Leben danach und verinnerlichen es in Form des Verständnisses von sozia-ler und persönlicher Leistung und Selbstwert. Gewinner wie Verlierer der asymmetrischen Machtverteilung sind der systemischen Herrschaft unterworfen. Diesem Im-perativ unterliegen sowohl die Eigentümer und Manager des Kapitals als auch die Arbeiter. Hier hat Ungerechtig-keit mit sozialem Schaden zu tun, der über die ungleiche Verteilung von sozialem Vorteil und Nachteil hinausgeht: Er wird allein durch die Vorstellung dessen erzeugt, was als sozialer Vorteil zählt. Mit anderen Worten: Eine gülti-ge Quelle des Leidens auf dieser Ebene der Ungerechtig-keit ist nicht die ungleiche Verteilung des sozialen Status, sondern dessen systemspezifische Definition. Die Frage

ist nicht, wer von einer Form des Wohlbefindens ausgeschlossen ist, sondern wie Vorstellungen von Wohlbefinden in sozialen Praktiken erzeugt und umgesetzt werden.

Marx führte diesen Weg der Herrschaft in seinen Analysen der Entfremdung ein (die vielschichtige Entfremdung der Menschen von ihrem Menschsein, ihrer „Art").

Obwohl er sich vorwiegend auf die Auswirkungen der Entfremdung auf die Lohnarbeit konzentrierte, gibt es keinen Grund zu behaupten, dass nicht alle Mitglieder einer Gesellschaft von Warenproduzenten unter den Auswirkungen der kompetitiven Produktion von Profit zu leiden haben. Die Entfremdungsthese gilt daher für alle Teilnehmer an diesem Prozess: Das Profitmotiv durchdringt alle Bereiche der menschlichen Existenz und führt zu einem breiten Spektrum an erlittenem Unrecht. Das Inventar des gesellschaftlich induzierten Leidens reicht vom verschärften Produktivitätsdruck, der eine erfüllende oder gar gesunde Work-Life-Balance verhindert, über die zunehmende Gefährdung der Gesundheit, da Unternehmen dem Profit Vorrang vor der Sicherheit einräumen, bis hin zur Zerstörung der natürlichen Umwelt. Im Falle der Demokratie als politisches System, das durch eine übergreifende Verpflichtung zur Volkssouveränität bestimmt wird, besteht die systemische Ungerechtigkeit in der Bevorzugung der unmittelbaren Interessen einer bestimmten nationalen Gemeinschaft vor den Interessen zukünftiger Generationen, der Menschheit als Ganzer und der natürlichen Umwelt. Politiken der Gleichheit (steigende Löhne) und der Inklusion (Ausweitung des Wahlrechts) würden nicht ausreichen, um den Schäden systemischer Herrschaft entgegenzuwirken.

(c) Strukturelle Herrschaft: Bei dieser Form der Herrschaft geht es um Urteils- und Handlungszwänge, die den Akteuren durch die Hauptstrukturen des sozialen Systems auferlegt werden – durch die Institutionen, über die die operative Logik des Systems verordnet wird. Im

Fall des Kapitalismus als soziales System betrifft dies die Strukturen der privaten Kontrolle des produktiven Kapitals sowie den Markt als Mechanismus der wirtschaftlichen Steuerung. Im Fall der Demokratie als politisches System ist die Hauptstruktur die des Wahlwettbewerbs und des Wahlrechts, die zusammen die systemische Logik des kompetitiven Strebens nach öffentlichen Ämtern in Kraft setzen.

Strukturelle Ungerechtigkeit äußert sich nicht in Form von Ungleichheit und Ausgrenzung (dem Bereich relationaler Herrschaft), sondern in der Unfähigkeit der Akteure, die Institutionen zu kontrollieren, durch die sich die konstitutive Dynamik des sozialen Systems vollzieht. Das bedeutet, die Akteure sind nicht in der Lage, die „Spielregeln" zu beeinflussen oder die systemische Logik zu verändern – und zwar, weil ihre eigene Integration in die Gesellschaft von diesen Strukturen abhängt, was wiederum ihre kurzfristigen Interessen und ihre politische Orientierung beeinflusst.

Innerhalb der ursprünglichen Marx'schen Analyse des Kapitalismus ist die Ausbeutung die zentrale strukturelle Ungerechtigkeit. Ermöglicht wird sie durch die Struktur des Privateigentums an Produktionsmitteln, zusammen mit dem nominell freien Arbeitsvertrag: Sie gibt den Eigentümern die Macht, den Mehrwert aus ihren Arbeitern zu extrahieren. Die Anhebung des Lebensstandards der Arbeiterklasse (die Rückgabe eines größeren Anteils des produzierten Werts an die Arbeiter und Arbeiterinnen in Form von höheren Löhnen oder anderen Leistungen) würde die Ausbeutung nicht beenden. Nur die Beseitigung der Klassendifferenzierung durch die Abschaffung des Privateigentums an den Produktionsmitteln könnte dies bewirken. Doch auch dadurch würde die kompetitive Produktion von Profit und die damit einhergehende Entfremdung nicht zwangsläufig aufgehoben, wie die Erfahrung des „realen Sozialismus" in Osteuropa und anderswo deutlich gemacht hat.

Der besondere soziale Schaden, den der Markt als Struktur des Warenaustauschs verursacht, ist die Kommodifizierung von Arbeit und Natur, also die Behandlung der kreativen Fähigkeiten der Menschen sowie der natürlichen Umwelt als Waren, die ausschließlich für den Marktaustausch „produziert" werden. Im Falle der Demokratie als politisches System sind die sozialen Schäden, die durch die Strukturen des Wahlwettbewerbs und des Wahlrechts entstehen, die „Privatisierung" des öffentlichen Lebens und die schlechte Qualität des öffentlichen Dienstes.

Die drei Wege der Herrschaft stehen oft in Konflikt miteinander – eine Herausforderung für intellektuelle Kritik, soziale Kritik und politische Aktion, die ich das Paradox der Emanzipation genannt habe. Sozialer Protest und intellektuelle Kritik werden vielfach durch greifbare Ungerechtigkeiten im Bereich der relationalen Herrschaft (Ungleichheiten und Ausgrenzung) ausgelöst. Doch dieser Bereich ist häufig die Arena, in der Opfer gegen andere Opfer kämpfen, während der Täter frei herumläuft.

Zum Beispiel haben feministische Kämpfe für die Gleichbehandlung von Frauen und Männern auf dem Arbeitsmarkt einen Pyrrhussieg errungen: Sie lehnten das sozioökonomische Modell, innerhalb dessen Frauen die Parität anstrebten, nicht ab und übersahen die systemische Ungerechtigkeit der Kommodifizierung von Arbeit sowie den zunehmenden Druck, konkurrenzfähig, beschäftigungsfähig und beschäftigt zu bleiben – Nachteile, unter denen auch Männer zu leiden haben (Fraser 2009; Azmanova 2012a, 2016a).

Das Problem geht sogar noch weiter. Erfolgreiche Kämpfe gegen Ungleichheit und Ausgrenzung sowie die Strukturen, die sie ermöglichen, verdecken nicht einfach die systemische Herrschaft: Sie verstärken sie oft. Dies geschieht, weil solche Kämpfe dem System, innerhalb dessen Gleichheit und Inklusion angestrebt wird, einen

Wert verleihen (sowie den damit verbundenen Vorstellungen von einem erfolgreichen Leben und einer vollendeten Person). Auf diese Weise riskieren Kämpfe gegen relationale und strukturelle Herrschaft eine Vertiefung der systemischen Herrschaft. Während Feministinnen gegen die unterdrückerische Struktur des Patriarchats und für die Gleichheit von Frauen und Männern auf dem Arbeitsmarkt kämpften, steigerten sie faktisch die Erwünschtheit und, ergo, die Legitimität der kompetitiven Produktion von Profit als systemische Dynamik des Kapitalismus. Kämpfe gegen den globalen Kapitalismus wie „America First" und Brexit werten den Kapitalismus im eigenen Land auf. Der wohlfahrtsstaatliche Konsens über inklusives Wachstum und Umverteilung hat den Wert von Wohlstand zu einem Recht auf Mittelschicht erhoben – mit der Erwartung eines sich ständig verbessernden Lebensstandards. Diese Formel des Wohlstands für alle hat zwar die relationale Ungerechtigkeit der Ungleichheit reduziert, aber die systemische Ungerechtigkeit der Umweltzerstörung vertieft.

Die Proteste der spanischen Indignados gegen die Austeritätspolitik der Jahre 2011 und 2012 drückten das Paradoxon der Emanzipation perfekt in ihrem Slogan aus: „Wir sind nicht gegen das System, das System ist gegen uns." Sie werteten das System auf, indem sie forderten, einbezogen zu werden. So dringt diese Aufwertung oft in die Sprache des Protests ein und deradikalisiert ihn: Sie verhindert den Übergang vom Kampf gegen relationale Formen der Ungerechtigkeit zum Kampf gegen systemische Formen. Deshalb ist es zwingend notwendig, dass intellektuelle Kritik und politische Mobilisierung, wenn sie sich mit Ungleichheit und Ausgrenzung befassen, auch die konstitutive Logik der sozialen Ordnung ins Visier nehmen, innerhalb derer Inklusion und Gleichheit angestrebt werden.

4. Über radikales Denken und Handeln

In Anbetracht der drei oben beschriebenen Formen von Herrschaft möchte ich emanzipatorische soziale Praktiken als solche definieren, die auf diese Formen von Herrschaft abzielen. Den Begriff *radikale Praxis* behalte ich jedoch Praktiken vor, die systemische Herrschaft beseitigen wollen. Ein erfolgreicher radikaler Wandel würde also keine politische Revolution, keine endgültige Krise des Kapitalismus oder eine Utopie erfordern, um in Richtung Transformation zu weisen. Radikaler Wandel wäre eine Sache der Mobilisierung einer breiten Koalition sozialer Kräfte gegen Ungerechtigkeiten, die in der systemischen Dynamik des Kapitalismus verwurzelt sind, nämlich in der kompetitiven Produktion von Profit. Das ultimative Ziel des kritischen Unternehmens ist es, mögliche Allianzen (jenseits von Animositäten über die ungerechte Verteilung von Ressourcen und Chancen) zu beleuchten, die einen solchen radikalen Wandel bewirken könnten.

5. Aufmerksamkeit für die historische Besonderheit

Mit dem Aufflammen der Aufmerksamkeit für den Kapitalismus in letzter Zeit wuchs auch die Popularität der bekannten Rezepte für seine Überwindung – Lösungen, die Marx befürwortet hat: Abschaffung des Privateigentums an Produktionsmitteln, Vergesellschaftung des Wirtschaftsprozesses. So ist eine der Säulen von Thomas Pikettys Projekt des „partizipatorischen Sozialismus" die stärkere Beteiligung der Arbeitnehmer an der Unternehmensführung, etwa indem sie die Hälfte der Sitze im Vorstand großer Unternehmen erhalten. Obwohl solche (für die Linke) orthodoxen Vorschläge als Form der radikalen Opposition gegen den neoliberalen Kapitalismus gefeiert werden, stärken sie ihn ungewollt. Unter den Bedingungen eines global integrierten Kapitalismus würden sich selbst staatliche oder im Besitz der Arbeiter befindliche Unternehmen wie kapitalistische Akteure im Streben nach Profit verhalten (man denke an China). Eine Beteiligung der Arbeiter am Management würde nur ihr Interesse an der Fähigkeit des Unternehmens, Profit zu machen, erhöhen – mit allen bekannten negativen Auswirkungen auf Mensch und Natur: von Selbstausbeutung, schlechter Work-Life-Balance, psychischen Gesundheitsstörungen bis hin zu Wirtschaftspraktiken, die das Ökosystem zerstören. Deshalb ziehe ich es vor, Marx' Warnung vor einer dogmatischen, nicht-historischen Anwendung seiner Analyse des Kapitalismus seiner Zeit zu beherzigen, und versuche, die historische Besonderheit des gegenwärtigen Kapitalismus zu artikulieren, wie er in den westlichen liberalen Demokratien Europas und Nordamerikas im frühen 21. Jahrhundert zu finden ist – dem geografischen und zeitlichen Bereich meiner Untersuchung.

6. Über die Dynamik der Politisierung

Leidvolle Erfahrungen (Beschäftigungsunsicherheit, Arbeitsdruck, Armut) werden nicht immer in politisches Handeln umgesetzt. Damit dies geschehen kann, müssen sie erfolgreich politisiert werden. Um die Art und Weise zu erklären, in der soziale Phänomene selektiv in politisch relevante Angelegenheiten übersetzt werden, die politische Lösungen erfordern, verwende ich ein Bündel von Konzepten, mit deren Hilfe ich die Legitimitätsbeziehung zwischen der öffentlichen Autorität und den Bürgern nachzeichnen kann.

In ihrer engsten Definition ist die Legitimitätsbeziehung zwischen der öffentlichen Gewalt und den Bürgern auf eine Reihe von Vorstellungen über die Funktionen aufgebaut, die die öffentliche Gewalt für die Gesellschaft erfüllen soll – was Claus Offe als „legitime und legitimitätsvermittelnde Funktionen des Staates" beschrieben hat.[1]

Die Bürger erwarten vielleicht, dass die öffentliche Gewalt privates Eigentum schützt, die territoriale Integrität verteidigt und die Ordnung bewahrt, und machen daher ihren Gehorsam davon abhängig, ob der Staat diese Funktionen erfolgreich erfüllt – nennen wir sie „politische Leistungen". Diese sind in dem Sinne *legitim,* dass ihr Inhalt durch das bestimmt wird, was die Öffentlichkeit vom Staat für die Gesellschaft erwartet. Gleichzeitig sind sie *legitimitätsstiftend,* weil der Staat (oder jede öffentliche Autorität) durch die erfolgreiche Ausübung dieser Funktionen Legitimität erlangt. Die Gesamtheit dieser Funktionen, die Beziehungen zwischen der öffentlichen Gewalt und den Bürgern definieren, werde ich als „Legitimitätsabkommen" bezeichnen. Dessen Inhalt hängt davon ab, was als wünschenswerte und realisierbare Leistung der öffentlichen Hand an die Gesellschaft angesehen wird. Ist eine bestimmte Funktion nicht durchführbar (zum Beispiel die Bereitstellung eines sozialen Sicherheitsnetzes), scheidet sie aus dem Legitimitätsabkommen aus, auch wenn sie immer noch als wünschenswerte Eigenschaft der sozialen Ordnung gelten könnte.

Wie wird das Legitimitätsabkommen gestaltet? Was als legitime Funktion des Staates angesehen wird, ist mehr als eine Verkörperung der Interessen der Akteure oder der funktionalen Bedürfnisse des Systems. Die Funktionen der öffentlichen Gewalt sind in einem symbolischen Wahrnehmungsgefüge artikuliert, innerhalb dessen sie als legitim und legitimitätsstiftend sozial konstruiert werden. Das „Legitimitätsabkommen" entwickelt sich also aus gemeinsamen Ansichten über umfassende Grundwerte – ein breiterer normativer Rahmen, den ich als „Legitimationsmatrix" bezeichne. Sie formuliert gemeinsame Vorstellungen von Lebenschancen (von einem erfolgreichen Leben und einem erfüllten Selbst) und deren gerechter Verteilung in der Gesellschaft. Das Legitimationsabkommen hingegen spezifiziert die Funktionen der öffentlichen Autorität in Bezug auf Bildung und Verteilung von Lebenschancen.

Die ursprüngliche Legitimationsmatrix des demokratischen Kapitalismus verbindet zwei Grundregeln. Die erste betrifft den Kapitalismus und besagt, dass Risiken und Chancen aufeinander abgestimmt sein müssen (das heißt, das Eingehen von Risiken sollte mit besseren Lebenschancen belohnt werden). Die zweite gehört zur liberalen Demokratie und besagt, dass alle Mitglieder der Gesellschaft gleiches Mitspracherecht bei der Verteilung der Lebenschancen haben sollten – das Prinzip der Gleichheit der Bürgerschaft, umgesetzt durch die Mechanismen der politischen Repräsentation und Partizipation. Im Verlauf meiner Analyse werde ich zeigen, dass zu den treibenden Kräften bei der Transformation des Kapitalismus immer jene Anpassungen gehörten, die am Legitimationsabkommen vorgenommen wurden, um die Legitimationsmatrix zu sichern.

Wenn ich in den folgenden Kapiteln die Veränderung der öffentlichen Einstellungen zum demokratischen Kapitalismus erörtere, werde ich den Begriff „Ethos" für das Ensemble von Weltanschauungen verwenden (einschließlich der Interessenwahrnehmungen), die das Verhalten bestimmen und mit sozialer Bedeutung ausstatten. Ethos kann nicht mit Ideologie, rationalem Interesse oder ethischen Normen gleichgesetzt werden. In meinem Sprachgebrauch bezeichnet es die kognitiven und normativen Orientierungen in Bezug auf Ansichten über Wahrheit, Angemessenheit und Akzeptanz – einen gesellschaftlichen „gesunden Menschenverstand" bzw. eine Rationalität.

Innerhalb des Ethos moderner demokratischer Gesellschaften wäre es unsinnig, würde eine Person die Entscheidungsbefugnis für ein politisches oder wirtschaftliches Amt mit der Begründung beanspruchen, sie sei für ein solches Amt prädestiniert. In ähnlicher Weise würde die Behauptung, dass einem Menschen ohne jegliche Rechtfertigung das Leben entzogen werden kann, in den meisten dieser Gesellschaften nicht nur als unangemessen und inakzeptabel gelten, sondern sie wäre absurd. Daher würde ein solcher Gedanke nicht einmal in die öffentliche Debatte gelangen: Er steht jenseits des gesunden Menschenverstands unserer Gesellschaften, jenseits ihres Ethos. Rationale Rechtfertigung ist der Dreh- und Angelpunkt, der in modernen Demokratien ebenso präsent ist wie in modernen Diktaturen. (Man beachte, dass Letztere das Töten entweder verheimlichen oder eine rationale Rechtfertigung anbieten würden.) Unter dem normativen Druck dieses übergreifenden Ethos nehmen die Legitimationsmatrix und das Legitimationsabkommen einer sozialen Ordnung Gestalt an.

Die Trias der Begriffe – Ethos, Legitimationsmatrix, Legitimationsabkommen – bezeichnet verschiedene Stadien des Prozesses, in dessen Verlauf erlittenes Unrecht politisch als eine Frage der Gerechtigkeit denkbar wird und die Aufmerksamkeit der öffentlichen Autorität erfordert. Wird eine bestimmte Art von sozialem Leiden nicht politisiert, gibt es auch keine Legitimationskrise der sozioökonomischen und politischen Ordnung.

Kollektive Wahrnehmungen darüber, welche Themen als wichtig gelten, formen den kognitiven Bezugsrahmen, in dem öffentliche Debatten artikuliert werden. Mit anderen Worten: Die Formulierung widersprüchlicher Positionen (zum Beispiel für oder gegen Hausunterricht, für oder gegen Waffenkontrolle) wird durch eine grundlegende, sich überschneidende Einigung darüber ermöglicht, was überhaupt zur Reihe bedeutender sozialer Themen zählt, die Gegenstand einer sinnvollen Auseinandersetzung in der öffentlichen Sphäre sein können (Azmanova 2012b).

Dieser Prozess der Auseinandersetzung und öffentlichen Debatte erzeugt wiederum einen spezifischeren „politischen Bezugsrahmen", der einige Themen als politisch relevant heraushebt. Diese Themen erfordern politisches Handeln, weil sie mit der gerechten Verteilung von Lebenschancen in der Gesellschaft zu tun haben, wie sie in der Legitimationsmatrix festgelegt ist. Soziale Phänomene wie Armut, Ungleichheit, Kriminalität und

Umweltzerstörung treten irgendwann in den politischen Bezugsrahmen ein und erhalten die Chance, zu prominenten Gegenständen politischer Herrschaft politisiert zu werden. Im Verlauf solcher Kämpfe um die Politisierung sozialer Belange entsteht eine konkrete „Legitimitätsabmachung", ein Deal, der die wünschenswerten und machbaren politischen Leistungen festlegt – jene Handlungen, die von der öffentlichen Autorität erwartet werden, damit sie legitim bleibt.

Der sich ständig weiterentwickelnde politische Referenzrahmen vermittelt zwischen der Verteilung der Lebenschancen in der Gesellschaft und dem politischen Handeln. Dieser Prozess beginnt mit zivilgesellschaftlichen Mobilisierungen, die systematische Ungerechtigkeiten wie die unverhältnismäßige Macht des reichsten einen Prozents (die Occupy-Bewegung), die Jugendarbeitslosigkeit (die Indignados in Spanien), die Komplizenschaft zwischen Unternehmen und politischen Eliten (die Tea-Party-Bewegung) oder den Waffenbesitz (die Proteste nach den Massenerschießungen an US-Schulen) artikulieren und öffentlich sichtbar machen.

Diese Artikulation von Problemen der Ungerechtigkeit durch die Zivilgesellschaft verändert stetig den Bezugsrahmen für öffentliche Debatten über Gerechtigkeit. In einer gut funktionierenden Demokratie ist der Kanal zwischen der Zivilgesellschaft und der politischen Gesellschaft (also den Parteien und politischen Institutionen) offen. Dies ermöglicht den Prozess der Politisierung, da die von den Bürgern geäußerten Sorgen über Ungerechtigkeit von politischen Akteuren, die um öffentliche Ämter kämpfen, in politische Themen übersetzt werden.

In diesem Sinne ist es falsch, der Zivilgesellschaft die Schuld dafür zu geben, dass sie die Politik nicht beeinflussen kann. Ihre Aufgabe ist es, bestimmte Erfahrungen von Ungerechtigkeit sichtbar zu machen, sie als öffentliches Anliegen hervorzuheben, in Forderungen nach Gerechtigkeit zu politisieren und so den politischen Be-

zugsrahmen zu verändern. Dass es keine politische Aufnahme dieser Anliegen in die öffentliche Politik gibt und
diese für einige Formen von Missständen, die von der Zivilgesellschaft geäußert werden, unempfänglich geworden ist, ist ein Phänomen, das in Kapitel 5 genau untersucht wird. Es sagt viel über den gegenwärtigen Zustand
der kapitalistischen Demokratien aus.

7. Mein Algorithmus der Analyse

Die verschiedenen Komponenten meines theoretischen
Rahmens füge ich einer Kritik des Kapitalismus ein, indem ich einem bestimmten Algorithmus oder einer sequenziellen Logik folge.

Wir beginnen im Hier und Jetzt, wo wir uns historisch
und kulturell befinden – bei einer bestimmten Art von
Frustration oder Leiden, die Menschen bei ihrem Versuch erfahren, das historisch spezifische Projekt eines
guten Lebens zu verwirklichen (Geuss 1981, 63). Konkrete Erfahrungen von Ungerechtigkeit, wie sie sich
in spezifischem menschlichem Leiden zeigen, sind die
Ausgangspunkte meiner Analyse. Wie Theodor Adorno
in einer berühmten Debatte mit Ernst Bloch bemerkte, müssen wir nicht sicher wissen, was richtig ist, um
zu wissen, dass etwas nicht stimmt (Adorno & Bloch
1975[1964]).[2] Wichtig ist, dass die Behauptung, Unrecht
erlitten zu haben, nicht automatisch eine normative Leit-
linie oder einen Gerechtigkeitsstandard enthält. Die privilegierte normative Position des Opfers ist typisch für
die progressive amerikanische Politik: Sie ist aus dem
Rechtsdiskurs hervorgegangen, der mit den Bewegungen
für Bürgerrechte, für Frauenemanzipation und für die
Rechte sexueller Minderheiten entstanden ist. Dies engt
jedoch den Bereich politischer Ansprüche unangemessen ein, sowohl im Hinblick auf mögliche Kläger (zum
Beispiel Opfer) als auch auf gültige Forderungen nach
Gerechtigkeit, um das Leiden zu lindern (Brown 1995;
Dean 2009).

Äußerungen der Unzufriedenheit und Behauptungen über erlittene Ungerechtigkeit müssen nicht für bare Münze genommen werden: Sie sollten als Symptome einer größeren Dynamik betrachtet werden und zu den zugrunde liegenden Dynamiken führen, die Opfergruppen oft in Konflikt miteinander bringen (zum Beispiel wenn Identitätspolitik benachteiligte Gruppen in einen Wettbewerb um die Opferrolle führt, während die neoliberale Politik der Eliten gleichzeitig den Wettbewerbsdruck auf die Gesellschaft erhöht).

Während jeder Missstand als Einstieg für Kritik verwendet werden könnte (etwa Banker, die sich über gekürzte Boni beschweren), haben bestimmte Missstände eine höhere heuristische Potenz – nämlich solche, die als signifikante soziale Pathologie innerhalb der zu analysierenden Gesellschaft wahrgenommen werden. Émile Durkheim zum Beispiel nutzte erhöhte Selbstmordraten als empirischen Ansatzpunkt bei der Ausarbeitung seiner Theorie der sozialen Desintegration *(Anomie)*. Die weithin geteilte Wahrnehmung eines Phänomens als soziale Pathologie deutet darauf hin, dass etwas nicht stimmt, und legt damit strukturelle Widersprüche *(Antinomien)* offen, die dem Leiden zugrunde liegen.

Die Aufmerksamkeit für die Natur der sozialen Beziehungen, für die strukturellen Triebkräfte der Ungerechtigkeit, distanziert die kritische Sozialtheorie von der Tradition des amerikanischen Pragmatismus, auch wenn beide Denkschulen die Vorliebe teilen, sich mit historischen Formen der Ungerechtigkeit zu befassen, anstatt abstrakte Prinzipien der Gerechtigkeit zu formulieren. Richard Rorty vergleicht den liberalen und den pragmatischen Ansatz auf diese Weise: „Der Unterschied zwischen einem Appell zur Beendigung des Leidens und einem Appell an die Rechte ist der Unterschied zwischen einem Appell an die Brüderlichkeit, an das Mitgefühl, an die mitfühlende Sorge und einem Appell an etwas, das ganz unabhängig von den Gefühlen der Menschen zu irgendetwas existiert – etwas, das unbedingte Befehle erteilt" (Rorty 1996, 15).

In ähnlicher Weise ließe sich behaupten, dass der Unterschied zwischen einem Appell zur Beendigung des Leidens und einem Appell zur Reparatur des sozialen Systems der Unterschied ist zwischen einem Appell an die Brüderlichkeit, an das Mitgefühl, an die mitfühlende Sorge – anders gesagt: an eine wohltätige Haltung – und einem Appell, das Leiden unmöglich zu machen, indem man die sozialen Bedingungen ändert, die dieses erst verursachen. Mit anderen Worten: Emanzipation bedeutet, nicht nur spezifische *Praktiken* zu beseitigen, die Leiden verursachen (wie schlechte Bezahlung oder übermäßiger Konsum), sondern die eigentlichen *soziostrukturellen Ursachen* dieses Leidens.

Beim Versuch, die genannten Analyseelemente in eine Formel der Kritik überzuführen, stellt sich die Frage: Was würde es bedeuten, eine normative und diagnostische Analyse der gegenwärtigen sozialen und politischen Ordnung aus der Perspektive der kritischen Gesellschaftstheorie zu erstellen? Eine solche Analyse würde von einem spezifischen Missstand ausgehen, vorzugsweise einem, der weitgehend als soziale Pathologie wahrgenommen wird, und diesen als empirischen Einstieg verwenden. Sie würde die Art und Weise nachzeichnen, in der von der Zivilgesellschaft zum Ausdruck gebrachte Ungerechtigkeiten den politischen Bezugsrahmen beeinflussen, indem diese Anliegen auf eine bestimmte Weise politisch prominent werden – als solche, die mit der gerechten Verteilung von Lebenschancen zu tun haben, wie sie von der dominanten Legitimationsmatrix vorgegeben wird.

Die Analyse würde die Bedingungen untersuchen, unter denen Missstände politisiert werden – das heißt, wie sie politische Bedeutung als Ansprüche auf Gerechtigkeit und als Appelle für politisches Handeln erlangen – und schließlich das „Legitimitätsabkommen" zwischen Bürgern und öffentlicher Autorität verändern.

Darüber hinaus würde die Untersuchung die Aufmerksamkeit auf die strukturellen und systemischen Dynamiken der sozialen Ordnung lenken: auf die drei Formen der Herrschaft und die mit ihnen verbundenen Muster der Ungerechtigkeit. Sie würde versuchen, jene Antinomien des zeitgenössischen Kapitalismus zu identifizieren, die *historisch besondere,* aber *strukturell allgemeine* Unrechtserfahrungen verursachen und aus denen *normativ verallgemeinerbare* Vorstellungen von Gerechtigkeit abgeleitet werden können.

Eine solche Analyse sollte von folgenden Fragen bestimmt werden: Was sind die Schlüsseldynamiken, die in der politischen Ökonomie des zeitgenössischen Kapitalismus am Werk sind? Was sind die Triebkräfte bei der *Formation* und *Verteilung* von Lebenschancen im global vernetzten Kapitalismus des frühen 21. Jahrhunderts? Wie lösen diese Dynamiken strukturelle Widersprüche aus, die sich wiederum in historische Muster sozialer Ungerechtigkeit innerhalb relationaler, struktureller und systemischer Herrschaft übersetzen? Was ist der gemeinsame Nenner hinter den verschiedenen, oft widersprüchlichen Missständen? Was führt sie in den kämpferischen Dialog einer sinnvollen Meinungsverschiedenheit über Ungerechtigkeit?

Dies wird es schließlich erlauben, normativ verallgemeinerbare Vorstellungen von Gerechtigkeit abzuleiten, die progressive Politik als Strategien der Emanzipation leiten können und den historischen Umständen unserer Zeit angemessen sind. Diese Strategien werden als emanzipatorische Praktiken Gestalt annehmen, die auf relationale, strukturelle und systemische Formen der Herrschaft abzielen.

Lassen Sie uns nun diese Formel in einer soziohistorischen Kritik des gegenwärtigen Kapitalismus anwenden.

3. Ideologien für das neue Jahrhundert

„Die totalitäre Welt, ob sie nun auf Marx, dem Islam oder etwas anderem beruht, ist eine Welt der Antworten und nicht der Fragen."
Milan Kundera, Interview mit Philip Roth

Xenophobischer „Hausverstand"

„Wir können nicht die Last all dieser verzweifelten Menschen auf uns nehmen, Italien hat seine eigenen Probleme ... dies ist ein Kampf für Legalität, soziale Gerechtigkeit und Freiheit für unser Volk", sagt Mariano Falcone, ein Aktivist der rechtsextremen Partei Italiens, Lega Nord, in der Hafenstadt Salerno, wo Schiffe mit Asylsuchenden anlegen. Er spricht von „versuchter Islamisierung", der Ungerechtigkeit „ethnischen Austauschs" und der Wahrscheinlichkeit „heftiger sozialer Zusammenstöße" zwischen armen Italienern und der wachsenden Population von Migranten.[1]

Dieser Anti-Immigrations-Diskurs bedient sich aller Schlüsselbegriffe des Gerechtigkeitsvokabulars: Er beschwört das Engagement für Rechtsstaatlichkeit, wirtschaftliche Fairness, sozialen Zusammenhalt, Freiheit und Volkssouveränität innerhalb einer nationalen Gemeinschaft, bekundet mit einem humanistischen Mitgefühl für das traurige Schicksal „dieser verzweifelten Menschen". Aber welcher besondere Missstand kommt darin zum Ausdruck? Auf welche Fragen antwortet diese neue Art von Fremdenfeindlichkeit?

Beginnen wir mit der Klage über erlittene Ungerechtigkeit, ein Phänomen, das man als pathologisch wahrnehmen kann, da die Spannungen dahinter wahrscheinlich auf tiefere soziale Widersprüche im Kern der sozialen Ordnung verweisen. Nehmen wir die zunehmende Fremdenfeindlichkeit im wohlhabenden globalen Norden als empirischen Einstieg in die Kritik am aktuellen Zustand dieser Gesellschaften. Während Angst und Hass auf Ausländer am lautesten von rechtsextremen Parteien und Bewegungen zum Ausdruck gebracht werden, hat die einwanderungsfeindliche Stimmung sich weit verbreitet. Dieselben Ressentiments, die später den Brexit auslösten, sprach der Vorsitzende der britischen Labour Party ein Jahrzehnt vor dem schicksalhaften Referendum mit dem Slogan „Britische Jobs für britische Arbeiter" an.[2] Als Ausdruck der öffentlichen Stimmung vor den Parlamentswahlen in den Niederlanden im März 2017 verkündete Premierminister Mark Rutte die Warnung an Einwanderer: „Benehmt euch normal oder verlasst das Land!" Rutte ist kein rechtsextremer Politiker: Er führt die kulturell und wirtschaftlich liberale Mitte-Rechts-Volkspartei für Freiheit und Demokratie. Der Wahlerfolg rechtsextremer Parteien hat Fremdenfeindlichkeit in den politischen Mainstream geführt. (Umso bemerkenswerter ist es, dass einige radikale linke Parteien und Bewegungen des „Linkspopulismus", wie Syriza in Griechenland und Podemos in Spanien, sich von dieser giftigen Geisteshaltung ferngehalten haben.)

Man könnte diese Entwicklung als natürlichen Instinkt der Gesellschaft zur Selbsterhaltung gegenüber Kräften sehen, die als bedrohlich empfunden wurden. Mehr als eine Million Migranten kamen 2015 nach Europa und lösten das Gerede von einer „Einwanderungskrise" aus; eine weitere Million folgte 2016, die Zahl der Asylanträge stieg gegenüber dem Vorjahr auf mehr als das Doppelte (EP 2017). Diverse Berichte sprachen von der schlimmsten derartigen Katastrophe seit dem Zweiten Weltkrieg, doch dieser Vergleich ist faktisch kaum fundiert. Während des Zweiten Weltkriegs mussten etwa sechzig Millionen Europäer fliehen. Die Bevölkerung der Europäischen Union zählte im Jahr 2016 über fünfhundert Millionen Menschen. Zudem verfügen die westlichen Gesellschaften heute über den Wohlstand und das institutionelle Know-how, um die

Neuankömmlinge aufzunehmen. Von einer Krise kann also kaum die Rede sein. Diese Diskrepanz zwischen der materiellen Fähigkeit und den wachsenden öffentlichen Ressentiments schärft den Sinn für den pathologischen Charakter der Fremdenfeindlichkeit.

Unter den vielen Versuchen, den Anstieg dieser abwehrenden Haltungen im Westen zu erklären, hat Zygmunt Bauman die scheinbar überzeugendste Erklärung angeboten: „Flüchtlinge sind für uns Fremde; und Fremde sind beängstigend, weil sie gefährlich sind." So eröffnete er vor einigen Jahren seinen Vortrag bei einer Veranstaltung in Istanbul, bei der er dem Publikum seine neuen Forschungen für die spätere Monografie „Die Angst vor den anderen" (2016) vorstellte.[3] Mit „Fremde sind gefährlich" meinte Bauman, dass sie das verkörpern, was der russische Denker Michail Bachtin „kosmisches Grauen" genannt hat: die Angst, die Menschen angesichts der unendlich großen und mächtigen Kräfte außerhalb ihrer Kontrolle erleben, eine Angst, die dem menschlichen Erleben und Denken zugrunde liegt. Diese Angst wird, so Bauman, durch die weltweite Interdependenz verschärft, die den Zustand der „flüssigen Moderne" kennzeichnet – ein Leben in ständigem Fluss. Wenn Flüchtlinge die fernen Schrecken globaler Kräfte vor unsere Tür bringen, verteufeln wir sie als Vorboten schlechter Nachrichten.

So plausibel und intellektuell elegant diese Diagnose auch klingt, überzeugt sie doch nicht ganz. Obwohl sie die destabilisierende Wirkung der Globalisierung anerkennt, übersieht sie die gesellschaftspolitischen Bedingungen, die dazu führen, dass Fremdheit als bedrohlich empfunden wird.

In der polizeilichen Enge der Diktatur in meiner bulgarischen Heimat wuchs ich in einer Welt auf, in der Fremde, die an die Tür klopften, keine Vorboten schlechter Nachrichten, sondern befreiender Neuerungen waren; sie machten uns viel weniger Angst als ein Polizist.

In Abgrenzung zu Bauman entferne ich mich daher in meiner Untersuchung von der psychologischen Anthropologie der Einstellung zu Fremden (ohne die Relevanz dieser Perspektive zu leugnen) und konzentriere mich auf die soziopolitischen Bedingungen, die Begegnungen mit Fremden an unserer Tür beängstigend machen.

Dies ist der Ansatz, den John Judis (2016) etabliert. Er hebt nicht nur die Bedeutung der physischen Angst hervor, die durch die Anschläge vom 11. September 2001 erzeugt wurde, sondern legt auch einen wichtigen Akzent auf die politische Ökonomie. Er stellt fest, dass die technokratischen Eliten in der globalen Finanzkrise 2008 ihre Glaubwürdigkeit verloren und eine Empörung ausgelöst haben, die sowohl in rechten als auch in linken Anti-Establishment-Mobilisierungen ihren Ausdruck fand.

Und doch gibt es eine wichtige Tatsache, die dieses Argument infrage stellt: Der Anstieg sowohl der Anti-Establishment- als auch der Anti-Ausländer-Stimmung begann bereits am Ende des 20. Jahrhunderts, lange vor dem 11. September und dem wirtschaftlichen Zusammenbruch. Die Verbindung aus fremdenfeindlicher und Establishment-feindlicher Stimmung sowie der Kontext, in dem sie auftrat (sowohl in Bezug auf den Zeitpunkt als auch den Ort), liefert Hinweise auf die besondere Natur des populistischen Aufschwungs.

Ungewöhnlicher Populismus

In den wohlhabenden 1990er-Jahren gewannen alte rechtsextreme Parteien wie der Front National in Frankreich und neue Formationen wie die antiislamische, aber kulturell liberale Lijst Pim Fortuyn-Bewegung in den Niederlanden (die Vorgängerin der Partij voor de Vrijheid) an Popularität – zu einer Zeit, als das Wirtschaftswachstum noch gut, der Lebensstandard hoch und die Arbeitslosigkeit niedrig waren.[4] Diese Einstellung verbreitete sich vor allem in relativ reichen und egalitären Ländern wie der Schweiz, Frankreich, den Niederlanden,

Schweden und Finnland. (Deutschland erlebte zu dieser Zeit einen wirtschaftlichen Abschwung, trotzdem kam es nicht zu einer einwanderungsfeindlichen Mobilisierung.) Diese Entwicklung unterscheidet sich auffallend von der Vergangenheit: Ein Anstieg der Fremdenfeindlichkeit ist meist die Folge eines gesellschaftlichen Zusammenbruchs in einer wirtschaftlichen und politischen Krise wie beim Aufstieg von Faschismus und Nazismus nach dem Ersten Weltkrieg.

Noch eine Besonderheit der neuen Fremdenfeindlichkeit verdient Beachtung: In der „klassischen" Version bei rechtsextremen Parteien wurde die Feindseligkeit gegenüber Ausländern in Begriffen der kulturellen Überlegenheit und politischen Souveränität zum Ausdruck gebracht (nationaler Chauvinismus). Im Gegensatz dazu ist die neue Version stark wirtschaftlich geprägt, trotz der ethnoreligiösen Begriffe, in denen sie geäußert wird. Ihr erster greifbarer Ausdruck in Europa war die Mobilisierung gegen den „polnischen Klempner" in Frankreich während des EU-Verfassungsreferendums 2005. Damals befürchteten die Menschen, der Zustrom billigerer Arbeitskräfte nach der Osterweiterung der Union würde die Löhne drücken und in den alten Mitgliedstaaten zu Sozialdumping führen.[5] Dies war symptomatisch für das Entstehen einer Reihe öffentlicher Anliegen (ein neuer Rahmen politischer Relevanz), in der Fremdenfeindlichkeit ihren besonderen Platz fand.

Bezeichnend dafür war die Spaltung der italienischen Linken bei den Parlamentswahlen 2008 durch Fausto Bertinotti, den Führer der kommunistischen Neugründung, der eine ausländerfeindliche Position zu Eigentum und Beschäftigung einnahm. Er unterstützte den Widerstand des Mitte-Rechts-Premiers Silvio Berlusconi gegen die Übernahme von Alitalia durch Air France-KLM, weil er meinte, die ausländische Konkurrenz sei ein größerer Feind für Italiens Arbeiter als für deren Bosse. Die Argumentation deckte sich mit der von Umberto Bossi, dem

Führer der rechtsextremen Lega Nord (Dinmore 2008). In den USA sprachen Teilnehmer der 2009 offiziell gegründeten Tea Party-Bewegung (die sich als Partei der Straße gegen die „Banker-rettenden Kapitalistenspezis der Obama-Demokraten" sahen) von „illegalen Einwanderern" als Schmarotzern, die der Öffentlichkeit auf der Tasche lägen, obwohl sie gegen das Gesetz verstießen.[6]

Den neuartigen Charakter der Fremdenfeindlichkeit zeigt auch ein Wandel in den politischen Präferenzen der rechtsextremen Parteien, den Repräsentanten der Bewegung. „Klassische" Parteien der extremen Rechten sowie die meisten ihrer Neuformationen haben die ursprüngliche Befürwortung freier Märkte aufgegeben und fordern nun sozialen Schutz sowie eine Politik der geschlossenen Grenzen. Ihre feindselige Haltung gegenüber freien und offenen Märkten ist erst seit den späten 1990er-Jahren zu verzeichnen, zuerst im Diskurs des Gründers des Front National, Jean-Marie Le Pen.[7] In den USA hat sich die Tea Party-Bewegung für eine Erhöhung des US-Mindestlohns ausgesprochen und zugleich von traditionell konservativen Themen wie Gebet in Schulen, Abtreibung und Waffenkontrolle entfernt.

Hinzu kommt das auffällige Phänomen vieler rechtsextremer, fremdenfeindlicher Parteien und Bewegungen in Europa, die im Gegensatz zum typischen Traditionalismus der politischen Rechten eine kulturell liberale Agenda (zum Beispiel Gleichberechtigung der Geschlechter und LGBTQ-Rechte) unterstützen. Ihr Narrativ ist, dass sie den westlichen Liberalismus vor der traditionell-konservativen muslimischen Kultur schützen. Die neu entstandene „identitäre" Bewegung – eine Mobilisierung junger, gebildeter, technologisch versierter Menschen, die in Frankreich, Österreich, Italien und Deutschland aktiv sind – ist ein besonders anschauliches Beispiel für diese Verschmelzung von liberalen Werten, Sorgen um wirtschaftliche Gerechtigkeit und fremdenfeindlichen Gefühlen. Wenn sie sich unter Slogans wie

„Sichere Grenzen, sichere Zukunft" gegen die Einwanderung aus Afrika und dem Nahen Osten wenden, ist ihr Diskurs vordergründig auf die kulturelle Identität ausgerichtet, sowohl in Bezug auf das nationale Erbe als auch auf europäische liberale (aber nicht kosmopolitische) Werte. Er weist jedoch auch auf die erhebliche Bedrohung des Lebensunterhalts von Europäern durch „Wirtschaftsflüchtlinge" hin.[8]

Wir sollten daher nach einem anderen Motor der Angst suchen, jenseits der angeblichen Bedrohungen durch Islamisierung und Terrorismus, die den fremdenfeindlichen Diskurs prägen. Führen wir zu diesem Zweck unsere Untersuchung auf den Kontext zurück, in dem populistische Mobilisierungen zum ersten Mal aufgetaucht sind: das letzte Jahrzehnt des 20. Jahrhunderts.

Zwei Besonderheiten der sozioökonomischen Landschaft der wohlhabenden 1990er-Jahre verdienen Beachtung. Es war einerseits eine Zeit intensiver wirtschaftlicher Liberalisierung durch Deregulierung der Produkt- und Arbeitsmärkte, verbunden mit einer Öffnung der nationalen Volkswirtschaften für den globalen Markt für Freihandel und Investitionen. Diese Kombination wurde zu einem Kernmerkmal des neoliberalen Kapitalismus und brachte zugleich eine Ausdünnung des sozialen Netzes und eine Verschärfung des Wettbewerbs. Andererseits war es eine Zeit intensiver Entwicklung der Informationstechnologie als Basis für die Automatisierung eines breiten Spektrums wirtschaftlicher Aktivitäten jenseits von Routinejobs.

Die herrschenden Eliten von Mitte-Links und Mitte-Rechts verfolgten die Schaffung einer wissensbasierten Wirtschaft mit offenen Grenzen – die Ära der „Globalisierung" war eingeleitet. Obwohl der Begriff als Abkürzung für die jüngste Phase der globalen Integration verwendet wird (ich werde das weiterhin tun, wenn ich öffentliche Einstellung beschreibe), ist er irreführend, weil die globale wirtschaftliche Verflechtung eine lange Geschichte hat.[9] Auf die spezifischen Komponenten der aktuellen Globalisierungswelle und ihre besondere soziale Bedeutung werde ich im nächsten Kapitel eingehen. Für Fragen der öffentlichen Einstellungen, die uns hier beschäftigen, ist maßgeblich, dass die Dynamik der Globalisierung eine massive Destabilisierung bewirkt hat, die in der Forschung zur Risikogesellschaft gut erfasst wurde. Laut Ulrich Beck (1992) hat sich die innere Logik der fortgeschrittenen Industriegesellschaften von der Wohlstandsproduktion zur Risikoproduktion verschoben. Die Volatilität bei börsennotierten Unternehmen (in Bezug auf Umsatz, Rentabilität und Beschäftigung) hat sich zwischen 1960 und 2000 vervierfacht (Sull 2009). Gleichzeitig brachte die neue Ökonomie der offenen Grenzen und des technologischen Umbruchs ein nie da gewesenes Wirtschaftswachstum hervor. Importe von billigen Konsumgütern haben die Kaufkraft der westlichen Gesellschaften erhöht, den Lebensstandard verbessert und den Eindruck gestiegenen Wohlstands erweckt.

Doch noch während diese Politik Wohlstand erzeugte, führte die Kombination aus Liberalisierung des Arbeitsmarkts, Automatisierung der Arbeit und radikaler Öffnung der Volkswirtschaften zu Beschäftigungsunsicherheit und Einkommensrückgang – und sie schürte Ängste vor dem (realen, wahrgenommenen und antizipierten) Verlust von Existenzgrundlagen. Ich betone hier die subjektive Wahrnehmung des aktuellen und zukünftigen sozialen Status in Bezug auf die Verdienstmöglichkeiten. Ökonomische Studien haben gezeigt, dass Menschen solche Urteile nicht rational auf der Grundlage empirischer Umstände treffen, sondern auf einer tiefen psychologischen Ebene (Friedman 2005). Die Angst vor der Auslagerung von Arbeitsplätzen im Kontext der Globalisierung wird von der gesamten Arbeiter- und Mittelschicht geteilt, daher hat die wirtschaftliche Fremdenfeindlichkeit auch den Diskurs der linken und rechten Mitte in Europa vergiftet.[10] Die neue wirtschaftliche Natur der

Fremdenfeindlichkeit ermöglicht ihren Eintritt in den politischen Mainstream. Zudem waren die 1990er-Jahre von Korruptions- und Missmanagement-Skandalen im wirtschaftlichen und politischen Establishment gekennzeichnet. Das Vertrauen in die herrschenden Eliten sank, eine Entwicklung, die dem wirtschaftlichen Zusammenbruch von 2008 vorausging.[11]

Die Verbindung dieser beiden Faktoren – Destabilisierung des sozioökonomischen Umfelds (trotz Wachstums) und Diskreditierung des Establishments – ermöglichte es populistischen Führern in Europa, eine unglaubliche Unterstützung zu mobilisieren, indem sie behaupteten, die herrschenden Eliten würden die Früchte des wachsenden Wohlstands ernten, ließen aber die Gesellschaft verfallen. Rechtsextreme und linksradikale Gruppierungen in Europa teilen die Feindseligkeit gegenüber Zentralregierung und Großkapital. Ähnlich ist die Haltung der Tea Party-Bewegung in den USA, deren Ressentiments gegenüber Unternehmenseliten umso auffälliger sind, als Milliardäre, wie die Gründer von Koch Industries, ihre Aktionen finanzieren.

Um die Wende zum 21. Jahrhundert zeichnete sich ein Muster ab: Die Proteste brachten die Frustration über die wirtschaftliche Unsicherheit, die Selbstgefälligkeit, Unfähigkeit oder schiere Verlogenheit der politischen Eliten zum Ausdruck. Studien belegen, dass die Anti-Austeritäts-Proteste, die nach der Finanzkrise 2008 ausbrachen, nicht von enttäuschten Konsumenten kamen. Die Empörung richtete sich nicht gegen die Austerität selbst, sondern gegen die *Art und Weise*, wie sie auferlegt wurde – nicht als Reaktion auf eine zyklische Wirtschaftskrise, sondern zur Rettung von Banken durch die Regierungen bei gleichzeitiger Kürzung der öffentlichen Ausgaben. (Die Bürger der Europäischen Union trugen die Kosten der Bankenrettung von 2008 bis 2011 in Höhe von 3,7 Billionen Euro.[12]) Der wahre Grund für die Proteste war also nicht Verarmung, sondern das Gefühl einer ungerechten Entscheidung, die einige wirtschaftliche Akteure auf Kosten der Gesellschaft bevorzugte. Diese Frustration wurde zwar durch die Wirtschaftskrise verschärft, aber nicht durch sie verursacht.

Was derzeit in den Mainstream-Medien als „Populismus" verteufelt wird, kann daher nicht als vorübergehender Ausdruck von Unzufriedenheit gesehen werden, sondern wird von einer breit geteilten und dauerhaften Angst geschürt, ausgelöst durch physische Verunsicherung, politische Unordnung, kulturelle Entfremdung und Beschäftigungsunsicherheit, die aus der Flexibilisierung der Beschäftigung, der Auslagerung von Arbeitsplätzen oder der Konkurrenz um Arbeitsplätze mit Einwanderern resultiert. Dies sind die Elemente einer neuen öffentlichen Anti-Prekaritäts-Agenda (für „Ordnung und Sicherheit"). Bezeichnend für diese Verschiebung ist, wie das Thema Arbeitslosigkeit im politischen Diskurs auftaucht. Befasste sich das alte Paradigma mit Beschäftigung im Sinne von gesamtwirtschaftlichem Wachstum und Effizienz, spricht das neue Paradigma Arbeitslosigkeit im Sinne von Angst, Verlust und Marginalisierung an.[13] Dieses Bündel öffentlicher Sorgen entstand in den 1990er-Jahren unter den Bedingungen kontinuierlichen Wachstums, niedriger Arbeitslosigkeit und steigenden Lebensstandards. Die veränderte Sichtweise zeichnet einen neuen Bezugsrahmen für die Politik und zeigt, dass die ideologische Landschaft der westlichen Demokratien eine bemerkenswerte Transformation erfährt.

Die ideologische Landschaft des 20. Jahrhunderts

Um zu erkennen, in welchem Ausmaß sich die ideologische Landschaft der westlichen Demokratien verändert hat, ist es nützlich, sich die Konturen ihrer Grundstruktur in Erinnerung zu rufen sowie die Rolle, die Mechanismen der Wahlpolitik dabei spielen, um öffentliche Nachfrage mit dem politischen Angebot in Einklang zu bringen.

Die meiste Zeit ihres Bestehens haben liberale Demokratien eine Links-Rechts-Spaltung genutzt, um den Raum der politischen Bedeutungsbildung und des Wahlkampfes abzustecken.

Als diese Dichotomie im 18. Jahrhundert erstmals in das Vokabular der Politik Eingang fand, signalisierte sie die Entstehung zweier konkurrierender, aber gleichermaßen gangbarer Wege für moderne Politik: das Festhalten an einer Tradition (die konservative Haltung auf der rechten Seite) oder ein radikaler Bruch mit ihr (die liberale Haltung auf der linken Seite).[14] Im Laufe des 20. Jahrhunderts wurde die konservativ-liberale Konnotation der Links-Rechts-Spaltung überlagert, aber nicht ersetzt durch gegensätzliche Auffassungen darüber, wie das wirtschaftliche Wohlergehen der Gesellschaft zu erreichen sei – durch umverteilende Eingriffe der öffentlichen Hand (links) oder durch unbelastete Leistung des freien Marktes (rechts). Es bildeten sich zwei Achsen der modernen ideologischen Orientierung: eine ökonomische, mit Präferenzen zwischen freiem Markt auf der rechten und reguliertem Markt auf der linken Seite, und eine kulturelle, mit Präferenzen zwischen traditionellen Werten auf der rechten und liberalen Werten auf der linken Seite.

Öffentliche Forderungen und das politische Angebot können sich prinzipiell über das gesamte Spektrum der Wahlmöglichkeiten erstrecken, doch hat der Kampf um die Wählergunst die Bündelung der Präferenzen entlang der beiden Pole gefördert.[15] Während zwei Achsen der ideologischen Orientierung dazu dienen, verschiedene Weltanschauungen in politisch bedeutsamen Positionen zu formulieren (Ansichten über die Wirtschaft, die Rolle der Regierung, den Platz der Religion im öffentlichen Leben usw.), ist die politische Dynamik entlang einer einzigen Achse strukturiert. In Bezug auf die „politische Nachfrage" der Bürger verdichtet diese Achse die verschiedenen *ideologischen Positionen* zu gegensätzlichen *politischen Haltungen* (etwa für oder gegen Abtreibung, für oder gegen staatliche Regulierung der Finanzmärkte). In Bezug auf das „politische Angebot" (an politischen Ideen, die von politischen Akteuren vorgebracht werden) richtet diese Achse die Artikulation von wählbaren *politischen Optionen* aus.

Die Annäherung von Nachfrage und Angebot ist die Grundlage einer funktionierenden repräsentativen Demokratie. Die Anpassung der Parteiprogramme an die öffentlichen Präferenzen verleiht dem Wahlprozess Legitimität. Wichtig ist, dass die Dynamik der Angleichung von Angebot und Nachfrage durch den Wahlwettbewerb in zwei Richtungen verläuft: Während die Parteien versuchen, die Sorgen der Wählerschaft zu erkennen und darauf zu reagieren, formen sie zugleich diese Nachfrage, indem sie die ideologische Sprache bereitstellen, in der die Missstände ausgedrückt werden.

Nach der Hypothese des „Einfrierens der Parteiensysteme", die Seymour Martin Lipset und Stein Rokkan (1967) vor etwa fünfzig Jahren aufstellten, spiegeln die Parteiensysteme der Nachkriegszeit die Spaltungsstrukturen der 1920er-Jahre wider. Die wesentliche Verteilung von Wählerpräferenzen und Parteipositionen folgte während des 20. Jahrhunderts in westlichen Demokratien meist einer Links-Rechts-Achse zwischen dem sozialistisch-liberalen und dem kapitalistisch-konservativen Sektor der ideologischen Landkarte.[16]

Hier wird eine Besonderheit der politischen Landschaft des 20. Jahrhunderts deutlich: Ideologische Präferenzen, die Wirtschafts- und Kulturliberalismus miteinander verbinden, waren kaum vorhanden. Den freien Markt durch eine staatlich gelenkte Umverteilungspolitik einzudämmen, war ein Ergebnis des Konsenses zwischen den beiden politischen Familien der Mitte, der im Rahmen des Wohlfahrtsstaates nach dem Zweiten Weltkrieg umgesetzt wurde.

Die Übereinstimmung zwischen Konservativen und Sozialdemokraten über die Einschränkung der Markt-

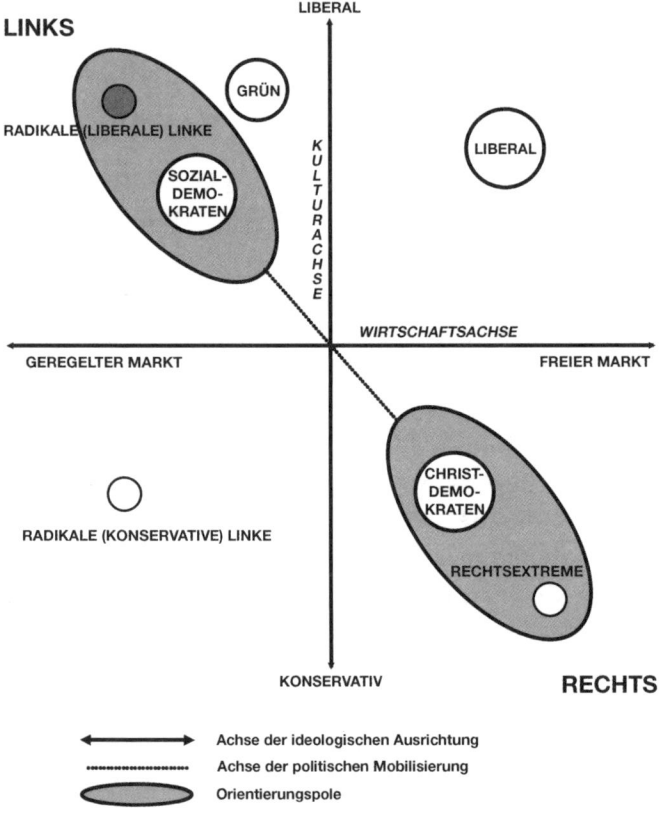

Abbildung 1: Ideologische Landschaft im 20. Jahrhundert

kräfte war in Europa stärker als in den Vereinigten Staaten. Der europäische Konservatismus bewahrte, anders als sein amerikanisches Gegenstück, die Idee der sozialen Verantwortung der zentralen Autorität als Teil seines aristokratischen Erbes. Der politische Konservatismus der USA mit seinem Ursprung im Protestantismus hat hingegen institutionalisierte Autorität immer gemieden. Trotz dieser Unterschiede zeichnete sich Anfang des 20. Jahrhunderts ein Konsens zur Begrenzung des freien Marktes ab, der nach dem Zweiten Weltkrieg politisch institutionalisiert wurde, um das liberale Ethos des Kapitalismus der innenpolitischen Wachstums- und Umverteilungslogik des Keynesianismus zu unterwerfen.

Die Krise des Wohlfahrtsstaates in den 1970er-Jahren förderte einen neuen transideologischen Konsens über die Notwendigkeit, den Markt von politischen Eingriffen zu befreien. Diese Position fand sich in der neoliberalen Haltung der konservativen Parteien wie auch in der Formel des Dritten Weges, die viele Mitte-Links-Parteien unterstützten, als sie in der Wirtschaftspolitik nach rechts rückten. Zugleich bewegte sich Mitte-Rechts in kulturellen Fragen nach links und unterstützte nach und nach die progressive Politik der Gleichstellung der Geschlechter und der kulturellen Vielfalt, die die liberale Linke in den 1970er-Jahren initiiert hatte.

Dies gilt für den europäischen Kontext mehr als für die USA. Dort verschärften die Kulturkriege um Abtreibung, Waffengesetze, Rechte von Homosexuellen und die Lehrpläne für Geschichte und Naturwissenschaften an öffentlichen Schulen die liberal-konservative Polarisierung in den 1990er-Jahren, während ein beträchtlicher Teil der politischen Führung der Republikaner die Bürgerrechtsagenda unterstützte. Die vertraute Landkarte der Wahlpolitik begann sich zu verschieben.

Drei soziokulturelle Dynamiken trieben die Erosion der Trennung zwischen links und rechts und den Konflikt zwischen Kapital und Arbeit voran, der darin zum Ausdruck gekommen war. Erstens verlor der Klassenkonflikt durch die gut dokumentierte Ausdehnung der Mittelschicht in den drei Jahrzehnten nach dem Zweiten Weltkrieg deutlich an Sichtbarkeit. Zweitens verwischte die Verbreitung von Eigentum und beruflicher Festanstellung die Klassenunterschiede. Indem sie ihre Ersparnisse in börsennotierte Unternehmen investierten, wurden viele Arbeiter zu Miteigentümern der Produktionsmittel. Drittens wuchs die Klasse der Manager zahlenmäßig, während sich ihre Beschäftigungsbedingungen denen der Angestellten anglichen. Dies schuf eine breite soziale Mitte – was Robert Corfe (2010) als die „mittlere Mitte mit 90 %+-Mehrheit" beschrieben hat. Was auch immer von der Kluft zwischen Kapital und Arbeit übrig geblieben war, wurde dadurch politisch irrelevant. Der Verlust der typischen Spaltungen in Bezug auf die ökonomische Klasse verlief parallel zu einem anderen Prozess – der zunehmenden Bedeutung nicht-ökonomischer, „postmaterieller" Werte und Risiken und der damit einhergehenden Verschiebung von einem klassenbasierten zu einem wertbasierten System politischer Präferenzen.[17]

Infolge des sozialistisch-konservativen politischen Konsenses über den „Wohlfahrtskapitalismus" nach dem Zweiten Weltkrieg bestand Ende der 1970er-Jahre das einzige stabile Kernelement des Links-Rechts-Gegensatzes im Kontrast zwischen „den Mächtigen" und „den Schwachen", wobei *links* und *rechts* in der hierarchischen Verteilung der politischen Macht gleichbedeutend mit *unten* und *oben* wurden (Laponce 1981). Ideologisch klassenübergreifendes Wählen (zum Beispiel Arbeiter, die für Mitte-Rechts-Parteien stimmen) und der Aufstieg von „Catch-all"-Parteien gegen Ende des 20. Jahrhunderts löschten die Kluft zwischen links und rechts bei den Wahlen fast vollständig aus, ohne sie durch ein neues übergreifendes Paradigma zu ersetzen (McKnight 2005; Mair 2007a, 2007b; Perrineau 2002).[18]

Der neoliberale Konsens des späten 20. Jahrhunderts zwischen Mitte-Links und Mitte-Rechts ersetzte den Wohlfahrtsstaat der Nachkriegszeit, doch diese Entwicklung konnte das Schwinden der Polarisierung zwischen Links und Rechts nicht umkehren. Die technokratische Politikgestaltung der Regierungen machte die Parteipolitik überflüssig, der Inhalt des politischen Konsenses veränderte sich stark – von der Einschränkung des Marktes hin zu seiner Befreiung. Die Bündelung der politischen Positionen in der Mitte schwächte die politische Relevanz der ideologischen Konflikte zwischen Links und

Rechts, obwohl die Etiketten in der Sprache der Wahlmobilisierung präsent blieben.

Der Raum des Wahlkampfes veränderte sich entsprechend. Am Ende des 20. Jahrhunderts, als die Meinungsverschiedenheiten über die Wirtschaftspolitik fast
verschwunden waren, drehte sich die Hauptverteilung
der politischen Präferenzen weiter und richtete sich fast
vollständig an der vertikalen Mittelachse aus, im Spektrum zwischen liberalen und konservativ-autoritären
soziokulturellen Positionen (Kitschelt 2004). Die Vorherrschaft der kulturellen gegenüber den wirtschaftlichen Gegensätzen bei der Gestaltung der wichtigsten
politischen Familien in dieser Zeit galt gleichermaßen
für Europa und die USA. Mitte-Links wie Mitte-Rechts
befürwortete in Europa den „freien Markt" als eine Angelegenheit des politischen Hausverstands, während die
„Kulturkriege" über Religion, traditionelle Geschlech-
terrollenmodelle und (in den USA) Waffenkontrolle die
Politik beherrschten.

Das Ende des Links-Rechts-Konflikts wurde sowohl
beklagt als auch gefeiert. Einige Wissenschaftler begrüßten es und bezeichneten das parteipolitische System, das
ihn verkörperte, als Hindernis für progressive Politik im
21. Jahrhundert (Corfe 2010). Anthony Giddens (1994)
erklärte die alten ideologischen Kämpfe im Kontext der
postindustriellen Gesellschaften für obsolet und propa-
gierte die Formel eines „Dritten Weges", der „die müde
Dichotomie" überwinden sollte. Nach dem Urteil anderer ist diese Tendenz gefährlich für das Gemeinwohl, da
Parteien der Mitte, die behaupten, jenseits ideologischer
Kämpfe zu stehen, zum Opportunismus neigen und die
Politik ihrer moralischen und ideellen Dimensionen be-
rauben (Bobbio 1996). Zudem hat die konservativ-sozia-
listische Kohabitation in „großen Koalitionen" und der
dadurch kreierte Stil des technokratischen Konsenses
den Wohlfahrtsstaat als Form der Beziehung zwischen
Bürgern und Regierung mehr untergraben als ihre angeb-

lich nicht nachhaltige Wirtschafts- und Sozialpolitik (Azmanova 2004, 278 f.; Mouffe 2005, 29, 69–72). Am Ende des 20. Jahrhunderts war die Links-Rechts-Spaltung, von der die Politik zwei Jahrhunderte lang strukturiert wurde, nicht nur ausgelöscht, sondern durch ein neues übergreifendes Paradigma der ideologischen Orientierung und der Wahlmobilisierung ersetzt (Mair 2007). Auf den Trümmern der alten ideologischen Kämpfe entstand eine Expertenherrschaft.

An der Wende zum neuen Jahrhundert begann ein neues Paradigma, Gestalt anzunehmen. In vielen europäischen Ländern schossen unkonventionelle Parteien wie Pilze aus dem Boden – attac in Frankreich, die Bewegung des Weißen Marsches in Belgien, die Liste Pim Fortuyn in den Niederlanden, das Bündnis La Margherita in Italien und der Bloco de Esquerda in Portugal. Das deutet sowohl auf das Unvermögen der Expertenpolitik hin, auf die Anliegen der Öffentlichkeit zu reagieren, als auch auf die Unfähigkeit der alten politischen Links-Rechts-Strukturen, sich mit den neuen öffentlichen Forderungen zu identifizieren. Der Aufstieg der neuen Parteien ist umso bedeutsamer, als er gegenläufig ist zum Trend des Niedergangs kleiner Parteien in zunehmend bipolarisierten politischen Systemen.

Aus parteipolitischer Sicht vertraten viele der neuen Parteien eine scheinbar unvereinbare Reihe von Überzeugungen. Sie verbanden kulturellen Liberalismus mit antimuslimischer Gesinnung, die Befürwortung freier Märkte im Inland mit der Ablehnung des globalen Handels und dem Ruf nach einem sozialen Sicherheitsnetz. Auch Donald Trumps politische Plattform, die im Vorfeld der Präsidentschaftswahlen 2016 vorgestellt wurde, war voller Widersprüche. Er forderte Massenabschiebungen von Immigranten, war aber gegen Kürzungen bei Medicare und der Sozialversicherung, gelobte, das Militär auszubauen, kritisierte aber den Freihandel. Solche politischen Positionen lassen sich nicht ohne Weiteres auf der vertrauten, von einer Links-Rechts-Spaltung geprägten Landkarte einer Wahlpolitik verorten.

Gleichzeitig wuchs die Unterstützung der Wähler für den Wirtschaftsliberalismus stark. Es sei daran erinnert, dass Parteien abseits der Links-Rechts-Achse standen, für die der Wirtschaftsliberalismus ein Eckpfeiler der politischen Identität ist (zum Beispiel die Freie Demokratische Partei in Deutschland – die „Liberalen" in der Abbildung oben). Diese Situation änderte sich erst mit dem plötzlichen Anstieg der Wahlunterstützung für liberale Parteien in Europa im ersten Jahrzehnt des 21. Jahrhunderts.[19]

Der Aufstieg „unorthodoxer" Parteien, die sowohl kulturellen als auch sozialen Schutz fordern, und der wachsende Wunsch der Wähler nach einer Kombination aus wirtschaftlichem und kulturellem Liberalismus scheinen die Hauptachse der öffentlichen Nachfrage in Richtung der zuvor spärlich besiedelten Quadranten oben rechts und unten links auf der ideologischen Landkarte zu verschieben – also entgegen der traditionellen Links-Rechts-Spaltung. Dabei handelt es sich jedoch nicht um eine einfache Neukonfiguration politischer Präferenzen, sondern um eine dauerhafte Veränderung der ideologischen Geografie westlicher Demokratien: ihrer ideellen Grenzen, der Räume ideologischer Identifikation und Bruchlinien politischer Konflikte und Kooperationen. (Dieses übergreifende Paradigma politischer Bedeutung und Anfechtung wird durch neuartige Dynamiken ausgelöst, die in der politischen Ökonomie kapitalistischer Demokratien wirken. Dies wird in den Kapiteln 4 und 5 untersucht.)

Die ideologische Landschaft des 21. Jahrhunderts

Gegen Ende des 20. Jahrhunderts entstand in den westlichen Gesellschaften ein neues axiales Prinzip der sozialen Schichtung (Verteilung der Lebenschancen), das mit den sozialen Auswirkungen der Globalisierung zusammenhing. Die neue Ökonomie der offenen Grenzen und der technologischen Umwälzungen brachte sowohl Gefahren als auch Vorteile. Vor allem aber wurden Verluste und Gewinne ungleich verteilt, was zu einer komplexen Schichtung führte – ein Thema, das im nächsten Kapitel im Rahmen der Untersuchung der Transformation des demokratischen Kapitalismus ausführlich behandelt wird. Für den Moment möchte ich es bei der Beobachtung belassen, dass die Verteilung von Chancen und Gefahren Gewinner und Verlierer hervorbrachte, je nach der erlebten oder erwarteten sozialen Auswirkung der Verbindung von offenen Grenzen und fortschrittlichen Technologien.

Studien über „Verlierer" und „Gewinner" der Globalisierung gibt es zuhauf. Diese Gruppen werden oft entlang der wachsenden Einkommenskluft zwischen gering und hoch qualifizierten Arbeitnehmern dargestellt (Geishecker und Gorg 2007; Kapstein 2000).

Die Bedeutung der Globalisierung für die politische Mobilisierung wurde direkt auf ihre materiellen Auswirkungen zurückgeführt (Kriesi et al. 2006), aber ich denke, die Mobilisierung geht eher auf die *erwartete* Verteilung von Chancen und Gefahren zurück (Azmanova 2004). Bemerkenswert ist beispielsweise, dass die typischen Wähler der neuen rechtspopulistischen Formationen nicht Arbeitslose sind, sondern männliche Arbeiter, die zumeist in der Fertigungsindustrie beschäftigt sind. Sie fühlen sich von der Aussicht bedroht, dass Unternehmen ihre Produktion ins Ausland verlagern oder automatisieren. Im Gegensatz zum verarbeitenden Gewerbe ist die Low-Tech-Dienstleistungsbranche (etwa der Pflege- und Reinigungssektor) nicht der Globalisierung ausgesetzt; gering qualifizierte Beschäftigte in solchen Bereichen wählen weiterhin die Linke.

In diesem Zusammenhang begannen sich neue *politisch bedeutsame* Spaltungen herauszubilden, und sie bestimmen die ideologische Orientierung und die politi-

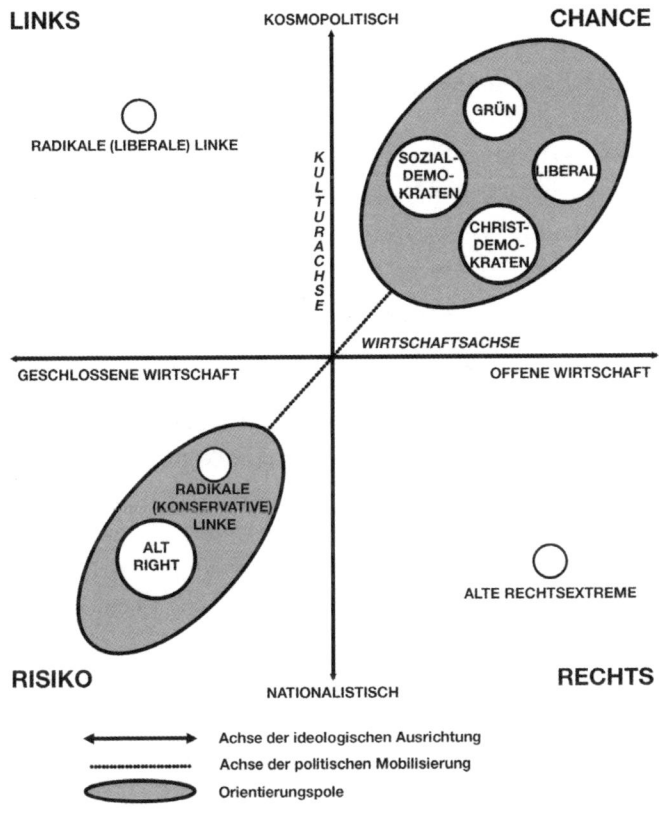

Abbildung 2: Ideologische Landschaft im frühen 21. Jahrhundert

schen Konflikte in den heutigen liberalen Demokratien.
Eine neue Allianz sozialer Kräfte formiert sich um einen
„Risiko"-Pol (oder „Angst"-Pol) politischer Mobilisierung, wo sich Teile des Kapitals und der Arbeiterschaft
hinter einer Politik des Wirtschaftspatriotismus versam-
meln. Diese Kombination aus Liberalisierung des Binnenmarktes und geschlossener (geschützter) Wirtschaft sowie
einem kulturellen Überlegenheitsdenken äußert sich typischerweise in einer Anti-Einwanderungsrhetorik.

Auf der anderen Seite des Spektrums mobilisieren
Parteien jene Anhänger, die Globalisierung als Vorteil in

Bezug auf die Schaffung von Wohlstand und flexiblere und vielseitigere Lebensstile erleben, und jene, die das Versprechen neuer Technologien zur Eindämmung des Klimawandels preisen.

Die entstehenden neuen gesellschaftlichen Allianzen ersetzen die alte Links-Rechts-Achse der ideologischen Orientierung durch eine Chancen-Risiko-Spaltung, die durch Einstellungen zu den erfahrenen oder erwarteten sozialen Auswirkungen der Globalisierung geprägt ist (siehe Abbildung).

Dies ist nicht nur eine neue Konfiguration der öffentlichen Präferenzen innerhalb der alten Landkarte der ideologischen Orientierung. Die neue Ökonomie hat den thematischen Rahmen der politischen Interaktion verändert, in dem öffentliche Debatten über Gerechtigkeit stattfinden. So wie sich die Vorstellungen von politischer Bedeutung gewandelt haben, haben sich auch die kulturellen und wirtschaftlichen Achsen der ideologischen Landkarte verschoben.

Die Krise des Wohlfahrtsstaates in den 1970er-Jahren begünstigte einen transideologischen Konsens in der Wirtschaftspolitik zugunsten freier Märkte. Die politische Debatte bewegte sich dabei weg von der Dichotomie von freiem Unternehmertum versus staatliche Intervention. Die politische Rhetorik des Wohlfahrtsstaates konzentrierte sich auf Wirtschaftswachstum, Marktregulierung und soziale Transfersysteme. Nun wurde sie rund um die kulturellen, politischen und wirtschaftlichen Herausforderungen der Globalisierung neu gestaltet. Ich habe bereits die Entstehung einer neuen öffentlichen Thematik erwähnt (Ordnung und Sicherheit), die sich auf die Sorge um materielle (wirtschaftliche und physische) Risiken in Verbindung mit unsicherem Einkommen und mangelnder physischer Sicherheit konzentriert. Dieser neue Bezugsrahmen, der sich an Chancen und Gefahren der Globalisierung orientiert, hat den Inhalt der wirtschaftlichen und kulturellen Achsen der politischen Orientierung radikal verändert.

Die ökonomische Achse bezeichnet nicht mehr die Einstellung zu staatlichen Eingriffen in die Wirtschaft (zwischen freien und regulierten Märkten). Der neoliberale Konsens beendete die Bedeutung dieses Themas insgesamt, da die linken Parteien in der Wirtschaftspolitik nach rechts rückten. Dabei wurde nicht nur die linke Mitte kooptiert, um den freien Markt als Motor des Wohlstands zu befürworten. (In den Worten von Nancy Pelosi, der Vorsitzenden der Demokraten im US-Repräsentantenhaus: „Wir sind kapitalistisch, und das ist auch gut so."[20]) Es gibt auch Gruppierungen, die sich als radikale Linke bezeichnen und auf die Förderung einer „geschützten, nach kapitalistischen Grundsätzen organisierten Volkswirtschaft" drängen (Harman 2007).[21] Der Streit des späten 20. Jahrhunderts um die *Politik des freien Marktes gegen den regulierten Markt* verwandelte sich in einen Streit um *offene Märkte gegen geschlossene Binnenmärkte*. Die erste Dichotomie betrifft die inländische Wirtschaftspolitik, die zweite den Außenhandel.[22]

Der Inhalt der kulturellen Achse der politischen Auseinandersetzung hat sich ebenfalls verändert. Die progressive Agenda der Bürgerrechte, die Anerkennung der Identität und ökologischer Belange wurde von Mitte-Rechts-Parteien in Europa sowie vom gemäßigten Flügel der Republikanischen Partei in den Vereinigten Staaten akzeptiert. So entstand das, was Nancy Fraser als „progressiven Neoliberalismus" bezeichnete (Fraser 2017a, 2017b). Das Mainstreaming der „progressiven Politik" hat zusammen mit dem Aufkommen neuer öffentlicher Sorgen über politische Misswirtschaft und physische Risiken einen neuen Bezugsrahmen für Streitpunkte entlang der kulturellen Achse der ideologischen Kämpfe entstehen lassen. In diesem Rahmen wurde die Einstellung zur Einwanderung zu einem Schlüsselelement. Als Folge wurde die kulturelle Kluft zwischen Liberalismus und Traditionalismus durch eine Dichotomie zwischen *Kosmopolitismus und Nationalismus* ersetzt, gespeist aus gegensätzlichen Einschätzungen zur Durchlässigkeit nationaler Grenzen im Kontext der Globalisierung und der Fähigkeit von Gesellschaften, mit diesem Wandel umzugehen.

Die neue ideologische Geografie der liberalen Demokratien weist eine signifikante Besonderheit auf: die Arten von Allianzen, die die neuen wirtschaftlichen und kulturellen Vektoren fördern. Die Kluft zwischen Chancen und Risiken verläuft quer durch Kapital und Arbeit und spaltet die alten ideologischen Familien der Linken und der Rechten. Um den „Chancen"-Pol herum hat sich eine mächtige Allianz sozialer Kräfte gebildet – die urbane liberale obere Mittelschicht (die typische Wählerschaft für ökologische und sozialistische Parteien) sowie diejenigen, die ihren Lebensunterhalt vom Finanzkapital und in den transnationalen Konzernen bestreiten, die von der Globalisierung profitieren. Sie unterstützen typischerweise Mitte-Rechts-Parteien.

Auf der anderen Seite stehen gering qualifizierte, schlecht ausgebildete Arbeiter, die in den verschwindenden Arbeitsplätzen der alten Wirtschaft gefangen sind, sowie gut ausgebildete junge Erwachsene, die erkannt haben, dass die heutige politische Ökonomie selbst unter Wachstumsbedingungen keine Arbeitsplätze mehr hervorbringt. Dies führt zu wirklich seltsamen Allianzen. Da jede politische Idee nur so stark ist wie das Kräftebündnis hinter ihr, wird diese Neukonfiguration der Allianzen wahrscheinlich weitaus dramatischere Folgen haben als die Wahlturbulenzen von 2016 und 2017.

Während die alten und neuen Parteien versuchten, sich auf die neuen öffentlichen Forderungen einzustellen, haben sie diese auch geformt: Sie boten eine Sprache an, innerhalb derer die Ängste vor der Globalisierung politisiert (also zu politischen Themen gemacht) wurden. In dieser Hinsicht waren die Ohnmacht der Linken und die Stärke der extremen Rechten von großer Bedeutung. Die Metamorphose der ideologischen Landkarte der liberalen Demokratien hat die Linke gespalten, die das ganze 20. Jahrhundert hindurch die soziale Kraft sowohl des Multikulturalismus im Inland als auch für soziale Gerechtigkeit im Ausland war. Da die (relative) Verarmung der Mittelschichten in den westlichen Gesellschaften die „soziale Frage" wieder in den Mittelpunkt rückt, wird zum ersten Mal die nationale soziale Gerechtigkeit scharf gegen transnationale und transkulturelle Solidarität ausgespielt. Die Globalisierung hat daraus ein Nullsummenspiel gemacht. Die kosmopolitischen Anliegen, die für die neue Linke typisch sind, prallen nun auf das wachstums- und umverteilungsorientierte Programm für soziale Gerechtigkeit der alten Linken. Dies ist einer der Hauptgründe für die Unfähigkeit der Linken, auf die neuen Sorgen ihrer traditionellen Wählerschaft (der verschwindenden, aber verängstigten industriellen Arbeiterklasse) einzugehen. Da die Linke zu diesen Themen schwieg, während sich das neue Thema Ordnung und Sicherheit zunehmend durchsetzte, eroberte die Rechte die Stimmen des „Risiko"-Pols mit der leicht verfügbaren Sprache der nationalen Souveränität und demokratischen Selbstbestimmung.

Die Anpassung von öffentlicher Nachfrage und politischem Angebot rund um die Kluft zwischen Chancen und Risiken wurde in den USA und Frankreich in den letzten Runden der Präsidentschaftswahlen vollendet. Kandidaten, die den „Risiko"-Pol mobilisierten (Donald Trump bzw. Marine Le Pen), traten gegen Kandidaten an, die den wirtschaftlichen und kulturellen Liberalismus vertraten (Hillary Clinton bzw. Emmanuel Macron). Die Positionen dieser vier politischen Figuren lassen sich nur schwer auf der gewohnten ideologischen Landkarte des 20. Jahrhunderts verorten, sehr leicht jedoch an den Polen „Chance" und „Risiko" der Landkarte des 21. Jahrhunderts.

Was die liberalen Kultureliten als abscheulichen Populismus (die rechte Variante wegen ihrer Fremdenfeindlichkeit) oder als naiven Populismus (die linke Variante wegen ihrer unrealistischen Forderungen nach Handelsprotektionismus) verspottet haben, ist also in Wirklichkeit ein Produkt der trügerischen Fehlinterpretation von ansonsten berechtigten öffentlichen Sorgen über schwindende Lebensgrundlagen. Dass diese neuen unorthodoxen politischen Formationen vernünftige und nachhaltige Sorgen und politische Präferenzen aus dem linken unteren Quadranten der neuen ideologischen Landkarte der liberalen Demokratien zum Ausdruck bringen, bedeutet, dass wir aufhören sollten, das bequeme, aber irreführende Etikett „Populismus" zu verwenden. Progressive Kräfte könnten immer noch die Sprache und die Politik finden, um mutig auf die besorgten Öffentlichkeiten zu reagieren. Dieses Buch ist ein Versuch, einen solchen Ausweg aus der gegenwärtigen Sackgasse anzubieten.

Beunruhigend an der neuen ideologischen Geografie des Westens ist, dass sie keinen Raum für Utopien lässt – für ein übergreifendes Projekt, das die Möglichkeiten einer besseren Zukunft *für alle* spezifiziert. Seit ihren Anfängen im späten 18. Jahrhundert markierten die Unterscheidungen zwischen links und rechts solche Projekte. So formulierten Konservatismus und Liberalismus – die beiden ideologischen Traditionen, die in der Französischen Revolution wurzeln – alternative Wege für gesellschaftlichen Fortschritt. Im späten 19. Jahrhundert wurde diese Dichotomie durch den Sozialismus auf der linken Seite, den Liberalismus in der Mitte und den Konservatismus auf der rechten Seite ersetzt, doch die Logik des ideologischen Konflikts blieb intakt. In diesem Konflikt ging es um die Richtung und die Mittel für die Entwicklung der Gesellschaft.

Die Pole „Chance" und „Risiko" der aktuellen ideologischen Geografie grenzen keine ideologischen Territorien von Gruppen mit konkurrierenden Projekten für die Entwicklung der Gesellschaft ab. Im ideologischen Kampf geht es nicht um die Gestaltung einer gemeinsamen Zukunft, sondern um die Verteilung von Gewinnen und Verlusten als Resultat der neuen Ökonomie. Politische Rivalitäten haben sich in Animositäten verwandelt. Ehemalige Gegner sind nun Feinde. Die Logik rivalisierender Utopien wurde durch die des Bürgerkriegs ersetzt.

Mit einer beneidenswerten historischen Intuition lehnten französische Gymnasiasten im Frühjahr 2017 diese gefährliche ideologische Dynamik mit dem Slogan ab: „Weder Le Pen noch Macron; weder der Patriot noch der Boss – wir haben etwas Besseres verdient!" Sie machten deutlich, dass es inakzeptabel ist, den neoliberalen technokratischen Konsens durch die sich neu abzeichnende Wahl zwischen einem fremdenfeindlichen Populismus und einer wirtschaftsgetriebenen Politik zu ersetzen.[23]

Allem Anschein nach fehlt dem emanzipatorischen Projekt unserer Zeit nicht nur der Luxus einer hilfreichen Krise des Kapitalismus, es kann sich auch nicht auf Krücken einer inspirierenden Utopie stützen. Auf die Suche nach Wegen, die „Krise der Krise" in Richtung einer radikalen Transformation zu lösen, kommt Kapitel 7 zurück. Die nächste Aufgabe besteht darin, die sozioökonomische Dynamik des gegenwärtigen Kapitalismus zu untersuchen (Kapitel 4–6), um offenzulegen, was die veränderte Logik der politischen Mobilisierung mit der veränderten Natur der politischen Ökonomie des demokratischen Kapitalismus zu tun hat. Dann wird ein übergreifender Missstand hinter den verschiedenen Erfahrungen von Ungerechtigkeit und den scheinbar unvereinbaren Appellen an Gerechtigkeit zu erkennen sein. Es gilt, einen Weg aufzuzeigen, der die Logik des Bürgerkriegs in eine Logik der Gerechtigkeit für alle verwandelt.

4. Aus dem Leben des demokratischen Kapitalismus

„Es muß doch etwas faul sein im Innersten eines Gesellschaftssystems, das seinen Reichtum vermehrt, ohne sein Elend zu verringern, und in dem die Verbrechen sogar rascher zunehmen als seine Bevölkerungszahl."
Karl Marx, Bevölkerung, Verbrechen und Pauperismus,
MEW 13, 492

Konsolidierung, nicht Krise: Über den keineswegs schlechten Zustand des gegenwärtigen Kapitalismus
Die Zivilisation des 20. Jahrhunderts ist zusammengebrochen. Es ist verlockend, dies mit dem Beginn von Karl Polanyis Werk „The Great Transformation" aus dem Jahr 1944 zu erklären, wenn er den Zusammenbruch des liberalen Kapitalismus des 19. Jahrhunderts schildert. Eines der Anzeichen für den gegenwärtigen Niedergang der soziopolitischen Ordnung der kapitalistischen Demokratien ist die tiefgehende Umgestaltung ihrer ideologischen Landschaft, wie sie im vorigen Kapitel besprochen wurde: Die Kluft zwischen links und rechts, die den ideologischen Raum geformt und die Wahlmobilisierung während des vergangenen Jahrhunderts gesteuert hat, erlaubt es nicht mehr, zu verstehen, wie sich öffentliche Anliegen zu profilierten politischen Alternativen verdichten.

Noch bemerkenswerter ist, dass die Kluft zwischen links und rechts und der Konflikt zwischen Kapital und Arbeit, den sie einst repräsentierte, neuen Bruchlinien der ideologischen Orientierung und des politischen Wettbewerbs weichen. Diese sind geprägt von der Einstellung zu den sozialen Auswirkungen der neuen Ökonomie der offenen Grenzen und der Informationstechnologie. Ich habe diese neue Achse als eine Achse zwischen einem

„Chancen"-Pol und einem „Risiko"-Pol beschrieben, die alte Allianzen aushöhlt und seltsame neue hervorbringt. Die derart umgestaltete ideologische Landschaft lässt keinen Raum für eine Utopie, die progressive Politik inspirieren und leiten könnte.

Diese Umgestaltung ist meiner Ansicht nach Teil einer größeren Transformation des demokratischen Kapitalismus in eine neue Modalität. Diese postneoliberale Variante, die ich aus Gründen, die bald deutlich werden, „Prekaritätskapitalismus" nenne, ist die vierte Wiederauferstehung des Kapitalismus seit der Konsolidierung im 19. Jahrhundert in seiner ersten „liberalen" Form. Die neuen Merkmale dieser Variante betreffen vier Aspekte der sozioökonomischen Ordnung: (1) die Organisation der politischen Ökonomie; (2) die Art der Macht und den Stil der Herrschaft, zu deren Ausübung die öffentliche Gewalt berechtigt ist; (3) die Legitimation der Macht innerhalb der Semantik eines neuen Gesellschaftsvertrags (Legitimitätsdeal); und (4) die Natur des sozialen Protests und des politischen Aktivismus.

Bevor das nächste Kapitel die charakteristischen Merkmale dieser neuen Modalität des demokratischen Kapitalismus darstellt, werden hier die drei Konfigurationen des Kapitalismus, die der gegenwärtigen vorausgingen, knapp beschrieben.

Das „Repertoire" des Kapitalismus und seine ersten drei Konfigurationen

Kapitalismus ist immer im Fluss; er „ist also von Natur aus eine Form oder Methode der ökonomischen Veränderung und ist nicht nur nie stationär, sondern kann es auch nie sein", beobachtete Joseph Schumpeter (2020, 105). Der Kapitalismus hat seine institutionelle Form in einer Vielzahl von nationalen, gleichzeitig existierenden Modellen gefunden, wie in der Literatur über die „Varietäten des Kapitalismus" festgehalten wurde (zum Beispiel Hall und Soskice 2001). Gegenstand meiner Analyse ist jedoch die lineare Transformation, die er von seiner ersten, liberalen (unternehmerischen) Modalität bis zu seinem heutigen Zustand durchlaufen hat, ungeachtet der nationalen Variationen. Ich betrachte diese aufeinanderfolgenden Formen nicht als unterschiedliche „Epochen", sondern vielmehr als sich überschneidende Neuformierungen eines „Repertoires" der konstitutiven Merkmale des Kapitalismus. In dieser Bewegung sublimiert jede neue Form des Kapitalismus die vorangegangenen (siehe auch den Anhang).

Ich betrachte das „Repertoire des Kapitalismus" als eine begrenzte Menge von Merkmalen, die den Kapitalismus als ein strukturiertes System sozialer Beziehungen kennzeichnen. Dieses umfasst seine beiden systemischen Dynamiken: das kompetitive Streben nach Profit (seine konstitutive Dynamik und operative Logik) und die ursprüngliche Aneignung (die sekundäre, ermöglichende Dynamik). Bestimmte soziale Institutionen wiederum strukturieren die Beziehungen zwischen den Beteiligten. In der Geschichte des westlichen Kapitalismus spielten drei solcher Kerninstitutionen eine zentrale strukturierende Rolle: das Privateigentum und die Verwaltung der Produktionsmittel, der „freie" Arbeitsvertrag und der Markt als primärer Mechanismus der wirtschaftlichen Steuerung (das heißt für die Zuteilung von Produktionsmitteln und sozialem Überschuss). Diese Funktion des Marktes unterscheidet sich von derjenigen der Erfüllung von Angebot und Nachfrage bei der Befriedigung menschlicher Bedürfnisse, eine Funktion, die der Markt in vielen gesellschaftlichen Formationen erfüllt hat. Das Repertoire des Kapitalismus umfasst auch ein Ethos: eine Weltanschauung, die Orientierung und den Sinn des rationalen Unternehmertums mit individueller Initiative bietet.

Der Kapitalismus bezieht die öffentliche Unterstützung aus einer normativen Matrix, die das implizite Verständnis der Bürger von einer fairen Verteilung von

Lebenschancen enthält. Ich habe sie die „Legitimationsmatrix" der Gesellschaft genannt. Seit seinen Anfängen hat sich der Kapitalismus auf eine bestimmte Formel gestützt, um die Zustimmung selbst der Verlierer im Spiel der kompetitiven Profitproduktion zu gewinnen. In einer idealisierten Marktgesellschaft sollen Risiken und Chancen für jeden Teilnehmer aufeinander abgestimmt sein; die Chance der Kapitaleigner, Reichtum zu generieren, rechtfertigen (angeblich) die von ihnen eingegangenen Investitionsrisiken.[1] Die mageren Bereicherungschancen der Arbeiter werden durch ihre angeblich geringeren Risiken im Wirtschaftsprozess ausgeglichen. (Im Falle eines Konkurses verliert ein Eigentümer alles, der Arbeiter nur seinen Lohn.) Solange also die Ungleichheiten aus den Möglichkeiten der Beteiligten resultieren, sich auf das riskante Geschäft der kompetitiven Profiterzeugung einzulassen, werden sie als akzeptabel angesehen.

Dieses Repertoire an Kernelementen des Kapitalismus entstand bereits im 17. Jahrhundert in Europa unter unterschiedlichen institutionellen Rahmenbedingungen, vom monarchischen Absolutismus bis zum Freihandel der Hansestädte, und konsolidierte sich als eigenständiges sozioökonomisches System im 19. Jahrhundert. Der Prozess der Konsolidierung fand, wie Karl Polanyi in Erinnerung ruft, im institutionellen Rahmen des liberalen Staates statt, der selbst eine Schöpfung des sich selbst regulierenden Marktes ist (Polanyi 1944, 3).

Verschiebungen in den Erwartungen an eine öffentliche Autorität – das heißt, was ein angemessenes öffentliches Anliegen ist – entwickeln sich unter dem Einfluss des jeweiligen Bezugsrahmens, einer stillschweigenden Übereinkunft darüber, welche sozialen Phänomene als politisch relevant angesehen werden (zum Beispiel Armut, Gleichberechtigung der Geschlechter, Hungersnöte in fernen Ländern) und welche Bedeutung sie gewinnen.

Bei der Besorgnis über die gegenwärtige Ungleichheit als Schwerpunkt der Protestpolitik sollte man bedenken, dass die Intellektuellen, die im revolutionären 18. Jahrhundert in den Vereinigten Staaten und in Europa Pionierarbeit für egalitäres Denken leisteten, dies um der Freiheit und der Menschenwürde willen taten, nicht wegen materieller Gleichheit als Wert an sich. Sie glaubten, politische und soziale Beziehungen sollten frei von allen Formen der Herrschaft sein, wie Simon Reid-Henry (2015) in seiner Untersuchung des politischen Ursprungs und der politischen Bedeutung von Ungleichheit zeigt. Ziel war es, die *Art* der Ungleichheiten zu analysieren, die Menschenwürde und Freiheit bedrohen, die beiden Gründungsprinzipien der frühen amerikanischen Politik. Mit anderen Worten: Gleichheit hatte einen Platz im politischen Bezugsrahmen, als die Fundamente der kapitalistischen Demokratien gelegt wurden, aber sie erhielt ihre besondere Bedeutung innerhalb eines Ethos der *Nichtherrschaft*.

Alexis de Tocquevilles Beobachtungen über die entstehende Demokratie in Amerika bieten einen weiteren Einblick in dieses breitere Ethos, das die ursprüngliche Legitimationsmatrix der kapitalistischen Demokratien prägte. Als der junge französische Aristokrat in den frühen 1830er-Jahren seine Erkundungen unternahm, war er vor allem von dem beeindruckt, was er „die Gleichheit der gesellschaftlichen Bedingungen" nannte (Tocqueville [1835] 1956, 17). Dabei dachte er nicht an materielle Gleichheit (natürlich war die amerikanische Gesellschaft zu jener Zeit ungleich), sondern an das, was er als Gleichheit der Freiheit und des politischen Wertes pries, die in einer nachdrücklichen Ablehnung von Privilegien wurzelt.[2] Sind unsere Sorgen über die wachsende materielle Ungleichheit vielleicht ein Zeichen für eine Verschiebung des gesamten Ethos der kapitalistischen Demokratien von der ursprünglichen Ablehnung sozialer Privilegien hin zu einer offenen Befürwortung des Wertes von gleichem Wohlstand? Oder ist die Empörung in Wirklichkeit eine Bestätigung des Gründungswertes der sozialen statt der materiellen Gleichheit – weil wirtschaftliche Ungleichheit sich in soziale Hierarchie übersetzt? Oder drückt die Sprache der Gleichheit ein ganz anderes Anliegen aus? Diese Diskussion wird in den nächsten Kapiteln zur Sprache kommen. Zunächst geht es um die Klärung der grundlegenden Komponenten des Kapitalismus und der Darstellung seiner wichtigsten historischen Konfigurationen.

Das Verständnis des grundlegenden Repertoires des Kapitalismus hat einige Auswirkungen auf die Vereinbarkeit zwischen der liberalen Demokratie als politischem System und dem Kapitalismus als sozialem System. Die Demokratie kann die kompetitive Produktion von Profit, die zentrale operative Logik des Kapitalismus, unter zwei Bedingungen gutheißen: dass (1) Risiken und Chancen für jeden Teilnehmer abgestimmt sind; und (2) die materiellen Ungleichheiten, die in diesem Prozess entstehen, keine sozialen Privilegien erzeugen. Mit anderen Worten: Wir akzeptieren die Ungleichheit, die durch das kompetitive Streben nach Profit entsteht, solange sie sich nicht in sozialer Hierarchie niederschlägt. Dies wird durch die institutionelle Logistik derselben Staatsbürgerschaft garantiert, von der Gleichheit vor dem Gesetz bis hin zum allgemeinen Wahlrecht.

Auf der Basis dieses Gründungsvertrags konnte sich der Kapitalismus im Laufe des 19. Jahrhunderts als übergreifendes System sozialer Beziehungen etablieren und konsolidieren. Die materiellen Umstände des sozialen Lebens haben sich jedoch derart verändert, dass die Korrelation zwischen Chancen und Risiken gestört wird. Die Ansichten darüber, was als soziale Risiken und Chancen zählt, ändern sich ebenso wie die Vorstellungen darüber, was die öffentliche Gewalt tun kann und soll, um die in der ursprünglichen Legitimationsmatrix festgelegte gerechte Verteilung der Lebenschancen aufrechtzuerhalten.

Verschiebungen im Legitimationsdeal sind notwendig, um die normative Matrix zu erhalten, aus der der Kapitalismus seine öffentliche Unterstützung bezieht. Solche Veränderungen ließen die vier aufeinanderfolgenden Konfigurationen des demokratischen Kapitalismus entstehen. In dem Ausmaß, in dem der Legitimitätsdeal zwischen öffentlicher Autorität und Bürgern in jeder dieser Konfigurationen die ursprüngliche Legitimationsmatrix aufrechterhalten konnte, hat der Kapitalismus seine Lebensfähigkeit bewahrt.

Liberaler Kapitalismus

Die liberale Form des Kapitalismus des 19. Jahrhunderts (auch bekannt als Laissez-faire-Kapitalismus) etablierte sich in den 1860er-Jahren durch den massiven Vormarsch der industriellen Wirtschaft.

Dies war, in den Worten des Historikers Eric Hobsbawm, „der Triumph einer Gesellschaft, die glaubte, dass wirtschaftliches Wachstum auf dem konkurrierenden privaten Unternehmen beruhte, auf dem Erfolg, alles auf dem billigsten Markt zu kaufen (einschließlich der Arbeitskraft) und auf dem teuersten zu verkaufen" (1975, 13). Diese treffende Formulierung erfasst sowohl die institutionelle Logik des liberalen Kapitalismus als auch seinen normativen Triumph im Sinne eines gemeinsamen gesellschaftlichen Ethos, das ihn normal und erstrebenswert erscheinen ließ.

Diese Gesellschaftsordnung entwickelte sich innerhalb eines bestimmten politischen Rahmens – des liberalen Verfassungsstaates, der die institutionalisierte Autonomie des Einzelnen gewährleisten sollte. Diese Autonomie war die Grundlage für die Freiheit des wirtschaftlichen Unternehmertums (Laissez-faire), gesichert durch die gesetzlich verankerte Vertragsfreiheit. Die Befreiung des privaten Unternehmertums als Antrieb für den Fortschritt der Industrie erforderte die Beseitigung institutioneller Hindernisse für den freien Verkehr der

Produktionsfaktoren, einschließlich der Arbeit. So wich die Kontrolle der Zünfte über die handwerkliche Produktion der Freiheit, jedem Gewerbe nachgehen zu können. Überreste des Feudalrechts – sie schränkten die Arbeit ein, schützten sie aber auch – wurden abgeschafft: in England zum Beispiel die „Jahresbindung" der Bergleute. Auch die Master and Servant Acts wurden geändert, um bei Vertragsverletzungen eine Gleichbehandlung für beide Parteien herzustellen. Im gleichen Sinne fielen in den späten 1870er-Jahren wichtige gesetzliche Hindernisse für Gewerkschaften und für das Streikrecht. Da die Vertragsfreiheit die Einstellung und Ausbeutung formal freier Arbeitskräfte ermöglichte, erzeugte sie wiederum ökonomische Zwänge für die institutionalisierte Autonomie des Individuums; Zwänge, die als Kommodifizierung der Arbeit bekannt wurden (also die Behandlung der menschlichen Produktionskapazität als Ware, die verkauft und gekauft werden kann).

Die Entstehung des Rechtssystems des modernen liberalen Staates kann jedoch nicht allein kapitalistischen Interessen zugeschrieben werden. Mit Max Weber könnte man sagen, dass sie zwar geholfen haben, aber „keineswegs allein oder vorwiegend" (1904–1905, 48). Die Form des Kapitalismus, die Weber als einzigartig für den modernen Westen erachtete – die rationale kapitalistische Organisation formal freier Arbeit –, ist mit dem institutionellen Aufbau des liberalen Konstitutionalismus über eine bestimmte Denkweise verbunden, die er als abendländischen „Rationalismus" bezeichnet, oder die „Fähigkeit und Willigkeit, überkommene und einmal erlernte Arten des Arbeitens zugunsten anderer, praktischerer, aufzugeben, sich neuen Arbeitsformen anzupassen" (46). Weltanschauungen, die rationales Unternehmertum unter individueller Initiative wertschätzen und gutheißen, sind eine Schlüsselkomponente dieser Geisteshaltung. So war der Liberalismus in dieser ersten Modalität des Kapitalismus nicht einfach eine Norm, die den Bereich des wirtschaftlichen Handelns regelte. Er war vielmehr eine geistige Haltung, ein Zeitgeist, und als solcher war er „das organisatorische Prinzip einer mit der Errichtung eines Marktsystems befaßten Gesellschaft". (Polanyi [1944] 1978, 299)

Die nominelle Trennung zwischen Ökonomie und Politik war ein Kernmerkmal des ersten Legitimitätsdeals (also die Idee, dass die öffentliche Autorität keine wirtschaftlichen Akteure privilegieren und im Gegenzug die wirtschaftliche Macht keinen Einfluss auf die Politik haben sollte). Der liberale Staat erreichte dies mit der Gewaltenteilung, den rechtlichen Absicherungen gegen unrechtmäßige Eingriffe in Privatsphäre und Eigentum sowie anderem institutionellem Zubehör, das für die liberale Politik typisch ist. Dies bildete den politischen Rahmen für den liberalen Kapitalismus; er wurde zur „unumstößlichen Bedingung des bestehenden Gesellschaftssystems" (Polanyi [1944] 1978, 299).

In dieser ersten Modalität des Kapitalismus prägt der verhaltensorientierte Wert des individuellen unternehmerischen Handelns – „harte Arbeit" mit den damit verbundenen Risiken und Belohnungen – die Semantik der kollektiven sozialen und politischen Existenz.

Wohlfahrtskapitalismus

Gegen Ende des 19. Jahrhunderts hatte der freie Markt den Lohnarbeitern und anderen, die wenig oder gar keine Chance hatten, echte Gewinne in der Wirtschaft zu erzielen, erheblich mehr Risiken zugewiesen und ihnen gleichzeitig unmenschliche, ja bedrohliche Lebensumstände gebracht. Dies gefährdete die Legitimationsmatrix des Kapitalismus, weil die Grundregel der Korrelation von Chancen und Risiken verletzt wurde. Daraus entwickelte sich eine schwere Legitimationskrise, die zum Zusammenbruch des Systems führte, wie Karl Polanyi in „The Great Transformation" (1944) feststellte. Es folgte eine groß angelegte politische Anstrengung, um das Gleichgewicht zwischen Chancen und Risiken durch den Aufbau eines sozialen Sicherheitsnetzes wiederzugewinnen, zum Beispiel durch die Einführung stabiler Arbeitsverträge und einer Arbeitslosenversicherung sowie der Begrenzung von Arbeitszeiten und Lebensarbeitszeit.

Diese Transformation führte nach dem Zweiten Weltkrieg zu einer Rekonstitution des Kapitalismus in einer neuen Modalität: Wissenschaftler in der Tradition der Frankfurter Schule bezeichneten sie als „fortgeschrittenen" oder „späten" Kapitalismus, Scott Lash und John Urry (1987) nannten sie „organisierten Kapitalismus". Die Entwicklung im institutionellen Format des Wohlfahrtsstaates war der Demokratisierung des Wohlstands verpflichtet, daher ziehe ich es vor, ihn als „Wohlfahrtskapitalismus" zu bezeichnen. Unterschiedliche Ausformungen waren der New Deal in den USA und der Wohlfahrtsstaat in Europa, gekennzeichnet vor allem durch die staatliche Regulierung der Wirtschaft und die Verstaatlichung/Vergesellschaftung einiger wirtschaftlicher Schlüsselsektoren. Wirtschaftspolitische Hauptziele waren, die Rentabilität dem Wachstum unterzuordnen sowie das Überleben des privaten Kapitals durch staatliche Aufträge, direkte Subventionen oder Steuerpolitik zu unterstützen.

Der Katalysator für die Geburt dieser zweiten Modalität des Kapitalismus war eine breite gesellschaftliche Bewegung, die sich bereits am Ende des 19. Jahrhunderts gegen das ökonomische Dogma des sich selbst regulierenden („freien") Marktes formierte. Diese kollektivistische Gegenbewegung hatte, wie Karl Polanyi feststellt, eine breite gesellschaftliche Basis und „war nicht einer besonderen Vorliebe der konzertierten Interessen für Sozialismus oder Nationalismus zuzuschreiben, sondern ausschließlich dem breiten Spektrum der entscheidenden gesellschaftlichen Interessen, die durch den expandierenden Marktmechanismus gefährdet wurden" (Polanyi [1944] 1978, 201).[3] Mit anderen Worten: Während das unternehmerische Kapital von den Vorteilen des freien Marktarrangements profitierte, musste die Lohnarbeit einen großen Teil der sozialen Risiken tragen. Aus der Perspektive der grundlegenden Legitimationsmatrix des demokratischen Kapitalismus, die vorsah, dass Chancen und Risiken der Lebenschancen gleichmäßig verteilt sein sollten, war die Lage inakzeptabel.

Als sich die zivile und politische Gesellschaft mobilisierte, um dieses Gleichgewicht wiederherzustellen, entstand ein neuer politischer Bezugsrahmen, der Armut und Prekarität als politisch relevante soziale Phänomene umfasste. So erweiterte sich in dieser neuen Phase die Legitimationsmatrix kapitalistischer Demokratien hinsichtlich der Verteilung von Lebenschancen um die Idee sozialer Gerechtigkeit, die in sozialen Rechten kodifiziert wurde – neben den politischen und bürgerlichen Freiheiten und dem Wert des wirtschaftlichen Unternehmertums, die bereits Eckpfeiler des liberalen Kapitalismus waren. Das Legitimationsabkommen zwischen Bürgern und öffentlicher Autorität nahm die Pflicht des Staates auf, die Gesellschaft vor dem Markt zu schützen. In der bisherigen Konstellation sollte allein er für das Gleichgewicht zwischen Chancen und Risiken sorgen; ein Gleichgewicht, das den Kapitalismus legitimierte, und es war Aufgabe von Familien und Kirchen, sich um die Schwächsten zu kümmern.

Die politische Legitimität des demokratischen Kapitalismus nach dem Zweiten Weltkrieg stützte sich auf eine spezielle Vorstellung von Gerechtigkeit: hinausgehend sowohl über die der politischen Gleichheit, die für die *Demokratie* grundlegend ist, als auch über die des individuellen Unternehmertums, das für den *Kapitalismus* grundlegend ist. Um wirtschaftliches Unternehmertum mit politischer Gleichheit zu verbinden, wurde der Staat mit einer neuen legitimitätsstiftenden Funktion betraut – der Umverteilung von Reichtum, um soziale Gerechtigkeit zu sichern.

Die *soziale* Verantwortung der öffentlichen Hand entstand als Kernstück des neuen Legitimitätsdeals: Zusätzlich zur Aufrechterhaltung der ökonomischen Maschine des Wohlstands (des freien Marktes) wurde der Staat auch dafür verantwortlich, sich mit den Folgen des Prozesses der Wohlstandsschaffung für die Gesellschaft als Ganzes auseinanderzusetzen. Das letztgenannte Element, das als „sozial verantwortliche Regierung" bezeichnet werden könnte, lässt sich weder mit einer *rechenschaftspflichtigen* Herrschaft gleichsetzen, die durch periodische Wahlen und Checks and Balances erreicht wird, noch mit einer *reaktiven* Herrschaft, einer Politik, die direkt auf öffentliche Forderungen reagiert. Vielmehr geht es bei sozial verantwortlicher Regierung um die Bereitschaft der öffentlichen Hand, die sozialen Auswirkungen ihrer Politik zu berücksichtigen (Azmanova 2013b).

Die soziale Partnerschaft zwischen organisiertem Kapital, organisierter Arbeit und einem demokratischen Staat als Kennzeichen für den Wohlfahrtskapitalismus wurde durch eine Vielzahl von institutionellen Modellen geprägt. Dies wird in den Taxonomien „Varianten des Kapitalismus" und „Varianten des Wohlfahrtsstaates" erfasst, auf die ich hier nicht näher eingehen möchte.[4] Stattdessen beziehe ich mich allgemein auf den „Wohlfahrtskapitalismus" als jener Modalität, die vom Zweiten Weltkrieg bis in die 1970er-Jahre andauerte.

Der Wohlfahrtskapitalismus war durch einen organisierten und institutionalisierten politischen Kollektivismus gekennzeichnet, der auf zwei Ebenen existierte: im Bereich der politischen Ökonomie als Korporatismus (die Macht der organisierten Wirtschaftsinteressen)[5] und im Bereich des politischen Wettbewerbs als massenhafte, klassenbasierte Parteien, die entlang einer Links-Rechts-Achse der ideologischen Orientierung konkurrierten und die großen politischen Familien des Sozialismus und des Konservatismus bildeten. Sowohl in der Sphäre der Wirtschaft als auch in der Parteipolitik wurde der Wettbewerb zwischen Ideen und Produkten durch kollektive Verhandlungen eingedämmt.

Politische Eingriffe in die Funktionsweise der Märkte waren ein Hauptmerkmal der politischen Ökonomie des Wohlfahrtskapitalismus. Sie nahmen zwei Formen an: (1) staatliche *Regulierung* der Interaktionen zwischen den Wirtschaftsakteuren, die wiederum auf korporatistischen Verhandlungen basierte, und (2) ein gewisses Maß an *öffentlichem Eigentum* (Vergesellschaftung) der Wirtschaft. Riesige Oligopole überragten die Volkswirtschaften, ihre Führungskräfte agierten als „Unternehmensstaatsmänner" und opferten manchmal sogar Gewinne zugunsten eines vermeintlich sozialen Gutes (Reich 2007). Unternehmensführer hatten keine andere Wahl, als sich von Überlegungen zum Gemeinwohl einschränken zu lassen, da ihre Unternehmen in territorial begrenzte Gesellschaften eingebettet und daher von diesen abhängig waren.

Diese zweite Modalität des Kapitalismus wurde sowohl als Triumph der Demokratie über den Kapitalismus gefeiert als auch als Triumph der Unternehmensinteressen über die Gesellschaft geschmäht. Damit wird ihre dialektische Natur erfasst, denn sie ist in der Tat beides: eine Allianz zwischen Kapital und Arbeit zur Unterstützung des Kapitalismus, die sich am Wert des nationalen Wirtschaftswachstums orientiert, wie auch eine Demokratisierung des Wohlstands durch Massenkonsum. Das fortschrittliche Erbe des Wohlfahrtskapitalismus war eine dauerhafte Vorstellung von sozialen Rechten, zusammen mit dem institutionellen Instrumentarium, um sie zu gewährleisten. Doch die Vorstellung von sozialer Gerechtigkeit war stark konsumistisch untermauert, was schwere ökologische Kosten verursachte.

In den Analysen, die von Autoren der Frankfurter Schule wie Theodor Adorno, Herbert Marcuse und Jürgen Habermas entwickelt wurden, brachte der Übergang vom liberalen zum staatlich gelenkten Wohlfahrtskapitalismus eine vom Staat vermittelte Rationalisierung des Kapitals mit sich, ein Prozess, in dem die technische Rationalität wirtschaftlicher und administrativer Effizienz alle Aspekte des menschlichen Handelns zu durchdringen beginnt. Die Politisierung der ökonomischen Produktion zerstört gemeinsam mit der Entwicklung der Kulturindustrie die im liberalen Kapitalismus vorhandenen Räume individueller Autonomie. Organisierte Interessen sowohl aufseiten der Arbeitnehmer als auch aufseiten der Arbeitgeber festigten die Macht der Insider auf dem Arbeitsmarkt auf Kosten der Gesellschaft insgesamt (Habermas 1973), speziell von ethnischen Minderheiten und Frauen, denen der Zugang zum Arbeitsmarkt oft verwehrt blieb. Darüber hinaus schadete der technokratische Konsens über den staatlich gelenkten Kapitalismus der Politik, weil er den ideologischen Wettbewerb verminderte.

Zahlreiche Faktoren kamen zusammen, um den Wohlfahrtskapitalismus in den 1970er-Jahren zu Fall zu bringen.[6] Besonders verbreitet war – zumindest in einflussreichen politischen Kreisen – die Erklärung, dass die Zwänge, die der Staat dem Kapital unter dem Druck der organisierten Arbeiterschaft auferlegt hatte, den Kapitalismus als Motor des Wohlstands behinderten. Kostspielige Sozialversicherungen und schwerfällige Regulierungen der Produkt- und Arbeitsmärkte hätten angeblich die Gewinne des Kapitals eingeschränkt und die Anreize zur Risikobereitschaft reduziert, von denen das Kapital vermeintlich lebt. Die Matrix war gefährdet. Der demokratische Kapitalismus musste noch einmal neu erfunden werden.

Neoliberaler Kapitalismus

Nach den 1970er-Jahren geriet der Wohlfahrtskapitalismus unter politischen Druck, die Wirtschaft von staatlichen Eingriffen zu befreien. Das Ergebnis wurde als neoliberaler Kapitalismus bekannt.[7] Die britische

Premierministerin Margaret Thatcher führte den Neoliberalismus in den 1980er-Jahren offiziell mit dem politischen Diktum „TINA" (There Is No Alternative)
ein: Es gibt keine Alternative zur Verbindung von freien
Märkten und offenen Volkswirtschaften.[8] Diese Doktrin sicherte den transideologischen politischen Konsens
zwischen den Parteiführungen von Mitte-Links und
Mitte-Rechts rund um die Politikformel des Dritten Weges, die von technokratischen Eliten, angeblich frei von
ideologischer Voreingenommenheit, in den letzten beiden Jahrzehnten des 20. Jahrhunderts verordnet wurde.
Der Aufstieg der Technokratie hatte bereits mit der Zunahme bürokratischer Maschinerie im Wohlfahrtskapitalismus stattgefunden. Neu war nur, dass sie unter dem
Deckmantel der „Leistungsgesellschaft" mit dem wieder
aufgewerteten Ethos des Individualismus aufgerüstet
wurde, der Erfolg auf persönliche Verdienste unter den
Bedingungen eines fairen Wettbewerbs zurückführt.
    Der Übergang zum neoliberalen Kapitalismus wurde
durch die Konvergenz der Kritik am Wohlfahrtskapitalismus von der politischen Linken und der politischen
Rechten begünstigt. Die Linke war unzufrieden mit der
unterdrückenden Bürokratisierung der Wirtschaft und
des politischen Lebens sowie mit den Privilegien, die Insidern des Arbeitsmarktes zufielen. Die Rechte beklagte
die Fähigkeit der organisierten Arbeiterschaft, die Löhne zu erhöhen, was angeblich die Produktivität hemmte.
Über die schwindende Legitimität des Wohlfahrtskapitalismus wurde ein neuer Konsens zwischen den politischen Familien der linken Mitte und der rechten Mitte
geschmiedet: Erstere akzeptierten den Kapitalismus des
freien Marktes, Letztere unterstützten die Agenda der
Neuen Linken einer progressiven Politik, die auf der Anerkennung von Identität basierte. So wurde die Hegemonie des „progressiven Neoliberalismus" gesichert.
    Dieser ideologische Konsens unter den politischen
Eliten beruhte auf einem tiefer liegenden Fundament: der

Allianz zwischen Kapital und Arbeit zur Unterstützung des nationalen Wirtschaftswachstums, die unter dem Wohlfahrtskapitalismus geschmiedet worden war. Dieser Mechanismus sicherte einen transideologischen politischen Konsens, um den Motor des Kapitalismus durch drei Politiken neu zu zünden: (1) Privatisierung von Unternehmen und Wirtschaftssektoren, die zuvor in öffentlicher Hand waren; (2) Deregulierung der Arbeits- und Produktmärkte, einschließlich der Finanzdienstleistungen; und (3) Öffnung der nationalen Volkswirtschaften für den Freihandel.

Zusammen haben diese politischen Reformen und die Entwicklung der Informationstechnologien im späten 20. Jahrhundert das geschaffen, was Robert Reich als „Superkapitalismus" bezeichnet. Durch den verschärften Wettbewerb wurden die großen Unternehmen zerschlagen, die vorher die politische Ökonomie des Wohlfahrtskapitalismus dominiert hatten. Die Unternehmen wurden kleiner, weitaus wettbewerbsorientierter, globaler und innovativer, aber auch weniger sozial verantwortlich, da sie sich ausschließlich an den Interessen der Konsumenten und Aktionäre orientierten (Reich 2007).

Auch wenn die nationalen Modelle des Wohlfahrtskapitalismus einige institutionelle Varianten bewahrten und sich insgesamt einer vollständigen Konvergenz widersetzten, waren sie dem gemeinsamen Druck der neoliberalen Transformation ausgesetzt. Diese Dynamik wird allgemein als „Desorganisation" des Kapitalismus beschrieben: ein Zusammenbruch der Mechanismen, die zuvor durch Mediation ein dynamisches Gleichgewicht zwischen sozialer Macht und politischer Autorität sichergestellt hatten (Offe 1985, 6).

Dies wird oft als Liberalisierung und Deregulierung der Wirtschaft zur Steigerung der Markteffizienz dargestellt, ein Trend in der politischen Ökonomie weg von zentralisierter autoritärer Koordination und Kontrolle hin zu dezentralem Wettbewerb, individuellem statt kollektivem Handeln und spontaner, marktähnlicher Aggregation von Präferenzen und Entscheidungen (Streeck 2009). Als Ergebnis dieser „kapitalistischen Perestroika" löste sich schließlich die hierarchische fordistische Organisation der Arbeit, die sich im frühen 20. Jahrhundert herausgebildet hatte und in der Periode des Wohlfahrtskapitalismus vorherrschend war, in eine neue flexible, netzwerkbasierte Organisationsform auf (Castells 1996; Boltanski und Chiapello 1999).

Bezeichnenderweise änderte sogar die Gewerkschaftsarbeit ihren Charakter, als die Liberalisierung des Arbeitsmarktes, unter der Drohung des Verlustes von Arbeitsplätzen akzeptiert, zu einem zentralen Punkt der Zusammenarbeit wurde (Streeck 1984; Rhodes 2001). Die Idee der sozialen Gerechtigkeit, im staatlich gelenkten Wohlfahrtskapitalismus ein zentrales Element in der Legitimationsmatrix des demokratischen Kapitalismus, wurde im Neoliberalismus erheblich verändert. Der Zugang zum Arbeitsmarkt (einen Arbeitsplatz zu erhalten und zu behalten) wurde zu einem zentralen Wert. So verschoben sich die Vorstellungen sozialer Gerechtigkeit von der ursprünglichen Sorge um menschenwürdige Arbeitsbedingungen und einen durch ein solides und stabiles Gehalt gesicherten Lebensstandard hin zur Sorge um die eigene Beschäftigung und die Fähigkeit, einen Arbeitsplatz zu behalten – ein Wechsel von sozialer „Sicherheit" zu „Resilienz".

Die Legitimationsmatrix in dieser dritten Variante des kapitalistischen Repertoires ist von einem neuen Ethos geprägt. Dieser „neue Geist des Kapitalismus" (Boltanski und Chiapello 1999) ist nicht so sehr die stolze Befürwortung harter Arbeit, verankert in der liberalen Modalität, sondern ein freier Geist, der die Selbstverwirklichung durch Initiative und Autonomie feiert und damit die libertären Strömungen der späten 1960er-Jahre für die Zwecke der endlosen Kapitalakkumulation kooptiert. „Work smart, not hard", war das Motto dieses Kapitalismus mit Sex-Appeal.

Das zentrale Legitimationsprinzip der Abstimmung von Chancen und Risiken, das sich im liberalen Kapitalismus herausgebildet hatte, blieb im neoliberalen Kapitalismus gültig. Während im Wohlfahrtskapitalismus der Risikobegriff erweitert wurde, um ein breiteres Spektrum von Nachteilen zu berücksichtigen (soziale Rechte wurden im weiteren Sinne als Rechte auf einen Lebensstandard und nicht im Sinne einer minimalen Absicherung gegen Armut gesehen), konzentrierte sich der neoliberale Risikobegriff auf die Exposition gegenüber globalen Märkten. Typisch dafür ist die starke Korrelation, die seit den 1980er-Jahren zwischen dem Risikomanagement und den Vergütungsforderungen der Chefs von Investmentbanken hergestellt wurde. Dies entspricht der Logik der Kopplung von Risiko und Belohnung, angepasst an die neoliberalen Bedingungen. Die spektakuläre Entlohnung der Eigentümer und Manager von Finanzkapital wird, so das Narrativ, durch die Risiken gerechtfertigt, die diese Industriekapitäne auf den offenen, wilden Meeren der internationalen Finanzwelt eingehen, die selbst als Quelle des globalen Kapitalismus gefeiert wird.

Der Mangel an sozialem Protest und intellektueller Kritik gegen die politische Ökonomie des neoliberalen Kapitalismus in den „Roaring Nineties" ist charakteristisch für die breite gesellschaftliche Zustimmung zu diesem Modell. Es überrascht nicht, dass sich die Kluft zwischen links und rechts in der Wirtschaftspolitik gegen Ende des Jahrhunderts auflöste. Nicht nur begrüßten die wichtigsten ideologischen Familien freie und offene Märkte, auch sozialer Aktivismus und intellektuelle Kritik verloren gänzlich ihr Interesse an der Wirtschaft. Die kritische Theorie beschäftigte sich stattdessen mit der deliberativen Demokratie.

Das ist der Prekaritätskapitalismus.

5. Prekaritätskapitalismus

„Despotismus ist für alle ungerecht, auch für den Despoten, der wahrscheinlich für etwas Besseres geschaffen wurde."
Oscar Wilde, Die Seele des Menschen im Sozialismus

„Willkommen im neuen dunklen Zeitalter": Mit diesen Worten eröffnet Peter Fleming sein Buch „The Death of Homo Economicus" (2017). „Der Neoliberalismus ist vermutlich tot, was haben wir an seiner Stelle?" (1, 22) In früheren Arbeiten stellte ich die Entstehung eines postneoliberalen Kapitalismusmodells zu Beginn des 21. Jahrhunderts fest, das ich nun genauer untersuchen werde. Dabei zeichne ich sowohl die Prozesse nach, die zum Niedergang der neoliberalen Form geführt haben, als auch die inhaltlichen Merkmale eines neuen Modells.[1]

Ein Wort zur Klarstellung: Ich habe mich dafür entschieden, die aktuelle Form als „Prekaritätskapitalismus" zu bezeichnen, weil wirtschaftliche und soziale Unsicherheit zu einem Kernmerkmal unserer Gesellschaften geworden ist. Während in den früheren Modellen die Korrelation zwischen Risiken und Chancen eine relative Stabilität schuf, hat die aktive Abwälzung des sozialen Risikos auf die Gesellschaft einen Zustand verallgemeinerter Prekarität geschaffen. Vor diesem sind die Arbeitsmarktinsider – diejenigen, die qualifiziert sind und gut bezahlte Jobs haben – nicht geschützt. Prekarität ist die soziale Frage des 21. Jahrhunderts.

Der neoliberale Kapitalismus hat den Prekaritätskapitalismus irgendwann am Ende des vorigen Jahrhunderts gezeugt. Das neoliberale Politikpaket aus freien (nicht regulierten) Volkswirtschaften und offenen Märkten (für den Freihandel geöffneten Volkswirtschaften) verstärkte die Globalisierung. Die Kombination zwischen einer Rückkehr zur Laissez-faire-Formel in den nationalen

Volkswirtschaften und deren Öffnung für den globalen Wettbewerb prägte den damaligen globalen Kapitalismus, weil das Regelwerk der Welthandelsorganisation – der institutionelle Motor der Globalisierung – die ökonomische Philosophie der Privatisierung und Deregulierung in der ganzen Welt erzwang. Die sozialen und politischen Auswirkungen der neoliberalen Globalisierung wiederum lösten eine Neuformierung der Parameter des demokratischen Kapitalismus in eine vierte Modalität aus. Diese Veränderung fand lange vor dem wirtschaftlichen Zusammenbruch von 2008 statt.

In Zeiten des Neoliberalismus sahen die nationalen politischen Führer die Öffnung der heimischen Märkte als Mittel zur Verfolgung der Wachstumsziele, die sie vom Wohlfahrtskapitalismus geerbt hatten. Der globale Markt wandelte sich jedoch schnell von einer Formation aus miteinander verbundenen nationalen Volkswirtschaften, die durch Handelsabkommen integriert waren, zu transnationalen Produktionsnetzwerken. Hauptantrieb für diese Transformation war die Liberalisierung ausländischer Direktinvestitionen. Der finanzielle Beitrag dieser Produktionsnetzwerke zu den einzelnen nationalen Volkswirtschaften wurde unklar und unsicher.

Unter den neuen Bedingungen eng verflochtener Märkte, globaler Produktionsketten und verschärften Wettbewerbs wurde der Erhalt der Wettbewerbsfähigkeit nationaler Volkswirtschaften zu einem der wichtigsten politischen Anliegen. Das machte zu Beginn des 21. Jahrhunderts die nationale Wettbewerbsfähigkeit in der globalen Wirtschaft zu einem sehr bedeutenden Element der politischen Relevanz in westlichen Demokratien. Globale Wettbewerbsfähigkeit ersetzte sowohl das Wachstum (die Priorität des Wohlfahrtskapitalismus) als auch die Aufrechterhaltung des Wettbewerbs innerhalb unbelasteter heimischer Märkte (eine Priorität im neoliberalen Kapitalismus).

Diese Verschiebung wurde erstmals in der Lissabon-Strategie deutlich, der politischen Agenda der EU, die im

Jahr 2000 vom Europäischen Rat verabschiedet wurde; spätere Überarbeitungen betonten die globale Wettbewerbsfähigkeit noch schärfer.[2] Das Ziel globaler Wettbewerbsfähigkeit brachte einen politischen Konsens über ideologische Grenzen hinweg hervor, der von Kapital und Arbeit angenommen und von der öffentlichen Hand auf staatlicher Ebene sowie in supranationalen Gremien wie der Europäischen Union durchgesetzt wird. Regierungen quer durch das politische Spektrum beeilten sich, sogenannte Strukturanpassungsreformen als Teil der nationalen Strategien für internationale Wettbewerbsfähigkeit umzusetzen (Rueda 2006).

Der Wechsel von *Wettbewerb zu Wettbewerbsfähigkeit* als politische Priorität bringt eine signifikante Veränderung der Beziehungen zwischen Staat und Markt sowie zwischen Staat und Gesellschaft mit sich. Innerhalb des Paradigmas des Wettbewerbs als konstitutives Merkmal des freien Marktes besteht die Rolle der öffentlichen Hand darin, gleiche Wettbewerbsbedingungen für die Wirtschaftsakteure zu gewährleisten, und zwar nicht nur durch aktive Liberalisierung und Deregulierung der Wirtschaft, sondern auch durch rechtliche Maßnahmen im Rahmen des Kartellrechts gegen die Bildung von Monopolen. Dies ist die erklärte Formel des neoliberalen Kapitalismus. Erinnern wir uns, dass der erhöhte Wettbewerbsdruck im späten 20. Jahrhundert den Zusammenbruch der großen Oligopole und eine Vermehrung der wirtschaftlichen Akteure zur Folge hatte.

Mit der neuen politischen Verpflichtung, die Wettbewerbsfähigkeit der nationalen Volkswirtschaften auf dem globalen Markt zu erhöhen, fiel dem Staat die Pflicht zu, bestimmte Wirtschaftsakteure zu unterstützen – jene, die am besten positioniert sind, um im globalen Wettbewerb um Profit zu bestehen. Zwar ist es seit Langem üblich, dass der private Sektor von den Anfangsinvestitionen des Staates in Produktentwicklung und Innovation profitiert (Schumpeter 1943; Reich 2007; Mazzucato 2013), doch die Besonderheit der neuen Form des Kapitalismus besteht darin, dass die öffentliche Hand die Unternehmen auswählt, denen sie dieses Privileg zukommen lässt. Aufgrund dieser bewussten Schaffung von Marktmonopolen durch den Staat ändert sich die Verteilung zwischen Chancen und Risiken dramatisch: Die Chancen zur Wertschöpfung werden aktiv bei jenen Wirtschaftsakteuren *angehäuft*, die auf den global integrierten Märkten bereits einen Vorteil haben, während die Risiken auf die schwächsten Akteure abgewälzt werden.

Verursacht wurde der Prekaritätskapitalismus im Zusammenhang mit der extremen Liberalisierung der Wirtschaft durch Privatisierung und Deregulierung in den neoliberalen 1980er- und 1990er-Jahren. In dieser Zeit wurden auch Wirtschaftsbereiche privatisiert und dereguliert, die prinzipiell nicht dem Wettbewerb ausgesetzt werden können (Energieinfrastruktur, Schienenverkehr, Breitband), wodurch deren Eigentümer und Manager den privilegierten Status von Rentiers erhielten. Dieser Status ist aufgrund der geringen Exposition gegenüber dem Wettbewerb durch geringes Risiko und hohe Erträge gekennzeichnet. Die staatliche Politik hat in der Folge diese stratifizierte Neuordnung des Marktes zwischen wenigen großen Gewinnern und zahlreichen kleinen Verlierern verstärkt, was offensichtlich den Grundsätzen des liberalen und neoliberalen Kapitalismus zuwiderläuft: Die Neuordnung gefährdet die Grundregel der Legitimationsmatrix des Kapitalismus, die Korrelation von Chancen und Risiken. Nehmen wir diese Entwicklung unter die Lupe, um zu verstehen, warum es dennoch nicht zu einer Legitimationskrise des Kapitalismus kam.

Die ungewöhnliche Schichtung der ökonomischen Positionen ist zu einem erheblichen Teil das Werk des „Patenkindes" des neoliberalen Kapitalismus, der Globalisierung. Deren transformative Wirkung auf unsere Gesellschaften verläuft in zwei Richtungen: offene Märkte und Informationstechnologie, die ich als ihre „quantitative" und „qualitative" Dimension erörtert habe (Azmanova 2011a). Sie kanalisieren die Verteilung von Lebenschancen (soziale Chancen und Risiken) in der globalen Wirtschaft. Individuen und Firmen, die von der neuen Ökonomie offener Grenzen und technologischer Innovationen profitieren, konnten ihr Vermögen und ihren sozialen Status steigern.[3] Um die Vorteile von Skaleneffekten zu nutzen, begannen führende Firmen mit Fusionen und Übernahmen und schufen so riesige Konzerne.[4] Dies resultierte in einer raschen Auflösung der großen Oligopole, die ein Merkmal des neoliberalen Kapitalismus waren.

Bezeichnenderweise betrifft die Verteilung der Lebenschancen in diesem Zusammenhang sowohl Kapital als auch Arbeit. Diese beiden Gruppen der alten Ökonomie sind nun einem größeren Risiko ausgesetzt, das sich aus der stärkeren Exposition gegenüber dem Wettbewerb, der Abhängigkeit von billigen Arbeitskräften (dem Effekt der Handelsliberalisierung) oder der Unfähigkeit ergibt, die Produktionsfaktoren mit der Informationstechnologie (IT) zu verbinden. Unternehmen, die Wege gefunden haben, den besonderen Vorteil der IT zu nutzen – kostengünstige Ausrüstung reduziert die Abhängigkeit von menschlicher Arbeitskraft und erhöht gleichzeitig den Umfang und die Geschwindigkeit des Marktzugangs –, erfuhren einen signifikanten Anstieg der Rendite ihrer Investitionen.[5]

Risiken und Chancen haben sich entkoppelt und in den gegenwärtigen Beziehungen zwischen Staat und Markt ist ihre Verteilung stark geschichtet. Begonnen hat diese Entwicklung im späten 20. Jahrhundert als Folge des Rückzugs des Staates aus dem Markt. Wegen fehlender politischer Maßnahmen über die Deregulierung hinaus konnten heimliche Monopole entstehen. Zu Beginn des 21. Jahrhunderts verfolgten die herrschenden Eliten diesen politischen Weg über gezielte Hilfen für Unternehmen, die zur Steigerung der nationalen Wettbewerbsfähigkeit beitragen konnten. Spezielle Steuerregelungen, Finanzierung des Forschungs- und Entwicklungsbedarfs privater Unternehmen und andere Umverteilungsmaß-nahmen liefen auf systematische Transfers aus der Gesell-schaft an die stärksten wirtschaftlichen Akteure hinaus.

In diesem Sinne kann man von einer institutionalisier-ten Anhäufung von Chancen und Risiken sprechen. Die öffentlich finanzierte Bankenrettung in Europa und den USA war das bekannteste Beispiel für dieses Phänomen. Am besten veranschaulicht wird es durch die Vermeh-rung sogenannter nationaler Champions, also Unterneh-men, deren Wettbewerbsfähigkeit in der Weltwirtschaft durch staatliche Politik gefördert wird, wie die Zunahme von „Beihilfe"-Verfahren bei der Europäischen Kom-mission seit der Jahrtausendwende zeigt.[6] Die besondere Unterstützung, die Staaten während der Wirtschaftskri-se bestimmten Unternehmen gewährten – vor allem der Automobilindustrie –, ist ein weiteres Beispiel für die Privilegierung ausgewählter Wirtschaftsakteure durch die offizielle Politik auf Kosten anderer. Dasselbe gilt ak-tuell für die Neigung der US-Regierung, mit bestimmten Unternehmen über die Rückführung der Produktion aus dem Ausland zu verhandeln, wobei bestimmte Vergüns-tigungen in Aussicht gestellt werden. Ähnlich ist die Lo-gik hinter dem Vorschlag der Europäischen Kommission vom Juni 2017, europäischen Rüstungsunternehmen 1,5 Milliarden Euro pro Jahr zur Verfügung zu stellen, um die Entwicklung neuer Militärtechnologien zu unter-stützen: Während das Eigentum an den Produkten, die aus dieser öffentlichen Investition hervorgehen, bei den privaten Unternehmen verbleiben würde, ist das erklärte Ziel, die Wettbewerbsfähigkeit der europäischen Militär-industrie auf dem globalen Markt zu unterstützen.[7]

Einer der ersten Fälle offener politischer Unterstüt-zung für „nationale Champions" war der politisch ge-steuerte Deal, der den Zugang des Mobiltechnologieun-ternehmens Qualcomm zum chinesischen Markt regelte.

Es lohnt sich, die Entwicklung dieses Falles zu betrachten, um den Kontrast zur vorangegangenen neoliberalen Modalität zu verdeutlichen, als der Zugang zur global integrierten Wirtschaft hauptsächlich durch die Beseitigung von Wettbewerbshindernissen erfolgte. Mitte der 1990er-Jahre war die Verbreitung von Mobiltelefonen weltweit auf dem Vormarsch, wobei die Standards der USA und der EU für die Mobilfunktechnologie (Code Division Multiple Access, kurz CDMA, bzw. Global System for Mobile Communications, kurz GSM) um die globale Vorherrschaft konkurrierten. Die Regierung Clinton verhandelte mit der chinesischen Regierung, um ein US-Unternehmen – Qualcomm – auf dem chinesischen Markt zuzulassen, was zur Auslöschung des europäischen Standards führte (Barboza 2017). Zwar ist die Unterstützung von Unternehmen durch die öffentliche Hand mittels Industriepolitik seit den 1930er-Jahren eine etablierte Praxis, neu ist jedoch der politische Schutz, der handverlesenen Unternehmen gewährt wird, in der Hoffnung, einen nationalen Vorteil in der Weltwirtschaft zu erlangen. Die viel gescholtene Vorliebe des US-Präsidenten Donald Trump, Deals mit und für bestimmte Unternehmen auszuhandeln – zum Beispiel das in China produzierte iPhone von Apple von den 2019 verhängten Zöllen auf andere chinesische Importe auszunehmen –, entspringt einer politischen Logik, die bereits Ende des 20. Jahrhunderts etabliert wurde.

Diese Praktiken der aktiven und offenen Privilegierung ausgewählter Unternehmen durch die öffentliche Hand gingen der Wirtschaftskrise mindestens ein Jahrzehnt voraus. Die Komplizenschaft zwischen großen Unternehmen und dem Staat war bereits ein Merkmal der zweiten Modalität des Kapitalismus. Institutionell gefestigt, wenn nicht sogar ermöglicht, wurde sie in den Vereinigten Staaten durch die Regeln der Wahlkampffinanzierung. Während jedoch in den früheren Modellen die Komplizenschaft zwischen Unternehmen und der öffentlichen Hand eine Frage des mehr oder weniger heimlichen Eindringens von Unternehmensinteressen in die Entscheidungsmechanismen des Staates war, ist es derzeit die öffentliche Hand, die diese Politik aktiv und stolz als Angelegenheit der Wirtschaftspolitik verfolgt – mit voller öffentlicher Billigung. Dies geschieht in der Überzeugung, es sei der einzige Weg, um in der globalen Wirtschaft wettbewerbsfähig zu bleiben – ein neuer und sehr mächtiger Imperativ im Legitimationsgeschäft zwischen Bürgern und Regierungen.

Die Umwandlung der globalen Wirtschaft in ein Oligopol wurde als Tod des Wettbewerbs und sogar als Korruption des Kapitalismus bezeichnet (Standing 2016; Tepper und Hearn 2018). Die Marktdominanz ist jedoch der Endzweck und das implizite Ziel des Wettbewerbs – und somit eine Bestätigung des Wettbewerbs als konstitutive Dynamik des Kapitalismus. Die dominierenden Unternehmen könnten jederzeit ihre Position verlieren, solange das *Prinzip* des kompetitiven Strebens nach Profit intakt bleibt.

Das Finanzkapital gehört zu den größten Gewinnern der neuen Umverteilung von Vorteilen an die bereits Begünstigten. Ohne auf die viel diskutierte „Too big to fail"-Politik näher einzugehen, möchte ich die Kommodifizierung des Investitionsrisikos als besonderen Mechanismus für diese institutionalisierte Anhäufung von Chancen für das Finanzkapital betonen. Dabei werden fremdfinanzierte Finanzprodukte verpackt und als gewinnbringende Güter verkauft; eine Situation, in der das im Paket enthaltene Risiko den Gewinn generiert. Es wird damit von einem unerwünschten Nebeneffekt zu einem gewinnbringenden Element, das explizit für den Marktaustausch produziert wird – also zu einer Ware. Die Kommodifizierung des Risikos zeigt sich am deutlichsten im Fall von Credit Default Swaps (CDS).[8] Im Gegensatz zu einer normalen Versicherung für ein Leben, ein Haus oder eine andere Sache erlauben CDS, etwas zu versichern, das wir nicht besitzen: das Risiko, dass jemand anderer einen Kredit nicht bedient. So hat der zeitgenössische Kapitalismus dem ursprünglichen Angebot an fiktiven Waren (Land, Arbeit und Geld) eine neue Sorte hinzugefügt. Risiko ist eine fiktive Ware in dem Sinn, dass es nicht ausschließlich für den Marktaustausch produziert werden kann; es bleibt tief verwurzelt im Gefüge sozialer Beziehungen, die es als gewinnbringende Einheit identifizieren.[9]

Die Kommodifizierung des finanziellen Risikos war eine der Hauptursachen für die Wirtschaftskrise von 2008. Als die Kreditgeber ihr Vertrauen in den Wert des von den Finanzinstituten angehäuften Risikos zurückzogen und dieses explodierte, griffen die Behörden in den meisten Fällen ein, um es über öffentlich finanzierte Bankenrettungen zu sozialisieren. Dies kam einer Abwälzung des Investitionsrisikos auf die Gesellschaft gleich, während die Renditechancen in den Händen der Bankmanager und Aktionäre blieben. Die Rekapitalisierung von Finanzinstituten mit öffentlichen Geldern, während das Eigentum an diesen Instituten in privater Hand blieb, verletzte die Grundregel des Kapitalismus, Risiken und Chancen aufeinander abzustimmen. Die Legitimationsmatrix des Kapitalismus war erneut gefährdet.

Die Kombination aus staatlichem Sponsoring ausgewählter Unternehmen und dem Verzicht auf Rechenschaftspflicht (aktive Unterstützung ohne Sanktionen) verändert das Verhalten der großen Akteure, die sich auf einen aggressiven Opportunismus einlassen, „der durch die Logik der Extraktion statt der Produktion gekennzeichnet ist" (Fleming 2017, 22). In diesem Sinne ist die aktuelle Form des Kapitalismus durch das gekennzeichnet, was Peter Fleming als „Trümmer-Ökonomie" bezeichnet, bei der es um „Erbeutung, nicht um Innovation, Produktion oder gar Wachstum" geht (40–86, 51).

Diese Anhäufung von Risiken und ihre Abwälzung auf die Gesellschaft und ihre schwächsten Mitglieder wurde in dem Moment von einer Finanzkrise zu einer sozialen Krise, als die Regierungen begannen, Mittel für wesentliche soziale Dienste (insbesondere Gesundheit und Bildung) zu kürzen, um ihre Finanzen wieder ins Gleichgewicht zu bringen. So gesehen, wurde die soziale Krise, die das Jahrzehnt nach der Finanzkrise 2008 prägte, durch eine Reaktion der Regierungen verursacht, nicht durch einen Rückgang der Geschäftstätigkeit und des allgemeinen Wohlstands infolge einer Wirtschaftskrise, etwa wegen der Auslagerung wichtiger Produktionen nach Asien unter den Bedingungen global integrierter Märkte.[10]

Die Krise des Kapitalismus, die den Prekaritätskapitalismus im ersten Jahrzehnt seiner Existenz erfasste, verwandelte sich in ein eigenartiges Phänomen, das ich die „Krise der Krise des Kapitalismus" nenne – statt sie zu lösen, wurde die Krise zur neuen Normalität (siehe Kapitel 1). Während der Bewältigung der Finanzkrise von 2008 und ihrer unmittelbaren Folgen setzten die Regierungen Notfallmaßnahmen ein, die als kurzfristige Stabilisierungsmechanismen gedacht waren. Doch im Laufe des folgenden Jahrzehnts institutionalisierten sie diese als dauerhafte Lösungen, anstatt eine Politik zu initiieren, die auf die grundlegenden Ursachen der Krise abzielt – die politische Ökonomie des „Prekaritätskapitalismus". Beispiele gibt es zuhauf. Die europäischen Staats- und Regierungschefs richteten einen Fonds ein, um Menschen zu entschädigen, die durch die Globalisierung ihren Arbeitsplatz verloren, anstatt die wichtigsten Handelsabkommen als Verursacher dieser Verluste zu revidieren. Eine Politik des Wirtschaftspatriotismus im Stil von Premierminister Gordon Browns „British Jobs for British Workers" wurde wie selbstverständlich gebilligt. Die Zentralbanken kauften die faulen Kredite der Banken auf, ein Musterbeispiel für Krisenmanagement. Selbst nach dem Ende der Notmaßnahmen und der Rückkehr der Volkswirtschaften zum Wachstum begrenzen die Schulden dieser Banken die öffentlichen Ausgaben für lange Zeit und halten die Austerität – und damit die Prekarität – als neue Normalität aufrecht.

Das über die Wirtschaftspolitik hinausgehende Krisenmanagement zögert das Problem hinaus. Behörden in Europa und den Vereinigten Staaten sperren Asylsuchende aus, anstatt Ressourcen in ihre angemessene Unterbringung und Integration in die Gesellschaft zu investieren. Im Juni 2017 versprach die britische Premierministerin Theresa May, die Menschenrechte einzuschränken, angeblich um den Terrorismus zu bekämpfen.[11] Auf dem EU-Gipfel im September 2016 in Bratislava befürworteten die Regierungschefs die Idee der „flexiblen Solidarität", die es den Ländern erlaubt, zwischen der Aufnahme von Flüchtlingen und der Finanzierung der Europäischen Agentur für die Grenz- und Küstenwache (Frontex) zu wählen. Unter dem Druck der öffentlichen Meinung ging die EU dazu über, die Migrationsabwicklung mithilfe autokratischer Regime (Türkei) und Militärdiktaturen (Ägypten) in ausländische „Ausschiffungsplattformen" zu verlagern, anstatt der Feindseligkeit gegenüber Einwanderern entgegenzuwirken, indem sie den Lebensunterhalt von Arbeitnehmern sichert, die sich bedroht oder verdrängt fühlen. Wir verlieren nicht nur die Sicherheit unserer Arbeitsplätze, sondern auch die Sicherung unserer Freiheiten.

Da diese politischen Maßnahmen die Ursachen der Krise nicht beseitigen, stecken wir in einem immerwährenden Krisenmanagement fest. Das Gefühl, in der Krise zu sein, schwindet, das Gerede von der Krise ebbt ab und wir gewöhnen uns an jenen Zustand, mit dem die Rede von einer terminalen Krise des Kapitalismus begann.[12]

Die gesellschaftliche Krise brachte eine Krise der Legitimationsmatrix des Kapitalismus ans Licht: Die Grundregel einer fairen Verteilung von Risiko und Chance unter den Marktakteuren wurde durch die Anhäufung von Gewinnchancen an wenige Privilegierte verletzt, ohne dass sie für ein Scheitern bestraft würden, und die Risiken wurden auf die Gesellschaft abgewälzt. Das Ergebnis war eine erneute Politisierung des Verhältnisses von Staat und Gesellschaft, wie sie in dem Protestaufruf „Wir sind die 99 Prozent" zum Ausdruck kommt.

Gesellschaftlich unverantwortliche, politisch verantwortliche Regierung

Im Wandel der Beziehungen zwischen Staat und Markt seit der Jahrhundertwende hat sich der Status der öffentlichen Hand erheblich verändert. In den letzten Jahren werden auf staatlicher, EU- und internationaler Ebene immer mehr Maßnahmen zur Steigerung der Markteffizienz im Interesse der globalen Wettbewerbsfähigkeit ergriffen. Dies geschieht durch Umverteilung von den Schwachen zu den Starken und der Staat bedient sich dabei des interventionistischen Instrumentariums, das er sich im Wohlfahrtskapitalismus angeeignet hatte. Die Folge ist ein dramatischer Anstieg des sozialen Risikos, für das dieselbe öffentliche Autorität kaum noch Verantwortung übernimmt. Geführt hat dies zu einer Politik, die als „sozial unverantwortliche Regierung" (Azmanova 2013b) bezeichnet werden kann: Staaten lassen die sozialen Folgen ihrer Wirtschaftspolitik, wie wachsende Ungleichheit, Armut und soziale Prekarität, außer Acht, selbst wenn im Grunde Wachstum erzielt wird.

Besonders deutlich wird dies in der Entwicklung der Sozialpolitik der Europäischen Union. Die EU-Integration reduzierte die politischen Entscheidungsbefugnisse der Mitgliedstaaten im Bereich der Wohlfahrt, während die EU-Institutionen zunehmend in diesem Bereich aktiv wurden (Leibfried 2010), was 2017 in der Einführung der sogenannten europäischen Säule sozialer Rechte gipfelte. Dieser Prozess erodiert jedoch ebenfalls das soziale Sicherheitsnetz, weil die Hierarchie der EU-Politikkompetenzen, wie sie in ihren Verträgen verankert ist, die Sozialpolitik der Wirtschaftspolitik unterordnet.

Die Kernverpflichtung der EU, zumindest seit der Einheitlichen Europäischen Akte von 1987,[13] besteht darin, die „vier Freiheiten" zu gewährleisten: den freien Verkehr von Waren, Dienstleistungen, Kapital und Personen. Diese Verpflichtung wurde beharrlich im Sinne freier Märkte interpretiert, obwohl offene Märkte im Prinzip nicht gleichbedeutend mit freien Märkten sind.[14] Darüber hinaus hat die EU zwar eine exklusive Zuständigkeit in Angelegenheiten, die diese vier Freiheiten betreffen, in Fragen der Sozialpolitik allerdings nur eine mit den Mitgliedstaaten geteilte Zuständigkeit. Das Prinzip des Vorrangs von EU-Recht vor nationalem Recht mit dem Schwerpunkt auf den wirtschaftlichen Freiheiten[15] begründet de facto eine Unterordnung der Sozialpolitik unter die Wirtschaftspolitik. Da Letztere ihrer Natur nach „laissez-faire"-ausgerichtet ist, um die Schaffung eines gemeinsamen Marktes zu erleichtern, kommt es zu einer minimalen Form der Wohlfahrtsvorsorge und einem Wettlauf nach unten beim sozialen Schutz.

Diese Logik veranlasste den Europäischen Gerichtshof durch seine Urteile in den Rechtssachen Viking und Laval im Dezember 2017 dazu, den Grundsatz des *gleichen Lohns für gleiche Arbeit* in einen *Mindestlohn für gleiche Arbeit* umzuwandeln.[16] Die Maßnahmen zur weiteren wirtschaftlichen Integration, die zur Stabilisierung des Euro in der Staatsschuldenkrise der Eurozone 2010 bis 2012 für notwendig erachtet wurden – also die Verabschiedung eines Europäischen (Finanz-)Stabilitätsmechanismus,[17] eines Fiskalpakts (Sparpakt)[18] und einer Bankenunion –, schränken die Entscheidungsbefugnisse der nationalen Parlamente in Bezug auf öffentliche Einnahmen und Ausgaben weiter ein. Die Sozialpolitik wird dadurch fast vollständig ausgehebelt. Mit einer ähnlichen Logik der Priorisierung eines innereuropäischen freien Marktes zielt die europäische Säule der sozialen Rechte auf die Angleichung der Beschäftigungsbedingungen in den Mitgliedstaaten und nicht auf die Stärkung des sozialen Sicherheitsnetzes, wie ihr Name vermuten lassen könnte.

Dieselbe Logik wirkt auf internationaler Ebene. Das Recht der Welthandelsorganisation erwies sich im Vergleich zu anderen internationalen Regimen wie der Weltarbeitsorganisation als am stärksten bindend. Während die Havanna-Charta von 1948, die das internationale Handelssystem begründete, auch soziale Fragen behandelte, ermöglichte die funktionale Spezialisierung und Institutionalisierung des Handels innerhalb der WTO im Jahr 1995 die Emanzipation des globalen freien Marktes von der Gesellschaft. Vergleichbar mit dem Verhältnis von Wirtschafts- und Sozialpolitik in der EU, das durch die Hierarchie des EU-Rechts geprägt ist, bedeutet dies, dass die dem freien Markt verpflichtete internationale Wirtschaftspolitik die Sozialpolitik nicht nur unterordnet, sondern durchdringt und in ihrem Wesen verändert. So konzentriert sich die EU-Sozialpolitik zunehmend auf die Ausbildung und Umschulung von Arbeitnehmern, um ihnen den Einstieg in den Arbeitsmarkt zu erleichtern, tut aber sehr wenig, um ihre Rechte außerhalb der Beschäftigung zu sichern. Dahinter steht die Behauptung, die öffentliche Hand verfüge nicht mehr über die finanziellen Ressourcen für ein robustes soziales Sicherheitsnetz.

Vom neoliberalen Credo eines erwarteten Rückzugs des Staates sind wir durch die Globalisierung bereits weit entfernt und mit dem neuen Phänomen konfrontiert, dass die regierenden Körperschaften mehr Macht und Möglichkeiten besitzen, sozialen Schaden anzurichten, und weniger Verantwortung für die sozialen Folgen des politischen Handelns übernehmen. Dies begann in den 1980er-Jahren mit dem Übergang zu dem, was Giandomenico Majone (1990) als „den regulierenden Staat" bezeichnete: einen Staat, der dem Einsatz von rechtlicher Autorität und Regulierung Vorrang vor anderen Instrumenten der Stabilisierung und Umverteilung gibt. Eine

Besonderheit dieser Art der Regulierung ist die Ausrichtung auf das Individuum – es wird allmählich vom Adressaten zum Agenten der Sozialpolitik. Den Menschen wurde zunehmend die Verantwortung für verschiedene Themen aufgebürdet, von der Aufrechterhaltung eines gesunden Lebensstils über den Schutz der Umwelt bis hin zum Erhalt der Beschäftigungsfähigkeit, der Suche nach einem Arbeitsplatz und der Sicherung der Rente.

Diese politische Logik schlägt sich in dem Bestreben nieder, Unternehmen der Informationstechnologie wie Facebook und Twitter, die einen öffentlichen Raum für die Kommunikation bereitstellen, nicht nur zum Schutz der Privatsphäre zu verpflichten, sondern auch als Herausgeber für die Inhalte auf ihren Plattformen verantwortlich zu machen. Die Verantwortung für den Inhalt der Informationen sowie dafür, wem sie Zugang zum öffentlichen Raum gewähren, verleiht diesen privaten Wirtschaftsakteuren eine Macht über dessen Nutzung, die nur eine öffentliche Autorität haben sollte. So sehr dieser Vorstoß in die Verantwortung mächtiger privater Wirtschaftsakteure als Triumph für die Demokratie gefeiert wird, so sehr läuft er in Wirklichkeit darauf hinaus, den größten Wirtschaftskräften weitere Macht zu verleihen.[19]

Eine solche Entlassung des Staates aus seiner sozialen Verantwortung spiegelt sich sogar in Maßnahmen wider, die eigentlich den sozialen Schutz verbessern sollen. Ein Beispiel dafür ist die „Charter on Shared Social Responsibilities" des Europarats, die 2011 nach einer breiten öffentlichen Konsultation verabschiedet wurde. Sie befürwortet eine geteilte Verantwortung verschiedener sozialer Akteure mit der Begründung, die Staaten seien nicht mehr in der Lage, ein soziales Sicherheitsnetz zu finanzieren. Eine ähnliche Logik liegt dem Politikwechsel der UNESCO zugrunde: In ihrem Global Education Monitoring Report 2017/2018 mit dem Titel „Accountability in Education: Meeting Our Commitments" ersetzt der Begriff der Rechenschaftspflicht, für die keine Gelder benötigt werden, den Begriff der Verantwortung, oft als „kollektive Verantwortung" bezeichnet.

Zu den Mechanismen neoliberalen Regierens, die auch im Prekaritätskapitalismus aktiv eingesetzt werden, gehört die Dezentralisierung öffentlicher Autorität. Diese Idee wird im Namen der Demokratie gefördert, im Stil der „Demokratisierung des Alltags", die selbst ernannte „progressive" Kräfte vertreten. Die Rechte legt mit dem Ruf nach mehr Demokratie den Schwerpunkt eher auf die Gesellschaft als auf den Staat, und die Forderungen nach mehr Demokratie beziehen sich eher auf die Übernahme von mehr sozialer Verantwortung durch die Gemeinden als auf eine stärkere Rechenschaftspflicht der Regierung gegenüber dem Volk. Ein Beispiel dafür ist das Experiment der konservativen Regierung in Großbritannien mit der „Big Society": Soziale Probleme sollten durch die Ausweitung der Demokratie bewältigt werden, indem „eine aktive und ansprechbare Bürgerschaft" gestärkt wird, insbesondere in Bezug auf Umwelt-, Sozial- und Gesundheitsprobleme.

Obwohl solche Schritte oft als „mehr Demokratie" gefeiert werden, ist die Übertragung von Macht und Verantwortung nicht gleichbedeutend mit lokaler Ermächtigung. Eher geht es um das Abwälzen großer Probleme wie Arbeitslosigkeit oder Umweltzerstörung auf Einzelpersonen, Unternehmen oder Gemeinschaften, die schlecht dafür gerüstet sind (Brown 2015). Dies schafft einen Rahmen, in dem Individuen nicht so sehr frei sind als vielmehr gezwungen, ihr Leben selbst in die Hand zu nehmen (Beck und Beck-Gernsheim 2002, 32). Die Verlagerung sozialer Verantwortung auf Individuen und Gemeinschaften verbindet den neoliberalen und den Prekaritätskapitalismus und kennzeichnet eine wichtige Gemeinsamkeit zwischen beiden.

Das neue Element im Prekaritätskapitalismus ist die aktive Umverteilung von Ressourcen von den Verlierern zu den Gewinnern durch die öffentliche Hand, die dies mit dem Verweis auf die erwartete Steigerung der globalen Wettbewerbsfähigkeit der Volkswirtschaft rechtfertigt. Der Prekaritätskapitalismus setzt also einen umfassenden Staat mit einer ausgeprägten institutionellen Interventionsfähigkeit in Wirtschaft und Gesellschaft voraus (ein Erbe des Wohlfahrtskapitalismus), zusammenhängend mit einer stark reduzierten sozialen Verantwortung.

Verfolgen wir die Verschiebungen im „Legitimitätsdeal", die Transformation der Beziehungen zwischen Staat und Gesellschaft seit den Anfängen des demokratischen Kapitalismus im 19. Jahrhundert. Die öffentliche Autorität im liberalen Kapitalismus gab vor, die Autonomie des Individuums in einer Art zu gewährleisten, vergleichbar mit einem „Teenager-Staat". Junge (in historischer Hinsicht) Unternehmer konnten alle Belohnungen ernten, weil sie gemäß der normativen Matrix des Kapitalismus auf sich allein gestellt waren und die Risiken auf sich nahmen. Die Unterstützung für das System wurde jedoch untergraben, als die sozialen Risiken die Arbeiter und die Gesellschaft im Allgemeinen überforderten.

Der transideologische Konsens zwischen dem europäischen Sozialismus und dem europäischen Konservatismus über die Notwendigkeit, die Gesellschaft vor den launischen Kräften des Marktes zu schützen, lieferte die politische Grammatik des Wohlfahrtsstaates der Nachkriegszeit – den „Nanny-Staat". Das schlecht bezahlte, aber hingebungsvolle Kindermädchen fördert die Wirtschaft, indem es sowohl Unternehmer als auch Arbeiter hätschelt und damit das Vertrauen in die Fähigkeit des Kapitalismus wiederaufleben lässt, Wohlstand für alle zu schaffen.

Als der Wirtschaftsmotor des Kapitalismus in den 1970er-Jahren in Schwierigkeiten geriet und den versprochenen Wohlstand nicht mehr liefern konnte, kam eine alternative Formel auf. In der dritten, neoliberalen Phase wurde die Matrix der Beziehungen zwischen Staat und Gesellschaft auf der scheinbar ermächtigenden Vorstellung von individueller Selbstverantwortung bei der Jagd nach aufregenden Möglichkeiten aufgebaut, was Boltanski und Chiapello (1999) als „den neuen Geist des Kapitalismus" bezeichneten. So wurde der „Nanny-Staat" des Wohlfahrtskapitalismus durch den „Stiefmutter-Staat" der neoliberalen 1980er- und 1990er-Jahre ersetzt, einen Staat, der seine Autorität und seine institutionellen Mittel dazu nutzte, die persönliche Selbstständigkeit zu erzwingen, anstatt ihr – wie im liberalen Kapitalismus – einfach Raum zu geben.

Die Rolle des Staates hat sich in den letzten Jahren weiter gewandelt, sodass er die Verteilung von Chancen und Risiken durch eine neue Art von Intervention aktiv steuern kann: Sie soll diejenigen wirtschaftlichen Akteure unterstützen, die am besten in der Lage sind, die Wettbewerbsfähigkeit der nationalen Volkswirtschaften auf dem globalen Markt zu sichern. Um die etwas abgedroschene Metapher fortzuführen, bezeichne ich diesen Staat als „Reicher-Onkel-Staat" (Azmanova 2013a). Der Onkel unterstützt aktiv die Begabtesten unter den Geschwistern, um das Familienunternehmen zu sichern. Die kluge Nichte hat alle Chancen, bei minimalem Risiko. Der Rest der Familie bleibt aus Angst im Spiel, die zur Hauptmotivationsquelle, zum „Geist" des Prekaritätskapitalismus geworden ist.

Lange vor der finanziellen Krise wurde die Korrelation zwischen wirtschaftlichen Chancen und Risiken und die Pflicht des Staates, sie durchzusetzen – Grundregeln in der Legitimationsmatrix des demokratischen Kapitalismus – aufgelöst. Die Verbindung aus Liberalisierung des Binnenmarktes und Marktöffnung intensivierte den Wettbewerb, sowohl Risiken als auch Chancen nahmen zu, während ihre Verteilung stark ungleich wurde. Unter solchen Umständen ist vernünftigerweise zu erwarten, dass die Legitimität des Systems einen gewissen

Schaden erleidet, wie es im frühen 20. Jahrhundert der Fall war.

Die schwindende Legitimität der gegenwärtigen Gesellschaftsordnung hat sich am deutlichsten in den Protesten gegen Ungleichheit und Privilegien gezeigt. Die ungleiche Verteilung des Reichtums (und damit der Konsumfähigkeit) verstärkt die Chancen der Wohlhabenden, während die Risiken jenen zufallen, die bereits schwach sind. Die Ergebnisse von Thomas Piketty (2014) sind nicht deshalb so beunruhigend, weil sie eindrucksvolle statistische Beweise für etwas liefern, das schon immer bekannt war: Marktgesellschaften sind wirtschaftlich ungleich, und zwar zunehmend. Das Beunruhigende ist die Offenlegung des Mechanismus, der die Chancen für diejenigen vergrößert, die bereits im Vorteil sind, ohne sich einem größeren Risiko aussetzen zu müssen.

Wenn die Kapitalrendite im Regelfall die Wachstumsrate der Wirtschaft übersteigt, wie Piketty deutlich macht, haben Menschen, die ihr nicht konsumiertes Vermögen in den Aktienmarkt investieren können – insbesondere wenn ihr Kapital groß genug ist für eine Diversifizierung des Anlagerisikos –, zusätzliche Möglichkeiten, die jenen ohne überschüssiges Vermögen nicht zur Verfügung stehen. Bietet sich diese Chance ohne Anstrengung und Risiken (wie etwa bei einer Investition in die Realwirtschaft), dann verstößt dies gegen die Grundprinzipien, die den Kapitalismus für die Demokratie verträglich gemacht haben. Die öffentliche Empörung über das rücksichtslose Verhalten des Finanzkapitals und die Privilegien der Vermögenden ist also völlig berechtigt; sie entspringt nicht einem leichtfertigen Neid auf überlegene Konsumfähigkeit. Es ist die Wut über unverdiente Chancen, während die Gesellschaft gefährdet wird.

Gesucht: Legitimationskrise

Die gesellschaftliche Unzufriedenheit mit Ungleichheit und Privilegien hat sich verstärkt, wie sie im „Wir sind die 99 Prozent"-Slogan der Occupy-Bewegung zum Ausdruck kommt, die im Herbst 2011 in New York entstand und sich auf mehr als 900 Städte weltweit ausbreitete. Diese Wut verbindet sich mit der Klage über die Krise der Demokratie: „Wir haben eine Wählerstimme, aber keine Stimme", sagten die spanischen Indignados. In ihrer Analyse des finanzialisierten Kapitalismus hat Nancy Fraser auf das Streben des Kapitalismus nach endloser Akkumulation hingewiesen, das zur Destabilisierung eben jener öffentlichen Macht führt, auf die er sich stützt. Dies wird nun als Krise der Demokratie erlebt und fügt somit dem Inventar der Widersprüche des Kapitalismus, die seine Krisentendenzen begründen, ein politisches Element hinzu (Fraser 2015).

Eigentlich müsste sich eine Legimitätskrise des demokratischen Kapitalismus als Gesellschaftsordnung abzeichnen. Zu erwarten wäre entweder eine starke Mobilisierung der Menschen gegen den Kapitalismus oder einschneidende Maßnahmen seitens der herrschenden Eliten, ihn neu zu erfinden, ähnlich wie die konzertierten, ideologieübergreifenden Bemühungen, die den Wohlfahrtskapitalismus aufgebaut haben.

Und doch hat der soziale Protest den politischen Konsens hinter der Logik und Logistik des Prekaritätskapitalismus nicht betroffen. Mit Zustimmung der Wähler sind die Regierungen damit beschäftigt, ähnliche Politikpakete zu verabschieden wie jene, die den Zusammenbruch von 2008 ausgelöst haben. Der wirtschaftliche Nationalismus, der in Großbritannien und den USA die Oberhand gewonnen hat (durch den Brexit und die Wahl von Donald Trump zum US-Präsidenten), ist eine Bestätigung dafür, dass die nationale Wettbewerbsfähigkeit in der globalen Wirtschaft weiterhin oberste politische Priorität hat. Allem Anschein nach stützt sich der Prekaritätskapitalismus auf eine potente Legitimationsquelle. Worin besteht sie?

Die Legitimation der sozialen Ordnung beruht auf dem, was die Öffentlichkeit als „politische Leistungen"

der öffentlichen Gewalt im Rahmen des Legitimitätsdeals wahrnimmt – Funktionen, die Menschen nicht nur
für *wünschenswert,* sondern auch für *erfüllbar* halten.
Dieser Legitimationsdeal und die breitere Legitimationsmatrix (gemeinsame Auffassungen darüber, was eine fai-
re Verteilung von Lebenschancen in der Gesellschaft ist)
haben sich derart verändert, dass sie den Kapitalismus in
seiner neuen Modalität aufrechterhalten.

Etwa seit der Jahrhundertwende ergriff die öffentliche
Hand auf allen Regierungsebenen immer mehr politische
Maßnahmen, um die Markteffizienz zu steigern und die
Wohlstandsproduktion zu intensivieren, darunter auch
Regelungen, um die Kommodifizierung des Risikos und
die Ausweitung des Rentenwesens zu ermöglichen. In
der Folge kam es zu einem dramatischen Anstieg des sozialen Risikos, wobei die Verantwortung für das erzeugte
Risiko gestreut wurde. Dies geschieht unter der Prämis-
se, dass ein soziales Sicherheitsnetz zwar politisch wünschenswert, aber ökonomisch nicht möglich sei (gemäß
dem gängigen Narrativ, eine höhere Besteuerung würde
zur Verlagerung von Unternehmensstandorten ins Ausland führen, wäre ein negativer Anreiz für Neueinstellungen usw.). Ein soziales Sicherheitsnetz wird nicht
mehr als „politisch erfüllbar" angesehen. Das Legitimationsabkommen zwischen Bürgern und staatlicher Autorität hat sich faktisch so verändert, dass der Staat von
seiner primären gesellschaftlichen Verantwortung ent-
bunden ist, eine Korrelation zwischen Risiko und Chance aufrechtzuerhalten.

Wie ist es möglich, dass die Gesellschaft einer sozial
unverantwortlichen Regelung zustimmt, die offensichtlich schädlich für Individuen, Gemeinschaften und ihre
natürliche Umwelt ist? Die Antwort liegt in der Umgestaltung des Rahmens politischer Relevanz, in dem der
Legitimitätsdeal zwischen öffentlicher Autorität und
Bürgern Gestalt annimmt. Unter dem Einfluss der funktionalistischen Logik des „Survival of the Fittest" der

TINA-Politikdoktrin, die von den politischen Eliten seit den 1980er-Jahren verkündet wurde, ersetzt die wirtschaftliche Vernunft die politische Vernunft. Die *raison d'économie* überholt nicht nur die alte *raison d'état* und stellt sie in ihren Dienst, sondern ersetzt sie.[20]

Kosten und Wirkungen der Politik können vernachlässigt werden, weil sie als alternativlos gilt. Stattdessen wird die soziale Wohlfahrt mit dem nationalen Wirtschaftswachstum gleichgesetzt, das seinerseits auf der Wettbewerbsfähigkeit in der globalen Wirtschaft beruht. Dies gilt selbst dann, wenn Regierungen zu wirtschaftlichem Protektionismus übergehen. Bestimmten Unternehmen oder Industrien durch protektionistische Handelspolitik zu helfen, mindert den Druck auf die Gesellschaft nicht, solange man glaubt, dass öffentliche Mittel in den globalen wirtschaftlichen Wettbewerb fließen müssen, was Lohndumping, unsichere Arbeitsplätze und unterfinanzierte öffentliche Dienstleistungen zur Folge hat.

Da die *raison d'économie* alle sozialen Praktiken dem Imperativ der kompetitiven Profitproduktion unterwirft, vollzieht die politische Ökonomie des neoliberalen Kapitalismus, gefolgt von der des Prekaritätskapitalismus, allmählich das, was Wendy Brown (2015) als gründliche „Ökonomisierung" der Gesellschaft beschrieben hat: Die ökonomische Logik der Märkte ist in kollektive Wahrnehmungen von Fairness und persönliche Visionen von Selbstwert eingedrungen.

Die ökonomistische Logik hat alle Aspekte des Lebens durchdrungen: Sie hat die Staatlichkeit, das Bildungssystem, die Gerichte und sogar die Art und Weise kontaminiert, wie wir über uns selbst und unser Leben denken und es bewerten. Die Tragödie besteht nicht nur darin, dass die Superreichen die Demokratie durch ihren Reichtum und ein Wahlsystem gekapert haben, das die Ergebnisse vom verfügbaren Geld abhängig macht. Die Situation ist viel düsterer: Durch die Befürwortung einer ökonomistischen Logik von Erfolg und Misserfolg zerfällt der Demos in „bits" von Humankapital, wie Brown es ausdrückt, während der Staat selbst aktiv Wähler als ökonomische Akteure produziert.

Diese Entwicklung lässt sich anhand einer viel beachteten politischen Initiative in Europa illustrieren. Das Forschungs- und Innovationsprogramm „Horizon 2020" der EU verstärkte den Fokus auf die Förderung von Partnerschaften zwischen Universitäten und privaten Unternehmen, um das Wirtschaftswachstum in Europa zu stimulieren.[21] Diese Regelung lenkt die wissenschaftliche Forschung nicht nur auf Projekte mit unmittelbar marktfähigen Ergebnissen, sondern tut dies auch mit öffentlichen Mitteln. Da private Unternehmen die Patente besitzen, die aus diesen Projekten resultieren, ernten sie die Chancen auf Profit, während die Risiken auf die Gesellschaft abgewälzt werden. Begründet wird dies mit dem Narrativ der Steigerung der Wettbewerbsfähigkeit der Unternehmen sowie der Schaffung von Arbeitsplätzen: Der Mangel an innovativen Ideen auf dem Markt sei angeblich auf die hohen Risiken zurückzuführen, die Unternehmen bei der Finanzierung wissenschaftlicher Experimente eingehen, daher übernehme die EU dieses Risiko. Andererseits erlaubt die direkte Beteiligung von Unternehmen, die wissenschaftliche Forschung in eine finanziell profitable Richtung zu lenken, was als offensichtlicher Vorzug des Programms dargestellt wird (EC 2011). Eine unbeabsichtigte Folge trat bei der Umsetzung dieser Projekte zutage: Die beteiligten Unternehmen konzentrieren sich mehr auf die Ausbildung und Rekrutierung einzelner Forscher (ein Brain-Drain vom öffentlichen in den privaten Sektor) als auf das Erreichen der erklärten wissenschaftlichen Ziele. Dieser mächtige Rahmen der EU-Finanzierung für marktorientierte Forschung führte zu einer Art „Finanzialisierung der Wissenschaft", wobei akademische Beförderungen von der Fähigkeit abhängig gemacht werden, sich erfolgreich um EU-Fördermittel zu bewerben. Die ungezügelte Kom-

merzialisierung des Wissens und die Erosion der wissenschaftlichen Strenge der Forschung in ganz Europa sind
kein zufälliger Kollateralschaden im Streben nach dem
Wohl der Gesellschaft. Die Praxis der Umverteilung von
Vorteilen an diejenigen, die wirtschaftliche Wettbewerbsfähigkeit steigern können, verändert unumkehrbar den
Bedeutungs- und Bewertungsrahmen, in dem die Bürger
Dinge wie Wissen und Lernen, akademische Leistungen
und sogar persönliche Verdienste sehen. Es ist bezeichnend, dass sich kein gesellschaftlicher Protest gegen diese
Verschiebungen der Politik formiert hat, da sie als einzig mögliche Handlungsweise im Kontext des globalen
Wettbewerbs gesehen werden: Wettbewerbsfähig zu bleiben, ist angeblich der einzige Weg, das öffentliche Wohl
zu sichern. Es ist weniger das Streben nach wissenschaftlichen Durchbrüchen und deren potenzieller Beitrag
zum langfristigen gesellschaftlichen Wohlergehen, das
die Forschungs- und Innovationspolitik der EU antreibt,
sondern die Angst, im Wettbewerbsspiel der globalen
politischen Ökonomie zu verlieren.

Nachdem nun einige Motivationsressourcen des Prekaritätskapitalismus beleuchtet wurden, lohnt sich ein
genauerer Blick auf die wichtigsten Verschiebungen in
der Entwicklung des demokratischen Kapitalismus. Im
ersten Format, dem liberalen Kapitalismus des 19. Jahrhunderts, blieb die Kontrolle über die Marktkräfte beim
Individuum: Es konnte „frei" am Spiel des wettbewerbs-
orientierten Gewinnstrebens teilnehmen und „ernten",
musste aber auch die Kosten des Scheiterns tragen. Diese
vermeintliche Kontrolle über das eigene Schicksal – ein
von der Aufklärung geprägtes Ideal – lieferte dem Kapitalismus in seiner Frühphase die motivierenden Energien.

In der zweiten Phase des Kapitalismus, dem Wohlfahrtskapitalismus des frühen und mittleren 20. Jahrhunderts, verlagerte sich die Kontrolle auf den Staat und
die bürokratischen Hierarchien. Die Unterdrückung der
individuellen Initiative wurde durch die Ideale eines um-

fassenden Wohlstands reichlich kompensiert, was einen konsumistischen Hedonismus als treibende Motivation erzeugte.

Im neoliberalen Kapitalismus der letzten beiden Jahrzehnte des 20. Jahrhunderts wechselte die Kontrolle über die Verteilung wirtschaftlicher Chancen und Risiken vom Staat auf die Manager der Globalisierung: multinationale Konzerne, die Führung der internationalen Finanzinstitutionen und der WTO. Im neuartigen Kontext des Prekaritätskapitalismus schafft die Verlagerung des Risikos auf die Gesellschaft in Verbindung mit ständig wachsenden Produktionsnetzwerken und Wertschöpfungsketten eine unüberschaubare Komplexität. Niemand weiß, wo er anfangen soll, die Herausforderungen zu bewältigen, und die Ereignisse überschlagen sich. Die einzige Motivationsressource ist die Angst auf persönlicher, gruppenbezogener und institutioneller Ebene. Verzweiflung ist der Rohstoff, von dem sich der Kapitalismus heute ernährt, wie Peter Fleming treffend bemerkt (2017, 25).

Diese Angst wirkt sich auch auf die Art des sozialen Protests aus.

Die Politik des Protests

Nachdem die ökonomische Rationalität alle sozialen Praktiken durchdrungen hatte, wurde es möglich, dass die neuen Umverteilungspolitiken im Prekaritätskapitalismus (von der Gesellschaft zu ausgewählten Wirtschaftsakteuren, von den Armen zu den Reichen, von den Schwachen zu den Mächtigen) mit so wenig Widerstand aus der Gesellschaft akzeptiert wurden. Vom Tod der Demokratie (Keane 2009) möchte ich dennoch nicht sprechen. Die Lebensspanne des neoliberalen und prekären Kapitalismus war reich an energischer zivilgesellschaftlicher Mobilisierung zu Themen wie Geschlechterparität, Rassengleichheit, LGBTQ-Rechten und Umweltprotesten. Sie hatten einen greifbaren und irreversiblen Effekt auf die Politik und widerlegten damit Klagen, dass sozialer Protest politisch impotent geworden sei (Lilla 2016, 2017; Hardt und Negri 2017; Tufekci 2017; Srnicek und Williams 2015; Roberts 2013).

Die massiven Protestbewegungen, die den Arabischen Frühling 2010/2011 auslösten, erreichten nichts weniger als einen Regimewechsel, auch wenn die Hoffnungen auf eine liberale und sozial verantwortungsvolle Herrschaft nicht verwirklicht werden konnten. In Brasilien ermöglichten die landesweiten Antikorruptionsdemonstrationen im Jahr 2013 der damaligen Präsidentin Dilma Rousseff, gegen den erbitterten Widerstand der politischen und wirtschaftlichen Eliten im Schnellverfahren Gesetze zu verabschieden, die die Unabhängigkeit der Justiz gewährleisten. Eine 2014 eingeleitete Untersuchung des Unternehmens Petrobras („Operation Car Wash") konnte ein globales Netzwerk von geschäftlicher und politischer Korruption aufdecken. Protestbewegungen haben den politischen Prozess in westlichen liberalen Demokratien erfolgreich beeinflusst, selbst bei hoch spezialisierten Themen wie Technologie, die als ausschließlicher Zuständigkeitsbereich wissenschaftlich-technischer Eliten gelten (Feenberg 2017).[22]

Es wäre daher nicht plausibel zu behaupten, dass der TINA-Politikkonsens zwischen den politischen Eliten von Mitte-Links und Mitte-Rechts und die bürokratischen Mechanismen seiner Umsetzung Politik und Demokratie gänzlich ausgeschaltet haben. Unser Dilemma besteht nicht in der Ohnmacht der Protestpolitik. Trotz vieler Aufstände und beeindruckender Mobilisierung ist es nicht gelungen, den Kurs der Politik zu ändern. Das gilt insbesondere für das, was Alvin Toffler (1970) und Zeynep Tufekci (2017) „Adhocracy" genannt haben: bezogen auf die spontanen Mobilisierungen, die durch die Informationstechnologie ermöglicht werden, sowie die Petitionen, Besetzungen, Streiks, Avantgardeparteien und Affinitätsgruppen, die von manchen als „Volkspolitik" abgetan wurden (Nick Srnicek und Alex Williams

2015). Dies gilt wohl auch für die „Gelbwesten" in Frankreich, die monatelang zum Teil gewaltsam demonstrierten. Auf ihre Proteste über hohe Lebenshaltungskosten wurde mit weiteren Steuersenkungen statt mit einer Stärkung des sozialen Sicherheitsnetzes reagiert, angeblich um die französische Wirtschaft auf den globalen Märkten wettbewerbsfähig zu halten.

Es mag stimmen, dass den vernetzten Widerständen im digitalen Zeitalter die organisatorische Strenge der Bürgerrechtsbewegung der Nachkriegszeit fehlt, deren Führung und Strategie sie in die Lage versetzte, den politischen Prozess direkt zu beeinflussen. Doch selbst wenn soziale Proteste die Politik nicht verändern können, erfüllen sie immer noch ihre Kernfunktion: die Agenda der politischen Debatte zu gestalten, indem sie den Klagen über erlittene Ungerechtigkeit Relevanz verschaffen.

Prominente Mobilisierungen wie die Occupy-Bewegung 2011/2012, die Black-Lives-Matter-Demonstrationen in den Jahren 2014 und 2020, der Aufstand von Millionen von Menschen in mehr als sechzig Ländern gegen einen drohenden Krieg im Irak im Jahr 2003 und der Women's March im Januar 2017 haben vielleicht nicht den Verlauf der Politik beeinflusst, jedoch das öffentliche Narrativ verändert: Der politische Bezugsrahmen wurde verschoben. Bevor Occupy die Ungleichheit ins Zentrum der Gerechtigkeitsdiskussionen in den Vereinigten Staaten rückte, stand der Begriff am Rande der politischen Agenda. Es wäre in der Tat ein Zeichen für den schlechten Gesundheitszustand der liberalen Demokratie, zu erwarten, dass die Zivilgesellschaft mit der politischen Schicht konkurriert und ihre Arbeit macht. Die Vitalität der modernen Demokratie beruht auf der Arbeitsteilung zwischen ziviler und politischer Gesellschaft, zwischen Straßenprotest und Parteipolitik.[23]

Der Grund für den Mangel an sozialem Protest und politischer Mobilisierung zu Beginn des 21. Jahrhunderts liegt woanders. Der soziale Schaden, der durch den Imperativ der Wettbewerbsfähigkeit in der globalen kapitalistischen Wirtschaft entstanden ist, hat den Rahmen des politischen Bezugs verlassen; er steht außerhalb der Agenda der öffentlichen Debatte und damit außerhalb des Bereichs der politischen Auseinandersetzung. Die Politik ist nicht tot. In Europa gibt es nach wie vor Meinungsverschiedenheiten über die Vorteile eines Verbleibs in der EU; in den Vereinigten Staaten über gleichgeschlechtliche Partnerschaften, Abtreibung, Gesundheitsversorgung und die Notwendigkeit, das militärische Engagement im Ausland auszuweiten.

Doch der Raum für die Politisierung hat sich *verkleinert,* er ist geschrumpft.[24] Bis vor Kurzem standen soziale Schäden, die auf die Kombination von Politiken des freien Marktes und der globalen Marktintegration zurückzuführen sind, außerhalb des Raums der politischen Anfechtung, weil die sozialen Auswirkungen solcher Politiken aus dem Legitimationsdeal zwischen Bürgern und öffentlicher Autorität herausfielen. Analysen zeigen zum Beispiel, dass die Globalisierung die Verbindung zwischen der nationalen Wirtschaft und der politischen Entscheidung der Bürger schwächt. Wirtschaftliche Offenheit verringert die Neigung der Wähler, amtierende Politiker für die wirtschaftliche Leistung und damit auch für die sozialen Folgen der Wirtschaftspolitik verantwortlich zu machen (Hellwig und Samuels 2007).

Bei der Linken ist es Mode geworden, von geteilter sozialer Verantwortung zu sprechen (eine Idee, die um die Jahrhundertwende aufkam) sowie an den Staat zu appellieren, Macht und Ressourcen direkt an das Volk abzugeben. Die Linke versäumt es nicht nur, eine Opposition aufzubauen und eine Makroalternative vorzuschlagen, sondern sie verschärft das Problem mit Positionen, die merkwürdigerweise einen neoliberalen Diskurs des Antistatismus widerspiegeln und damit die politischen Eliten und die öffentliche Hand weiter von der Verpflichtung entbinden, im öffentlichen Interesse zu regieren. Im aktuellen Kontext sind Appelle für „mehr Demokratie" Teil des Problems geworden, auch wenn sie als radikale Lösungen präsentiert werden.

Und wie steht es mit dem Aufschwung des Populismus, mit seinen Rufen gegen die Globalisierung? Ist dies nicht, wie viele argumentieren, ein Zeichen dafür, dass der Neoliberalismus endgültig in der Krise ist? Mit Ausnahme der wenigen Fälle von „linkem Populismus", wie er im Aufstieg der Syriza-Partei in Griechenland und von Podemos in Spanien sowie in der Unterstützung des Präsidentschaftskandidaten Bernie Sanders in den USA zum Ausdruck kommt, hat der Aufstieg des Populismus bestenfalls dazu beigetragen, dass der Neoliberalismus zum Prekaritätskapitalismus verkommt. Die Anti-Establishment-Mobilisierungen zielen auf die globale Marktintegration und die damit einhergehende kosmopolitische Kultur, nicht auf die neoliberale innenpolitische Formel der Deregulierung und Liberalisierung der Produkt- und Arbeitsmärkte. Gefordert wird die Abschottung gegen Einwanderer und Importe, nicht das Ende des von sozialer Verantwortung befreiten Kapitalismus.

Zusammenfassend lässt sich sagen, dass es selbst auf dem Tiefpunkt der Wirtschaftskrise in den fortgeschrittenen liberalen Demokratien keine Legitimationskrise gegeben hat, weil der Legitimationsdeal zwischen Bürgern und öffentlicher Autorität Fragen der sozialen Sicherheit mittlerweile ausklammert. Gleichzeitig hat sich die größere Legitimationsmatrix (in Bezug auf die Verteilung von Lebenschancen) verändert: Fragen der sozialen Gerechtigkeit wurden im Sinne des Schutzes kultureller Lebensstile innerhalb nationaler Grenzen neu definiert. Die öffentliche Hand kann sozialen Schaden verursachen, ohne dafür Verantwortung zu übernehmen, weil eben jene Öffentlichkeiten, die unter den Auswirkungen der Wirtschaftspolitik leiden, sie von der Verantwortung für die sozialen Folgen dieser Politik freigesprochen haben. Dieser Mangel an Verantwortung kann nicht ohne

Weiteres mit den Instrumenten der repräsentativen, partizipatorischen oder deliberativen Demokratie behoben werden, und noch weniger mit denen des fragmentierten Widerstands, der Devolution und der poststrukturalistischen Ontologien der sozialen Ermächtigung.

Verantwortlich für die Durchsetzung einer „sozial unverantwortlichen Herrschaft" ist nicht ausschließlich die Allianz der Mitte-Links- und Mitte-Rechts-Parteieliten und der Wählerschaft, die sie in öffentliche Ämter bringt. Die radikale Linke und die extreme Rechte haben ihren Teil dazu beigetragen, den Raum der politischen Auseinandersetzung zu verkleinern.

Rufe gegen Ungleichheit (von links) und für den Schutz der Gesellschaften vor Einwanderern (von rechts) haben eine bestimmte Logik gemeinsam: Sie tragen dazu bei, die sozialen Übel zu politisieren, die der global integrierte Kapitalismus bei der Verteilung von Zugehörigkeit in einer bestimmten sozialen Ordnung verursacht. Dadurch verhindern sie, dass die soziale Ordnung infrage gestellt wird, innerhalb derer Gleichheit und Inklusion angestrebt werden. Wenn soziales Übel in Begriffen von Inklusion und Gleichheit thematisiert wird, stellt es Instanzen einer systemischen Ungerechtigkeit als relationale Ungerechtigkeit dar. Mit anderen Worten: Probleme des vom soziopolitischen System erzeugten Wohlstandsmodells erscheinen als Probleme der eigenen Verortung oder der eigenen Inklusion innerhalb des Systems. Dies führt dazu, Abhilfe eher in Form von Umverteilung oder Inklusion/ Exklusion zu suchen als in einer radikalen Änderung der Spielregeln. Das beunruhigendste Beispiel für die trügerische Politisierung bestehender sozialer Missstände ist der Rückgriff auf Fremdenfeindlichkeit, bei dem politische Akteure die am leichtesten verfügbare Sprache der politischen Mobilisierung – die des Hasses – einsetzen, um aus sozialer Unzufriedenheit Gewinn zu ziehen.

Nur der Umweltprotest zielt tatsächlich auf die allgemeine Logik der Kapitalakkumulation ab (die Art und

Weise, wie Waren produziert, verteilt und konsumiert werden). Die meisten anderen Formen des sozialen Protests und der intellektuellen Kritik richten sich kurzsichtig gegen Fälle von Ungerechtigkeit, die in der *asymmetrischen Verteilung von wirtschaftlicher, politischer oder symbolischer Macht* zwischen den Akteuren wurzeln und Ungleichheit und Ausgrenzung hervorrufen. Die logische Lösung wäre, Machtverhältnisse durch Umverteilung und Inklusion auszugleichen – anstatt die eigentliche Logik der sozialen Reproduktion zu verändern.

Weiterhin herrscht Unfähigkeit, die politische Ökonomie des Kapitalismus und den demokratischen Rahmen der Politik in anderen Begriffen als Verteilung und Inklusion zu hinterfragen. Dies veranschaulichen die Occupy-Bewegung wie auch die heute als radikal geltenden Forderungen nach Gerechtigkeit wie „Wir sind die 99 Prozent" und „Besteuert die Reichen". Während die Wut auf die ungleiche Verteilung der Vorteile in unserer Gesellschaft zu Recht und mit Nachdruck mobilisiert wird, werden die Mechanismen nicht hinterfragt, die diese Vorteile hervorbringen – und die gesamte Lebensweise bleibt durchtränkt von Ungerechtigkeit für alle.

Auch wenn die Beseitigung von Machtungleichheiten innerhalb eines Systems sozialer Beziehungen an sich wertvoll ist, wurde durch solche Bemühungen die Aufmerksamkeit von Formen der Herrschaft abgelenkt, die in der operativen Logik des sozialen Systems verwurzelt sind, jenseits einer Beschäftigung mit Gleichheit und Inklusion innerhalb dieses Systems. Dies ist kein bedauerliches Versehen, das sich leicht beheben lässt, sondern wird von einer zwingenden Logik angetrieben: Das Beharren auf Inklusion und Gleichheit innerhalb eines bestimmten Modells des Wohlbefindens gibt diesem Modell Gültigkeit und Kraft.

Wir sind gezwungen, die Welt wertzuschätzen, in der wir Inklusion und Gleichheit anstreben; und je härter der Kampf um Zugang und Status innerhalb dieser Welt ist, desto mehr wird sie aufgewertet. Dies ist das „Paradox der Emanzipation": Indem sie in diese Falle tappen, befestigen sozialer Protest und intellektuelle Kritik ungewollt die Legitimität des Kapitalismus, ohne die soziale Krise zu lösen. Wir bleiben in dem entzündlichen Zustand gefangen, den ich „Krise der Krise" genannt habe.

In dieser Metamorphose des Legitimationsverhältnisses der heutigen kapitalistischen Demokratien ist der Schlüssel zu den beiden Paradoxien der fehlenden Krise des Kapitalismus zu finden. Der Kapitalismus entgeht einer Legitimationskrise, obwohl er die Grundregel seiner Legitimationsmatrix, gesellschaftliche Chancen und Risiken zu korrelieren, verletzt hat. Denn das Legitimationsabkommen hat sich – nicht trotz, sondern auch wegen sozialer Proteste – allmählich insofern verändert, als es ein robustes soziales Sicherheitsnetz ausschließt. Auch wenn soziale Sicherheit nach wie vor wünschenswert ist, gehört sie nicht mehr zu den „politischen Leistungen", die von der öffentlichen Hand zu erbringen sind.

Indem die Kämpfe gegen die Ungerechtigkeit die Wurzeln der Krise (also eine politische Ökonomie, die massive Prekarität produziert) als Ungleichheit und Bedrohung durch Immigration politisieren, kann das System nicht nur einer Legitimationskrise entkommen, sondern auch die emanzipatorischen Energien des Protests erfolgreich vereinnahmen und sich so selbst regenerieren. Der Aufschrei der jungen spanischen Indignados – „Wir sind nicht gegen das System, das System ist gegen uns" – war eben kein Aufruf zur Revolution.

Die liberale Demokratie ist vielleicht ebenso sehr Teil des Problems wie Teil der Lösung. In dem Maße, in dem demokratische Politik ein institutionell vermittelter Ausdruck weitgehend gemeinsamer Präferenzen ist, findet sie auf dem Terrain einer bestehenden Beziehung zwischen öffentlicher Autorität und Bürgern statt – einem Legitimationsabkommen. Was nicht Teil dieses Deals ist, kann nicht politisiert und daher auch nicht infrage

gestellt werden. Wenn soziale Ungerechtigkeit nicht da-
zugehört und entweder die Formulierung bestimmter an
die politische Autorität gerichteter sozialer Missstände
ausgeschlossen ist oder sie über die Fremdenfeindlichkeit in die falsche Richtung politisiert werden, können
die üblichen Instrumente der demokratischen Politik
vermutlich nicht viel nützen.

Die neuartige Allianz zwischen Kapital und Arbeit
zugunsten der neoliberalen Globalisierung nimmt der
Wahldemokratie die Möglichkeit, das schwierige Problem zu lösen. Dies ist keine Frage des „falschen Bewusstseins". Bemerkenswert am 20. Jahrhundert ist nicht so
sehr der Anstieg des Realeinkommens der Arbeiterklasse, sondern die steigende Beteiligung der Arbeit am
kapitalistischen System, wie Joseph Schumpeter 1943
festgestellt hat (310). „Erwartungen, denen gegenüber
das politisch-ökonomische System sich legitimieren
muss, bestehen dabei nicht nur auf Seiten der Bevölkerung, sondern auch bei dem nun nicht mehr als Apparat,
sondern als Akteur in Erscheinung tretenden Kapital ..."
(Streeck 2013, 46 f.) Mit anderen Worten: Die Interessen
des Kapitals samt seiner Hauptdynamik der kompetitiven Produktion von Profit haben einen legitimen Platz in
einem demokratischen politischen System. Wir können
nicht den Kapitalismus für die Erosion der Demokratie
verantwortlich machen und versuchen, diese Erosion mit
mehr Demokratie rückgängig zu machen. Was wir brauchen, ist weniger Kapitalismus.

Darüber hinaus ist seit dem Aufkommen der „Share-
holder-Demokratie" im späten 20. Jahrhundert ein großer Teil der Bevölkerung sowohl lohn- als auch profit-
abhängig, und sei es nur durch die Investition von
Rentenersparnissen in den Aktienmarkt. Bis vor Kurzem
standen gewinn- und lohnabhängige Interessen einander
gegenüber: Kapitalinteressen resultieren aus der Ein-
kommensabhängigkeit von der Rendite des investierten
Kapitals, und deshalb versuchten Kapitaleigentümer und

-manager, die Rendite ihrer Investitionen zu maximieren, nicht zuletzt durch die Minimierung der Löhne. Auch wenn dies im Prinzip immer noch gilt, haben lohnabhängige Gruppen Interesse an der Stabilität und am Wachstum der Finanzmärkte entwickelt, entweder weil dies die Verfügbarkeit von Arbeitsplätzen und damit den Lebensunterhalt beeinflusst oder weil sie durch den Besitz von Aktien über ihre Pensionsfonds selbst in gewissem Maße gewinnabhängig geworden sind.

In dem Maße, in dem die Grenzen zwischen diesen Gruppen unscharf werden, wird das (unmittelbare) Wohlergehen aller von der wirtschaftlichen Gesundheit des Kapitalismus abhängig, selbst wenn dieser nicht mehr in der Lage ist, einen besseren Lebensstandard oder eine gerechte Verteilung der Lebenschancen zu gewährleisten und die Umwelt hemmungslos zerstört. Wir sind jetzt alle Kapitalisten – und die Mechanismen der kollektiven Meinungs- und Willensbildung (Medien, Bildung, deliberative Foren) sowie die Logistik des Ausdrucks des Volkswillens (demokratische Wahlen) geben dieser unbequemen Wahrheit eine Stimme.

Wollen wir das gegenwärtige sozioökonomische System überwinden, können wir uns weder auf seine tödliche Krise noch auf eine Revolution durch das Volk verlassen. Es gibt keine verfügbare Utopie, die eine solche Anstrengung leiten könnte. Dennoch war die Gelegenheit, den Kapitalismus zu überwinden, noch nie so greifbar wie in unserer Zeit.

6. Woran leiden die 99 Prozent?

*„Ich muss Politik und Krieg studieren, damit unsere
Söhne Mathematik und Philosophie studieren können.
Unsere Söhne müssen Mathematik und Philosophie,
Geografie, Naturgeschichte und Schiffsbau, Schifffahrt,
Handel und Landwirtschaft studieren, damit ihre
Kinder die Möglichkeit haben, Malerei, Poesie, Musik,
Architektur, Bildhauerei, Tapisserie und Porzellan zu
studieren."*
John Adams, in einem Brief an Abigail Adams, 1780

Da es im zeitgenössischen Kontext keine Utopie, keine
Revolution und nicht einmal eine lebensbedrohliche Krise
des Kapitalismus gibt, sollte das Potenzial für seine Überwindung anderswo gesucht werden. Im Gegensatz zu
früheren historischen Zeitpunkten wird die gegenwärtige
emanzipatorische Öffnung weder durch Probleme in der
wirtschaftlichen Leistung des Kapitalismus ausgelöst (wie
während der Großen Depression der 1930er-Jahre) noch
durch Empörung über seine schlechten Verteilungsergebnisse (Verarmung, Ungleichheit und Ausbeutung, die zum
Klassenkampf führen, wie während des Aufschwungs des
Sozialismus in der Mitte des 19. Jahrhunderts). Ich werde
im Folgenden argumentieren, dass eine Gegenbewegung
gegen den Kapitalismus jetzt durch ein anderes Phänomen
erzeugt wird: Viele soziale Gruppen jenseits der Grenze
zwischen Kapital und Arbeit leiden unter der für den
Kapitalismus konstitutiven Dynamik – der kompetitiven
Produktion von Profit –, selbst wenn Produktivität und
Wirtschaftswachstum steigen, und auch unabhängig da-
von, wie sie von der Verteilung sozialer Vorteile und des
Reichtums betroffen sind.

Wir befinden uns in einer Zeit lautstarker sozialer Proteste. Empörung gegen Ungleichheit („besteuert die Rei-

chen"), Verteufelung gieriger Banker (als wäre es nicht ihr Job, Profit zu maximieren), Proteste gegen Austerität (als gäbe es einen Anspruch auf Wohlstand), Rufe nach Ausgrenzung von Immigranten (da diese „verzweifelten Menschen" den sozialen Frieden bedrohen): All das signalisiert auf verschiedene Weise eine Sehnsucht nach den „Roaring Nineties", nach der Zeit vor dem finanziellen Zusammenbruch von 2008, vor dem Gefühl der physischen Unsicherheit nach 9/11, vor der Migrations-„Krise" von 2015. Doch zu der erinnerten Zeit bereitete der neoliberale Kapitalismus die ökonomischen und sozialen Katastrophen des frühen 21. Jahrhunderts vor und intensivierte das Streben nach kompetitiver Profitproduktion auf Kosten von Mensch und Natur.

Linke politische Kräfte mobilisieren nun für die Wiederherstellung der Demokratie durch radikale Gleichheit und hoffen auf die Rückkehr des inklusiven Wohlstands aus der Zeit des Wohlfahrtskapitalismus, den der neoliberale Kapitalismus fast vollständig ausgelöscht hat. Die Sozialdemokratische Partei Europas (die Mitte-Links-Fraktion des Europäischen Parlaments) baute ihre Plattform für die Wahlen im Mai 2019 auf „Acht Resolutionen für eine gleichberechtigte Gesellschaft" auf – eine nostalgische Geste an den Wohlfahrtsstaat. Dieser inklusive Wohlstand – basierend auf gesteigertem Konsum – trieb zwar die Produktion und die Schaffung von Arbeitsplätzen voran, zerstörte aber die Umwelt.

Ein Großteil des heutigen sozialen Protests und der politischen Mobilisierung ist defensiver, nostalgischer oder konservativer Natur; manches davon ist sogar reaktionär. Doch diese Proteste bieten konkrete Einstiegspunkte in die größere Geschichte der sozialen Ungerechtigkeit, Punkte, von denen aus die Suche nach dem Ursprung der Missstände in den strukturellen Widersprüchen und konstitutiven Dynamiken des Kapitalismus beginnen soll. Normative Kritik und Emanzipationsstrategien sollten aus einer Analyse jenes Mechanismus hervorgehen, der die strukturellen Dynamiken auf der Ebene der politischen Ökonomie in politisch gewichtige soziale Sorgen über Ungerechtigkeit übersetzt.

Eine erkennbare Pathologie als Symptom dafür zu nehmen, dass etwas nicht stimmt, ist ein Versuch, jene Antinomien (inneren Widersprüche) des zeitgenössischen Kapitalismus zu identifizieren, die *historisch besondere,* aber *strukturell allgemeine* Erfahrungen von Ungerechtigkeit hervorrufen und aus denen *normativ verallgemeinerbare* Vorstellungen von Gerechtigkeit abgeleitet werden können, um entsprechend politische Ziele zu setzen. Auf diese Weise können Visionen von sozialer Gerechtigkeit aus der Identifizierung eines breiten Musters gesellschaftlicher Ungerechtigkeit entstehen, das über die Probleme einzelner Gruppen hinausgeht, aber alle anspricht. Diese Formel lässt sich in einer Analyse der zeitgenössischen liberalen Demokratien und der Chancen für Emanzipation anwenden, die sich in der aktuellen historischen Lage bieten.

Die steigende Fremdenfeindlichkeit in Europa und den USA (Kapitel 3) hat pathologischen Charakter und wird von drei Seiten geprägt: (1) Unsere Gesellschaften verfügen in Bezug auf Wohlstand, Infrastruktur und politisches Know-how über eine noch nie da gewesene Fähigkeit, den zunehmenden, doch relativ schwachen Zustrom von Asylsuchenden und Wirtschaftsmigranten zu bewältigen, trotzdem halten viele die Neuankömmlinge für eine Bedrohung; (2) die Parteien, die einwanderungsfeindliche Gefühle zum Ausdruck bringen, sind oft kulturell liberal; (3) es besteht ein Widerspruch zwischen der wirtschaftlichen Natur der Fremdenfeindlichkeit, angetrieben von der Angst vor dem Verlust der Lebensgrundlage, und ihren nicht-ökonomischen Wurzeln: Anti-Einwanderungs-Mobilisierungen begannen lange vor der Wirtschaftskrise und verbreiteten sich vor allem in den wohlhabenden Gesellschaften Nordeuropas.

Anstatt diese populistischen Mobilisierungen als bösartig zu verwerfen, wurden sie in Kapitel 3 als Ausdruck einer gründlichen Neugestaltung der ideologischen Landkarte der reifen kapitalistischen Demokratien diskutiert. Antrieb dafür sind aktuelle Sorgen, die ich als Bestandteile einer neuen Ordnungs- und Sicherheitsagenda beschrieben habe: physische Unsicherheit, politische Unordnung, kulturelle Entfremdung und Beschäftigungsunsicherheit. Auf dieser Grundlage nähern sich die ehemaligen Extreme der Links-Rechts-Achse des politischen Wettbewerbs nun einem „Risiko"-Pol an.

Was viele Menschen als zentrale Pathologie unserer Gesellschaften wahrnehmen – die zunehmende Fremdenfeindlichkeit –, ist ein Symptom der weithin geteilten Angst vor dem Verlust der Lebensgrundlage. Zurückgeführt habe ich diese Angst auf die politische Ökonomie und die institutionelle Logistik dessen, was ich als „Prekaritätskapitalismus" beschrieben habe (Kapitel 5): das Modell des demokratischen Kapitalismus, in dem wir derzeit leben. Während jedoch die herrschenden Mitte-Links- und Mitte-Rechts-Eliten weiterhin die neoliberale politische Logik der wirtschaftlichen Liberalisierung durchsetzen, plädieren populistische Stimmen für die Abkürzungen der alten Lösungen, von „Ausländer raushalten" bis „die Reichen besteuern". Diese Antworten stimmen mit dem überein, was ich als legitime, aber kurzsichtige Sorgen um relationale Herrschaft (Ungleichheit und Ausgrenzung) beschrieben habe.

Die Ungleichheit mit ein bisschen Umverteilung zu beheben, anstatt den Motor von Armut und Ungleichheit zu beseitigen, erzeugt jedoch das von mir beschriebene „Paradox der Emanzipation": Selbst erfolgreiche Kämpfe gegen relationale Herrschaft riskieren die Vertiefung der systemischen Herrschaft – den Schaden, der durch die kompetitive Produktion von Profit entsteht. Es gibt keine Legitimationskrise des Kapitalismus, da ihm gerade die sozialen Proteste stillschweigend zustimmen, die ihn untergraben sollen. Wir scheinen in einer „Krise der Krise des Kapitalismus" festzustecken, wobei unsere Bemühungen zur Krisenbewältigung (etwas Umverteilung, Verschärfung der Migrationskontrollen, mehr direkte Macht für das Volk durch Referenden und nationale Debatten) die Krise perpetuieren. Wo ist der Ausweg?

Ich werde als Nächstes die politische Ökonomie des Prekaritätskapitalismus und die Arten sozialer Ungerechtigkeit durchleuchten, die er erzeugt, um Möglichkeiten für eine radikale Transformation des Sozialsystems zu finden. Ohne zu unterstellen, dass die Wirtschaft die grundlegende und primäre Quelle sozialer Ungerechtigkeit ist, werde ich die Aufmerksamkeit auf neuartige Formen der Verelendung lenken, die sich aus der jüngsten Transformation der politischen Ökonomie fortgeschrittener industrieller Demokratien ergeben. Aus diesen vielfältigen Erfahrungen von Ungerechtigkeit können soziale Kräfte entstehen, die ein gemeinsames Interesse an der Überwindung des Kapitalismus haben. Ihre Entstehung sowie auch die Bedingungen für die Überwindung des Kapitalismus haben mit zwei strukturellen Widersprüchen (Antinomien) des gegenwärtigen Kapitalismus zu tun.

Die beiden Antinomien des heutigen Kapitalismus

Der Prekaritätskapitalismus – das Modell, das den neoliberalen Kapitalismus des späten 20. Jahrhunderts ablöste – ist das Ergebnis eines verschärften globalen Wettbewerbs („Globalisierung") und des politischen Imperativs der wirtschaftlichen Wettbewerbsfähigkeit. Er wurde durch die Kombination von zwei Prinzipien der neoliberalen Wirtschaftspolitik vorangetrieben: freie Märkte und offene Volkswirtschaften. Die Deregulierung der nationalen Volkswirtschaften und die Öffnung der heimischen Märkte durch den Freihandel führten zu einer globalen kapitalistischen Wirtschaft, die nach den Prinzipien der freien Märkte organisiert ist. So lieferte das Laissez-faire-Prinzip die Spielregeln der Weltwirtschaft.

146

Die globale politische Ökonomie basiert auf Regeln. Die Integration der nationalen Märkte kann prinzipiell unterschiedlichen Mustern folgen, die durch die jeweiligen Bedingungen der Handels- und Investitionspolitik (für den Import von Waren und den Export von Kapital) bestimmt werden. Aufgrund ihrer Führungsposition bei der globalen Marktintegration haben die fortgeschrittenen kapitalistischen Demokratien Europas und der USA der Weltwirtschaft jedoch ihr eigenes nationales Modell des neoliberalen Kapitalismus aufgezwungen – ein Modell, das sich auf die Deregulierung der Produkt- und Arbeitsmärkte und die Privatisierung des öffentlichen Vermögens konzentriert. Die Modellierung der Weltwirtschaft nach der Blaupause des westlichen neoliberalen Kapitalismus fand hauptsächlich im institutionellen Rahmen der WTO statt, die auf dem Höhepunkt der neoliberalen 1990er-Jahre gegründet wurde.

Auch wenn dieses globale sozioökonomische System politisch über eine Vielfalt nationaler politischer Systeme (von liberalen Demokratien bis hin zu islamischen Theokratien) sowie internationaler und supranationaler politischer Regime (von der UNO bis zur EU) gesteuert wird, hat die Logik des sich ständig verschärfenden kompetitiven Profitstrebens die meisten sozialen Praktiken durchdrungen. Während Staaten einige wenige handverlesene Unternehmen unterstützen, verschärft sich der Wettbewerbsdruck auf den Rest – eine bemerkenswerte Eigenschaft des Prekaritätskapitalismus.

Bei der stratifizierten Verteilung von Lebenschancen in diesem Zusammenhang geht es um die institutionalisierte und staatlich gelenkte Verteilung von Risiken und Chancen, die durch die neue Ökonomie der offenen Grenzen und Informationstechnologien entstehen (Kapitel 5). Bei näherer Untersuchung dieses Prozesses lässt sich die Entwicklung der Definition von Lebenschancen sowie deren Verteilung genauer betrachten.

Die neue Wirtschaft hat die Möglichkeiten zur Schaffung von Wohlstand erhöht. Durch Informationstechnologie und Zugang zu billigen Arbeitskräften durch offene Märkte wurden Tempo und Umfang der Gewinnschöpfung intensiviert und erweitert. Die neue Welle der Automatisierung mithilfe der Informationstechnologie trug zur Steigerung der Produktivität bei. Gleichzeitig wurden durch die Vermehrung von Eigentumsformen und Beschäftigung sowohl die Einkommensquellen als auch die Zugangsmöglichkeiten zum Arbeitsmarkt vervielfacht. Diese Möglichkeiten wurden sowohl den Hochqualifizierten als auch den Unterprivilegierten zuteil. Die Wissensökonomie verbesserte zum Beispiel den Status von Frauen in den fortgeschrittenen industriellen Demokratien; insbesondere gewannen alleinerziehende Mütter die nötige Flexibilität, um Kindererziehung mit einer beruflichen Karriere zu verbinden. Die von Uber geschaffene spezifische Beschäftigungsformel bot Menschen aus ethnischen Minderheitengruppen die Chance auf eine Beschäftigung in europäischen Gesellschaften, in denen fremdenfeindliche Haltungen sonst ein Hindernis darstellen würden.[1]

Diese Pluralisierung der Möglichkeiten zur Schaffung von Wohlstand hat zusammen mit der Verbreitung der Automatisierung von Arbeit auch das *Dekommodifizierungspotenzial* von Gesellschaften erhöht – also das Potenzial, sich aus der Abhängigkeit von bezahlter Arbeit zu befreien. Wie Gøsta Esping-Andersen (in Anlehnung an Claus Offe) verwende ich den Begriff „Dekommodifizierung der Arbeit" in Bezug auf die Autonomie des Menschen gegenüber der wirtschaftlichen Produktion, die seine Befreiung von den Marktkräften ermöglicht (Esping-Andersen 1990). Dekommodifizierung beruht auf der Fähigkeit der Menschen, ohne Schaden für ihr Wohlergehen aus dem Arbeitsmarkt auszusteigen, und ist daher eine Voraussetzung für individuelle Autonomie und ein Leben der Selbstverwirklichung, das die Aufklärung als erstrebenswertes Ideal entworfen hat.

Das Dekommodifizierungspotenzial hängt mit der Zunahme der Optionen zusammen, die dem Einzelnen für den Ausstieg aus dem Arbeitsmarkt zur Verfügung stehen, etwa durch die Zunahme von Einkommensquellen außerhalb der Erwerbsarbeit (wie zum Beispiel die Investition in Eigenkapital anstelle der ausschließlichen Abhängigkeit von einem Gehalt, wodurch die Notwendigkeit entfällt, Zeit in einer produktiven Tätigkeit zu verbringen) oder eine flexible und begrenzte Beschäftigung, die den Zeitaufwand für eine produktive Tätigkeit minimiert.

In jedem sozialen System, in dem die Grundbedürfnisse durch Arbeit befriedigt werden und Beschäftigung eine Haupteinkommensquelle ist, gibt es jedoch eine dynamische Beziehung zwischen der Kommodifizierung und Dekommodifizierung von Arbeit. Dies wurde erstmals von Claus Offe formuliert, der dieses Begriffspaar in seiner Analyse der politischen Macht der Lohnarbeit entwickelte: Die Möglichkeit für Arbeiter, aus dem Arbeitsmarkt auszusteigen (und damit über die Blockierung des Produktionsprozesses Druck auf ihre Arbeitgeber auszuüben), hängt von der Chance dieser Arbeiter ab, eingestellt zu werden, sowie von ihrem Wert als gewinnbringende Arbeitnehmer (Offe 1984, 153–54). Offe ging davon aus, dass diese Dynamik die Macht der Lohnarbeit erhöht, doch diese Logik führt zu einer breiteren Emanzipationsvorstellung jenseits der konzeptionellen Beschränkungen der Klassen.

Die Fähigkeit einer Person, aus der systemischen Logik der kompetitiven Produktion von Profit auszusteigen, hängt allerdings von ihrer Möglichkeit ab, diesem Prozess ein ausreichendes Einkommen zu entziehen, sowie von der Fähigkeit, eine alternative Quelle für den Lebensunterhalt zu finden. John Maynard Keynes beobachtete die rasche Herausbildung dieses Dekommodifikationspotenzials in den 1930er-Jahren, als er das kommende 21. Jahrhundert als „das Zeitalter der Muße und des Überflusses" beschrieb ([1930] 1963, 358–73). Tatsächlich übertraf in den westlichen Gesellschaften in der Dekade von 1975 bis 1985 die freie Zeit der Menschen ihre Arbeitszeit; die Freizeit wurde zur dominierenden gesellschaftlichen Zeit (Yonnet 1999).[2]

Keynes' optimistische Vorhersagen haben sich teilweise erfüllt. Indem der Wohlfahrtsstaat die soziale Prekarität durch die Stabilisierung des Arbeitsvertrags, die Erhöhung der Löhne und die Begrenzung der Arbeitszeit bekämpfte, schuf er dekommodifizierte Räume sowie rechtliche und institutionelle Mechanismen der Dekommodifizierung. Dies wiederum erhöhte den wahrgenommenen Wert der Freizeit und erzeugte feste Erwartungen an ihre Verfügbarkeit. Die informationstechnologische Revolution des späten 20. Jahrhunderts und die von ihr ausgelöste massive Automatisierung der Produktion „verringert die Menge an Arbeit, die benötigt wird – nicht nur um zu überleben, sondern um ein menschenwürdiges Leben für alle zu ermöglichen", wie Paul Mason in PostCapitalism (2015) feststellt – zumindest im Prinzip, möchte man hinzufügen. Diese Entwicklung von Technologien und öffentlichen Einstellungen hat die Form und das Wesen der Wirtschaft in kapitalistischen Demokratien tiefgreifend verändert.

Die „vernetzte Wirtschaft" (Castells 1996) des späten 20. Jahrhunderts ersetzte die starren Hierarchien und Produktionspraktiken, die für das Taylor-Ford-Modell typisch waren. Diese Verschiebung ermöglichte einen flexiblen Karriereweg, der das hervorbrachte, was John Gray als „Portfolio-Person" beschrieben hat – eine Person ohne dauerhafte Bindung an einen bestimmten Beruf oder eine bestimmte Organisation, deren Fähigkeiten es erlauben, selbstständig eine bezahlte Beschäftigung zu ihren eigenen Bedingungen zu finden (Gray 1998, 71–72, 111). Dies hat nicht nur das Potenzial einer Person erhöht, die Zeit zu kontrollieren, die sie in bezahlter Beschäftigung verbringt, sondern auch eine produktive

Tätigkeit zu eigenen Bedingungen auszuüben, was eine Form der Emanzipation darstellt. Die Portfolio-Person, die sich ausschließlich auf ihre eigene Kompetenz und Leistung verlässt, ist frei von bürokratischen Zwängen und der Machtdynamik eines Karrierewegs innerhalb einer Organisation. (Erinnern wir uns an die linke Ablehnung des Wohlfahrtsstaates wegen der Bürokratisierung des Alltags, eine Kritik, die auch von den Jugendprotesten der späten 1960er-Jahre geäußert wurde.)

Mit anderen Worten: Eine Person mit großer Fähigkeit zum freiwilligen Ein- und Austritt im Arbeitsmarkt hat einen doppelten Vorteil. Sie kann sich, wenn auch nur vorübergehend, den Belastungen der produktiven Arbeit entziehen und gleichzeitig maximalen Nutzen aus der Teilnahme daran ziehen (wenn es die institutionellen Bedingungen zulassen). An dieser Stelle soll kein detaillierter Überblick über die komplizierte wirtschaftliche Dynamik unserer Zeit gegeben werden,[3] sondern es werden jene Elemente hervorgehoben, die ein Dekommodifizierungspotenzial erzeugen – die materiellen und psychologischen Ressourcen, die für einen Ausstieg aus der produktiven Beschäftigung nötig sind.

Das wachsende Dekommodifizierungspotenzial unserer Gesellschaften ist einer der bedeutendsten Faktoren, vermehrt Wohlstand zu schaffe und Kontrolle über das eigene Leben zu erlangen. Es gibt nicht mehr nur technologische und ökonomische Ressourcen für die Dekommodifizierung (wie Automatisierung der Arbeit, flexible Beschäftigung), sondern vor allem steigt der soziale Wert des Ausstiegs aus dem Arbeitsmarkt spürbar an: Die Bedeutung der Work-Life-Balance und der Wert von freier Zeit im Allgemeinen (jenseits von Betreuungspflichten) nimmt zu (Goodin et al. 2008; Inglehart 2008).

Das befreiende Potenzial der Informationsökonomie hat jedoch nicht zur Entstehung eines neuen wirtschaftlichen Paradigmas im Sinne des „Postkapitalismus" von Paul Mason geführt, das durch eine dramatische Verringerung der Zeit gekennzeichnet ist, die in bezahlter Beschäftigung verbracht wird, sowie durch nichtmarktliche Formen der Zusammenarbeit, des Austauschs und des Besitzes, bei denen die wirtschaftliche Aktivität vom Profitmotiv losgelöst ist und die Produkte eine „moralische Verzinsung" mit sich bringen (Mason 2015). Stattdessen hat sich die Kommodifizierung aufgrund des technologischen Fortschritts intensiviert und ausgeweitet, und zwar sowohl in Bezug auf die Umwandlung von Wissen und Risiko in neue fiktive Waren (Kapitel 5) als auch in Bezug auf die Erhöhung der in bezahlter Beschäftigung verbrachten Zeit. Heute können wir von überall und zu jeder Zeit arbeiten, und wir tun es auch. Das Dekommodifizierungspotenzial der Informationstechnologie ist weitgehend ungenutzt geblieben.

Der verstärkte Wettbewerb innerhalb deregulierter und offener Märkte hat den Kommodifizierungsdruck auf die Arbeit erhöht, von der Ausweitung der Arbeitszeiten und der Lebensarbeitszeit über die Notwendigkeit von Umschulungen, um beschäftigungsfähig zu bleiben, bis hin zum Übergreifen der Arbeit auf Freizeit und häusliches Leben. Eine Untersuchung der ILO (International Labour Organization) in mehr als fünfzig Ländern belegt einen globalen Trend zu längeren Arbeitszeiten in bezahlter Beschäftigung (Lee, McCann und Messenger 2007). Seit ihren Änderungen in den Jahren 2000 und 2003 lässt die europäische Arbeitszeitrichtlinie längere Arbeitszeiten durch freiwillige Ausnahmen der Arbeitnehmer von der wöchentlichen Höchstarbeitszeit von achtundvierzig Stunden zu.

Da mehr Verhandlungsmacht auf die unteren institutionellen Ebenen verlagert wurde, erlauben die jüngsten Änderungen der EU-Gesetzgebung, dass in den Mitgliedstaaten Arbeitszeiten und Arbeitsorganisation auf betrieblicher oder individueller Ebene festgelegt werden, eine Praxis, die zu einer schwächeren Einhaltung der Arbeitszeitstandards und damit zu längeren Überstunden führt. Der geschlechtsspezifische Unterschied in der Länge des Arbeitstages hat sich langsam verringert, vor allem weil Frauen im Durchschnitt mehr Stunden arbeiten als früher (Cabrita et al. 2016). Ungeachtet der gesetzlichen Bestimmungen, werden Überstunden von Arbeitern auf der ganzen Welt vielfach nicht bezahlt; sie leisten die Stunden einfach ohne zusätzliche Vergütung, aus Angst, ihren Arbeitsplatz zu verlieren.

Dieser Kommodifizierungsdruck hat sich *verallgemeinert:* Das heißt, er wurde über die bezahlte Beschäftigung hinaus ausgedehnt und umfasst heute eine Vielzahl von Gruppen. Er betrifft Menschen am Arbeitsplatz ebenso wie Arbeitslose und Schüler – Gruppen, die formal außerhalb des Arbeitsmarktes stehen, aber für ihren Lebensunterhalt auf den Eintritt in den Arbeitsmarkt angewiesen sind und sich daher ausschließlich auf den Erwerb von beruflichen Fähigkeiten und die Arbeitssuche konzentrieren. Bezeichnenderweise hat die Häufigkeit von langen Arbeitszeiten im obersten Fünftel der Lohnempfänger rapide zugenommen (Kuhn und Lozano 2005). Der Druck der Kommodifizierung betrifft alle, von prekären und schlecht bezahlten Arbeitnehmern bis hin zu denen in stabilen, gut bezahlten Arbeitsverhältnissen, von Arbeitslosen bis hin zu Universitätsstudenten. Dieser Druck verwandelt das Leben in eine ständige Anstrengung, beschäftigungsfähig zu werden und zu bleiben.

Die gleichzeitige Zunahme des Dekommodifizierungspotenzials moderner Gesellschaften und die Zunahme des Kommodifizierungsdrucks bilden den ersten strukturellen Widerspruch und eine der zentralen Antinomien des zeitgenössischen Kapitalismus – von mir als „überschüssige Beschäftigungsfähigkeit" bezeichnet. Diese Antinomie wirkt sich wiederum auf die Parameter aus, unter denen soziale Schichtung und damit verbundene Formen sozialer Ungerechtigkeit Gestalt annehmen.[4]

In der Vergangenheit hatten Eigentümer und Manager der Produktionsmittel einen entscheidenden Vorteil bei der Verteilung der Lebenschancen: Ihre soziale Stellung sicherte ihnen einen privilegierten Platz im Prozess der Kapitalakkumulation. Zwei Besonderheiten des heutigen Kapitalismus verändern jedoch diese Situation. Einerseits wurde das Eigentum an den Produktionsmitteln demokratisiert, da sich die Eigentumsformen vermehrt haben und die Informationstechnologie die Kosten für die Gründung eines Unternehmens gesenkt hat. Dies zeigt sich besonders deutlich in der Fähigkeit der Arbeiter, Aktienanteile börsennotierter Unternehmen zu halten. Auf diese Weise pluralisiert und demokratisiert, können Eigentum und Verwaltung der Produktionsmittel nicht länger einen Schutz vor sozialen Übeln wie wirtschaftlicher Unsicherheit und Ausbeutung bieten. Auf der anderen Seite hat sich der Wettbewerb auf dem global integrierten Markt auch für die größten Unternehmen verschärft, sodass Kapitaleigentümer und Kapitalmanager dem Wettbewerbsdruck mit allen negativen Auswirkungen stärker ausgesetzt sind. Eigentum an den Produktionsmitteln ist daher nicht mehr jener Faktor, der die Bildung und Verteilung der Lebenschancen in der Gesellschaft maßgeblich beeinflusst. Stattdessen ist im heutigen demokratischen Kapitalismus die ungleiche Verteilung der gesellschaftlichen Kapazitäten und Zwänge der Dekommodifizierung zur zentralen Logik der sozialen Schichtung geworden. Diejenigen, die nach Belieben in den Arbeitsmarkt ein- und austreten können, sind die Gewinner in der Verteilung der gesellschaftlichen Chancen und Risiken.

Die wachsende Relevanz des Zugangs zum Arbeitsmarkt ist weitgehend auf die Art der Beziehungen zwischen Staat und Markt zurückzuführen, die für den demokratischen Kapitalismus im späten 20. und frühen 21. Jahrhundert charakteristisch ist. Die globale wirtschaftliche Integration hat die Wettbewerbsfähigkeit in der Weltwirtschaft und weniger das Wachstum oder die Aufrechterhaltung des Wettbewerbs auf dem heimischen

Markt zur Priorität der Wirtschaftspolitik gemacht (Kapitel 5). Die Aufrechterhaltung der globalen Wettbewerbsfähigkeit geht jedoch nicht mit einem Wachstum der Beschäftigung einher – die vorherrschende Formel seit den 1990er-Jahren ist vielmehr die des „arbeitslosen Wachstums" sowie der „arbeitslosen Erholung" von Wirtschaftskrisen. Die jüngste Ausbreitung von „atypischer" Beschäftigung (prekär und schlecht bezahlt) hat dieses Phänomen allerdings verschleiert. Das beschäftigungslose Wachstum vermindert den Druck zur Umverteilung des Reichtums deutlich, denn Wachstum wird nicht mehr als abhängig von Vollbeschäftigung und inländischem Konsum gesehen, sondern davon, dass Unternehmen erfolgreich in der globalen Wirtschaft konkurrieren und Einnahmen aus den globalen Märkten erzielen.

Seit dem späten 20. Jahrhundert wurden die Maßnahmen zur Umverteilung von Reichtum reduziert (angeblich, weil den Staaten die finanziellen Mittel fehlten). Die neue Stratifikationsdynamik konzentriert sich nun auf den Zugang zu Verdienstmöglichkeiten. Während also Freizeit zu einem wichtigen Bestandteil der Definition eines wertvollen Lebens geworden ist, wird die Fähigkeit, Zugang zum Arbeitsmarkt zu haben, zu einem mächtigen Faktor bei der Verteilung von Lebenschancen. Wie Peter Fleming bemerkt, „ist für diejenigen von uns, die nicht Teil der globalen Elite oder der transnationalen kriminellen Klasse sind, bezahlte Arbeit die einzige Möglichkeit, zu Geld zu kommen" (2017, 30). Folglich ist die institutionalisierte Verteilung des Zugangs zum Arbeitsmarkt zum Hauptschauplatz des sozialen Konflikts geworden. Vor allem in den südeuropäischen Ländern ist die Langzeitarbeitslosigkeit unter Jugendlichen zu einer Hauptquelle sozialer Unzufriedenheit geworden, wie das Beispiel der Indignados in Spanien zeigt, die ihr Recht auf ein menschenwürdiges Leben sozusagen als Recht auf Kommodifizierung einforderten.

155

In diesem neuen Kontext ist Beschäftigung nicht mehr ein Element der *Wirtschafts*politik wie in der Wachstums- und Beschäftigungsformel des Wohlfahrtskapitalismus. Beschäftigung ist vielmehr ein Gut, das verteilt werden muss – ein Element der *Sozial*politik. Viele europäische Staaten versuchten während der globalen Finanzkrise, durch Zahlungen an Arbeitgeber den Erhalt von Arbeitsplätzen zu subventionieren, die sonst abgebaut worden wären. Solche Maßnahmen dienten nicht so sehr der Wiederbelebung des Wachstums (und wurden oft dafür kritisiert, dass sie eine Rückkehr zum Wachstum verhinderten), sondern sollten Arbeitslosigkeit als Quelle sozialen Elends verhindern.

Die in den letzten Jahren zunehmende Forschung zu den „Gewinnern" und „Verlierern" der Globalisierung in den fortgeschrittenen Industriegesellschaften bietet Belege für die mehr und mehr stratifizierte Verteilung der Chancen und Risiken, die mit dem Zugang zum Arbeitsmarkt und der jeweiligen Positionierung innerhalb dieses Marktes verbunden sind. Die beiden Gruppen werden häufig im Hinblick auf die wachsende Einkommenskluft zwischen gering und hoch qualifizierten Arbeitnehmern in den von der Globalisierung betroffenen Branchen dargestellt (Geishecker und Gorg 2007; Kapstein 2000). Angesichts der oben formulierten zentralen Antinomie des Kapitalismus hinsichtlich der Verteilung des Dekommodifizierungspotenzials und des Kommodifizierungsdrucks erfolgt die soziale Schichtung jedoch nicht nur in Bezug auf den Zugang zum Arbeitsmarkt, sondern auch in Bezug auf die Fähigkeit zum Ausstieg. Diese besondere Art der Arbeitsmarktmobilität entscheidet darüber, ob sich die Risiken der Globalisierung in Chancen für mehr Wohlstand und Autonomie (für die Kontrolle des eigenen Lebensweges) oder in Gefahren niederschlagen. Sie wird auch mit einem erfolgreichen Lebensstil assoziiert, einem mit maximaler Kapazität für persönliche Entscheidungen und der Verfügbarkeit von Ressourcen.

Damit kommen wir zum zweiten strukturellen Widerspruch des zeitgenössischen Kapitalismus. Einerseits hat die Ausdünnung des sozialen Sicherheitsnetzes infolge der Sparpolitik, die lange vor der Finanzkrise von 2008 betrieben wurde, die Notwendigkeit einer Beschäftigung erhöht, weil die Einnahmequellen, die im Wohlfahrtskapitalismus verfügbar waren, nicht mehr vorhanden sind. Auf der anderen Seite produziert die Wirtschaft nicht genügend gute Arbeitsplätze. Das hat drei Gründe. Erstens vernichtet die Automatisierung mehr Arbeitsplätze, als sie schafft, und beginnt, nicht nur mechanische Arbeiterjobs zu ersetzen, sondern auch gute, stabile Arbeitsplätze, die in Hochlohnländern die Grundlage für den Wohlstand der Mittelschicht waren (Baldwin 2019). Zweitens konzentriert sich die öffentliche Hand in den westlichen Demokratien auf das Erreichen der Wettbewerbsfähigkeit in der globalen Wirtschaft, und der Wettbewerb mit kapitalistischen Diktaturen wie China drückt auf die Entlohnung, die Beschäftigungsstabilität und die Verfügbarkeit von Arbeitsplätzen. Drittens setzen demokratische Staaten als Hauptstrategie zur Schaffung von Arbeitsplätzen zunehmend auf das Sponsoring von wirtschaftlichen „Champions" (Firmen wie Airbus, Samsung und Michelin). Diese Unternehmen ernten damit die finanziellen Vorteile des Zugangs zu globalen Märkten. Ihre Produktionsketten (und damit auch ihre Beschäftigungsnetzwerke) umspannen jedoch die globale Wirtschaft. Die Arbeitsplätze, die sie im Inland schaffen, sind vernachlässigbar im Vergleich zu denen im Ausland.

Mit einem dünner werdenden sozialen Sicherheitsnetz ist der Lebensunterhalt zunehmend von der Erwerbsarbeit abhängig, doch die heimische Wirtschaft ist immer weniger in der Lage, diese zu bieten. Dieser Trend ist global und die wirtschaftliche Erholung des Jahrzehnts nach der Krise hat ihn nicht umgekehrt. Dem Generaldirektor der ILO zufolge sind trotz der Stabilisierung der weltweiten Arbeitslosenquote im Jahr 2017 Defizite bei angemessener Arbeit nach wie vor weit verbreitet: „Die Weltwirtschaft schafft immer noch nicht genug Arbeitsplätze" (ILO 2018b). Diese vertiefte Abhängigkeit vom Erhalt eines Jobs innerhalb einer politischen Ökonomie, die nicht genug davon produziert, ist der zweite Widerspruch des Prekaritätskapitalismus. Nennen wir ihn „akute Job-Abhängigkeit". Sie ergänzt den ersten Widerspruch, die „überschüssige Beschäftigungsfähigkeit" – die Spannung zwischen der wachsenden Dekommodifizierungsfähigkeit und dem erhöhten Kommodifizierungsdruck in den westlichen Gesellschaften.

Die Kombination der beiden Antinomien führte dazu, dass die Kommodifizierungsdynamik Bereiche des Lebens durchdringt, die zuvor von der produktivistischen Logik des Kapitalismus unberührt waren. Die „Uberisierung" der Wirtschaft ist ein Zeugnis dafür: Unternehmen wie Uber und Airbnb wurden ursprünglich als Einkommensquellen gegründet, die eine Beschäftigung zu den eigenen Bedingungen ermöglichen. Unter dem Druck der Kommodifizierung innerhalb einer Wirtschaft, die keine verlässlichen Arbeitsplätze mehr schafft, wurden diese zusätzlichen Aktivitäten, für die man persönliches Eigentum (ein Auto, ein Haus) nutzt, zu einer Hauptquelle des Lebensunterhalts. Unproduktive Zeiten und Räume haben sich in Einkommensquellen verwandelt, für viele Menschen exklusiv – und höchst prekär.

Die Prekarität der Beschäftigung betrifft heute auch hoch qualifizierte und gut ausgebildete Arbeitnehmer, deren Verträge zunehmend „atypisch" sind und deren Arbeitslosengeld schrumpft. Das bedeutet, dass nicht nur Arbeitslose, sondern auch Beschäftigte und sogar die so beneideten Insider des Arbeitsmarktes ständig auf der Suche nach einem Job sind. Alle sind gefangen in einem sich verschärfenden Wettbewerb um immer weniger Arbeitsplätze, wobei die Freizeit (ein zunehmend geschätztes Gut) damit verbracht wird, Fähigkeiten aufzubauen, um einen Job zu finden, beschäftigt – und beschäftigungsfähig – zu bleiben. Vom Trinken eines Smoothies bis hin zur Projektion des richtigen Images in den sozialen Medien dient alles dem Zweck, marktfähig zu sein. So kommt zum normalen Druck einer sicheren bezahlten Beschäftigung eine weitere Ebene des Kommodifizierungsdrucks hinzu.

Die Strategien zur Bewältigung der Rezession nach der Finanzkrise haben die Situation noch verschlimmert: Die Krise wurde nicht bewältigt, sondern in einen Zustand normalisiert, den ich als „Krise der Krise" beschrieben habe. Auch wenn die Wirtschafts- und Finanzkrise überwunden ist, bleibt das soziale Unbehagen in einer Art „chronischer Entzündung" bestehen. Die greifbarsten Symptome dafür sind die Langzeitarbeitslosigkeit junger Menschen und die Ausbreitung prekärer und schlecht bezahlter Beschäftigung auch bei sinkenden Arbeitslosenquoten. In den USA und Europa wird Arbeitslosigkeit durch „Unterbeschäftigung" ersetzt, bei der Arbeitnehmer entweder in schlecht bezahlten Teilzeitjobs arbeiten und nicht genug Geld verdienen, um ihre Bedürfnisse zu befriedigen, oder bei Vollbeschäftigung mit Lohneinbußen zu kämpfen haben (Bell und Blanchflower 2018; Mascherini 2017). Während die Arbeitslosigkeit in Großbritannien im Frühjahr 2018 auf ein Vierzig-Jahres-Tief gesunken ist, blieb dort die Zahl der Null-Stunden-Verträge unverändert: Dabei sind Arbeitgeber nicht verpflichtet, eine Mindestarbeitszeit anzubieten, und Arbeitnehmer müssen nicht jede angebotene Arbeit annehmen (Jackson 2018). Solche Verträge wurden in Europa und Nordamerika als Notlösung eingeführt, als letzte Alternative zur Arbeitslosigkeit. Offensichtlich sind sie jetzt ein fester Bestandteil der neuen Normalität nach der Krise.

Die soziale Frage unserer Zeit

In der Blütezeit des liberalen Kapitalismus des 19. Jahrhunderts und des Wohlfahrtskapitalismus nach dem Zweiten Weltkrieg stand die soziale Frage im Zeichen

der Armut der Lohnarbeit. Diese Art von Ungerechtigkeit liegt ganz in der Logik der Herrschaftsverhältnisse:
der Herrschaft einer Gruppe über andere durch die ungleiche Verteilung von Ressourcen (in diesem Fall von
Einkommen). Soziale Gerechtigkeit wurde daher durch
Maßnahmen zur Substitution von Einkommen (Umverteilung), Verbesserung der Arbeitsbedingungen und Stabilisierung des Arbeitsvertrags zur Gewährleistung eines
sicheren Einkommens angestrebt. Der Wohlfahrtsstaat
begegnete der systemischen Ungerechtigkeit, die durch
den Druck der kompetitiven Profitproduktion verursacht wurde, zudem durch Dekommodifizierungsmaß-
nahmen wie der Begrenzung der Arbeitszeit, der Gewäh-
rung von bezahltem Urlaub und der Bereitstellung einer
Arbeitslosenversicherung.

Im Prekaritätskapitalismus hat sich das Bild der sozialen Ungerechtigkeit jedoch gewandelt. Infolge der
veränderten Stratifizierungslogik des Kapitalismus wird
soziale Ungerechtigkeit nicht mehr nur in Bezug auf
Lohnhöhe und Arbeitsbedingungen erfahren, sondern
auch in Bezug auf die zunehmend ungleiche Verteilung
der ökonomischen Chancen und Risiken, die mit dem
Ein- und Ausstieg in den Arbeitsmarkt im Kontext der
globalen wirtschaftlichen Integration verbunden sind.
Beschäftigungsflexibilität war bereits ein Hauptkriteri-
um des neoliberalen Kapitalismus. Der Unterschied zwischen *freiwilliger* und *unfreiwilliger* Flexibilität (befristete oder Teilzeitbeschäftigung) wurde zu einem wichtigen
sozialen Unterscheidungsmerkmal und hängt mit der
Art der beruflichen Kompetenz zusammen. Freiwillige
Flexibilität ist sowohl durch ein höheres Einkommensniveau als auch durch vielfältigere Einkommensquellen
gekennzeichnet, was an sich schon eine Form der Einkommenssicherheit ist, die die Dekommodifizierung er-
leichtert. Das Gegenteil gilt für unfreiwillige befristete
Beschäftigung, die am häufigsten gering qualifizierte Arbeitnehmer in Sektoren betrifft, die dem internationalen

Wettbewerb ausgesetzt sind. Die unfreiwillige Jobflexibilität verbindet niedrige und unsichere Einkommen.

Die Verteilung von Lebenschancen hängt zunehmend von der *persönlichen Kontrolle* über den Eintritt in den Arbeitsmarkt und den Austritt daraus ab. Diese Möglichkeit oder ihr Fehlen unterscheidet die freiwillige Jobflexibilität (eine Chance), die weder den Zugang zu Einkommensquellen noch die Verfügbarkeit von freier Zeit gefährdet, von der unfreiwilligen Flexibilität (eine Gefahr). Letztere ist eine ernsthafte Bedrohung für die Einkommenssicherheit und auch für die persönliche Freiheit: Die Suche nach einer Beschäftigung verringert die verfügbare Zeit und ist damit eine Form der Kommodifizierung. Die hochgradig stratifizierte Verteilung von sozialen Risiken und Chancen durch die Fähigkeit, aus dem Arbeitsmarkt aus- und in den Arbeitsmarkt einzutreten, ist zur wahren sozialen Frage unserer Zeit geworden. Die Rahmenbedingungen dafür Frage entstanden in der Zeit des neoliberalen Kapitalismus, in den letzten beiden Jahrzehnten des 20. Jahrhunderts, als Informationstechnologie und politische Veränderungen in Richtung Deregulierung der Arbeitsmärkte die Bedingungen für die Flexibilität der Beschäftigung schufen. Im Prekaritätskapitalismus mit seinem neu verschärften Wettbewerb, der selbst ein Ergebnis des politischen Ziels der nationalen Wettbewerbsfähigkeit in der globalen Wirtschaft ist, hat sich geändert, dass nur eine winzige Minderheit der Arbeitnehmer von einer freiwilligen Beschäftigungsflexibilität profitieren kann. Dies führte zu einer Verallgemeinerung der Prekarität über den Bereich unsicherer, nichtssagender und schlecht bezahlter Arbeitsplätze hinaus – über jene Gruppen hinaus, denen es an materiellem Wohlstand mangelt und die unter sozialer Ausgrenzung leiden (in der gängigen Verwendung des Begriffs „Prekarität").[5]

Bereits 2011 sagte Guy Standing das Entstehen einer wachsenden Gruppe von Menschen voraus, deren Leben durch ihre unsichere Beschäftigung bestimmt wird (Standing 2011). Diese Unsicherheit betrifft sogar die Insider des Arbeitsmarktes und hat sich auf alle Berufe ausgebreitet. Alissa Quart (2018) beschäftigte sich intensiv mit dem „mittleren Prekariat", einer Berufsgruppe, die Professoren, Krankenschwestern, Verwaltungsangestellte im mittleren Management, Pflegekräfte und Anwälte umfasst – sie alle müssen mit dem Leben in der „always on"-Ökonomie zurechtkommen. Peter Fleming stellte eine ähnliche Diagnose für jene Berufsgruppe, die in schrecklichen Jobs gefangen ist, oft betroffen von Stress und psychischen Krankheiten. „Wenn der Homo oeconomicus heute vom Geld besessen ist", schreibt er, „dann nur im negativen Sinne, nämlich nachts wach zu liegen und sich um das Schulgeld des Kindes zu sorgen und Ähnliches." (Fleming 2017, 8) Die Destabilisierung der Existenzgrundlagen und der erhöhte Wettbewerbsdruck auf fast alle gingen der Finanzkrise von 2008 voraus, und die Situation hat sich mit der Erholung nach der Krise nicht verbessert. An diesem Punkt ist das Prekariat zu den 99 Prozent geworden. Unser Zeitalter ist nicht das einer prekären Klasse, sondern das einer vielfältigen prekären Menge.

Aus dieser Diagnose der sozialen Frage ergeben sich relevante Unrechtserfahrungen (also sozial bedingtes Leiden) in drei Punkten. Erstens: Mit der Unfähigkeit der Volkswirtschaften, Vollbeschäftigung zu gewährleisten, wurde der sichere Arbeitsvertrag – einst ein Instrument zur Sicherung sozialer Rechte – zu einer Quelle sozialer Ausgrenzung: Er lässt große Gruppen ohne Chance, in den Arbeitsmarkt einzutreten.

Zweitens: Der verschärfte Wettbewerb der letzten zwei Jahrzehnte hat den Kommodifizierungsdruck auf die Insider des Arbeitsmarktes – die Inhaber von sicheren und gut bezahlten Arbeitsplätzen – erhöht. Die Arbeitnehmer in den westlichen Gesellschaften machten eine Reihe von Zugeständnissen an das *Ein-*

kommensniveau (zum Beispiel Lohnstopps) und akzeptieren im Hinblick auf die *Beschäftigungssicherheit* längere Arbeitszeiten sowie ein längeres Arbeitsleben (Hinausschieben des Rentenalters). Somit wurden die Insider des Arbeitsmarktes von der relativen Verarmung (über sinkende Einkommen) getroffen und für diese Gruppe hat auch der arbeitsbedingte Stress zugenommen. Er betrifft etwa 20 Prozent der Arbeitnehmer in den 27 EU-Mitgliedstaaten und stellt eine der größten Herausforderungen für Gesundheit und Sicherheit dar (ERO 2008; ETUI 2018).[6] Die Zahl der Selbstmorde, die auf arbeitsbedingten Stress zurückgeführt werden, ist schon lange vor der Finanzkrise gestiegen; die Gewerkschaften warnen, dass die Ursache dafür in der übermäßigen Isolation der Arbeitnehmer aufgrund von hoher Arbeitsbelastung und hartem Wettbewerb liegt (Ughetto 2008).[7]

Studien deuten darauf hin, dass die subjektiv empfundene Arbeitsplatzunsicherheit bei hoch gebildeten und gut bezahlten Personen erheblich zugenommen hat, was sie dazu veranlasst, länger zu arbeiten, als sie es gerne würden (Kuhn und Lozano 2005). Daten aus dem European Social Survey zeigen, dass qualifizierte Fachkräfte aufgrund des Drucks durch aufreibende Jobs am stärksten von Work-Life-Konflikten betroffen sind (McGinnity und Calvert 2009). Der erhöhte Kommodifizierungsdruck, insbesondere in Form von Überstunden, ist für Fachkräfte in jenen Sektoren besonders belastend, die der Globalisierung ausgesetzt sind – ungeachtet der vorübergehenden Reduzierung von Arbeitszeit und Löhnen, die als Maßnahmen zur Rettung von Arbeitsplätzen in Reaktion auf die globale Finanzkrise 2008 und die daraus resultierende wirtschaftliche Rezession eingeführt wurden. Die Wahrnehmung wirtschaftlicher Unsicherheit wirkt als Abschreckung gegen einen freiwilligen Ausstieg aus dem Arbeitsmarkt, selbst wenn man sich einen solchen sehr wünscht.

Der Verbleib in der Vollbeschäftigung wird zu einer Art Sozialversicherung. Eine 2015 durchgeführte Umfrage unter US-Personen mit einem Nettovermögen von mehr als einer Million Dollar ergab, dass 87 Prozent der Befragten zwar lieber aus der Tretmühle aussteigen würden, um anderen Beschäftigungen nachzugehen, aber aus der „allgegenwärtigen Angst, alles zu verlieren" (UBS 2015, 2) bei der Arbeit bleiben.[8] Dieselbe Studie berichtet, dass sich drei von vier Millionären in den USA eher als Teil der 99 Prozent denn als Teil des einen Prozents betrachten und besorgt darüber sind, dass die Aufwärtsmobilität abnimmt, was sich in der persönlichen Sorge um die Zukunft ihrer Enkelkinder ausdrückt. Das hätte Marx und Keynes gleichermaßen verwirrt.

Drittens: Es gibt eine Gruppe am Rande des Arbeitsmarktes, die Erfahrungen mit sozial bedingter Ungerechtigkeit macht: Arbeiter, die auf unfreiwilliger Basis befristet beschäftigt sind, insbesondere in Sektoren, die der Globalisierung ausgesetzt sind. Die Beschäftigung von ungelernten Arbeitern in diesen Bereichen ist durch prekäre und schlecht bezahlte Jobs gekennzeichnet. Die allgemeine, strukturelle, sozial bedingte Ungerechtigkeit (im Zusammenhang mit den oben dargestellten zentralen Antinomien des zeitgenössischen Kapitalismus) hat sich demnach auf drei große Gruppen ausgeweitet: Arbeitsmarkt-Insider, Arbeitsmarkt-Outsider und Menschen, die am Rande des Arbeitsmarktes funktionieren. Die Prekarisierung der Gesellschaft ist umfassend.

Um die bisherige Argumentation zusammenzufassen: Spätestens seit der Jahrhundertwende leben wir in einer politischen Ökonomie, die durch drei Besonderheiten gekennzeichnet ist. Erstens produziert die Wirtschaft nicht genügend Arbeitsplätze: Von der Zeit vor dem wirtschaftlichen Zusammenbruch 2008 bis zu einem Jahrzehnt danach erlebten die westlichen Gesellschaften aufgrund der Automatisierung von Arbeit und der Auslagerung von Arbeitsplätzen in Gebiete mit billigeren Arbeitskräften ein arbeitsloses Wachstum. Zweitens hat die Liberalisierung des Arbeitsmarktes die Sicherheit von Arbeitsplätzen gemindert – die sogenannte Uberisierung von Arbeitsplätzen. Somit ist Beschäftigung, selbst wenn sie vorhanden ist, keine verlässliche Quelle für den Lebensunterhalt mehr. Diese relativ neue Entwicklung steigerte die wirtschaftliche Unsicherheit auf ein bisher noch nie erreichtes Niveau und betrifft fast alle Sektoren der Wirtschaft, quer durch die Kluft zwischen Kapital und Arbeit. Die Situation wird durch ein drittes Merkmal verschlimmert: Die öffentliche Hand hat die Sozialausgaben gekürzt und das soziale Sicherheitsnetz ausgedünnt, eine Praxis, die schon vor der Finanzkrise bestand, sich aber danach unter dem Druck, die Staatshaushalte auszugleichen, noch verstärkt hat. Insgesamt führte dies zu einer noch nie da gewesenen wirtschaftlichen Unsicherheit. Die soziale Frage unserer Zeit ist nicht die wachsende Ungleichheit – es ist die Vermassung der Prekarität.

Das werdende Bündnis gegen den Kapitalismus

Auf der Suche nach einem Subjekt, das sich den globalen postnationalen Machtsystemen zu widersetzen vermag und auch zu kreativer politischer Selbstbestimmung fähig ist, haben Antonio Negri und Michael Hardt Spinozas Begriff der „Multitudo" [Vielheit] übernommen. Diese hat im Gegensatz zu anderen Arten kollektiver Subjekte, wie dem Volk, den Massen und der Arbeiterklasse, keine innere Kohärenz und keine klaren Grenzen. Sie ist ein komplexes Subjekt, „das sich potenziell aus all den verschiedenen Figuren der sozialen Produktion zusammensetzt" (Hardt und Negri 2004, 2). Mein theoretischer Rahmen, der sich auf zentrale Antinomien des zeitgenössischen Kapitalismus und drei Wege der Herrschaft – relational, systemisch und strukturell – konzentriert, erlaubt es, die Vielheit als Akteurin radikaler sozialer Veränderung und mögliche Wege der Emanzipation greifbar zu machen.

Die strukturellen Widersprüche des zeitgenössischen Kapitalismus entstehen in der Spannung zwischen zwei gegensätzlichen Tendenzen. Auf der einen Seite steht das beispiellose emanzipatorische Potenzial der neuen Ökonomie der offenen Grenzen und der Informationstechnologie sowie das in der ganzen Gesellschaft verbreitete Bewusstsein, dass ein Ausstieg aus der Tretmühle möglich und wünschenswert ist. Auf der anderen Seite hat der Druck zugenommen, erwerbstätig und beschäftigungsfähig zu bleiben. Die Erfahrungen von Ungerechtigkeit variieren je nach Einkommensniveau und Art der Beschäftigung, gemeinsamer Nenner ist das akute, weit verbreitete Gefühl von Unsicherheit, von Prekarität in Bezug auf den eigenen Lebensunterhalt. Um die sich abzeichnende Vielzahl von Kräften zu erkennen, überprüfen wir die für den gegenwärtigen Kapitalismus typischen Formen sozialer Ungerechtigkeit entlang der drei Arten von Herrschaft, die diese Analyse bisher geleitet haben.

In einer global vernetzten „Welt der überlappenden Schicksalsgemeinschaften", um David Helds glückliche Formulierung zu entlehnen (2016, 5, 10), ist die Verteilung der Lebenschancen stark stratifiziert. Diese Schichtung folgt nicht nur den bekannten Bruchlinien von Zentrum versus Peripherie, Kapital versus Arbeit, qualifizierter versus ungelernte Arbeit. Ungerechtigkeit entsteht auf drei Wegen:

1. Relationale Formen von Herrschaft und Ungerechtigkeit. Die relationale Dimension von Herrschaft wurzelt in der ungleichen Verteilung von Macht in der Gesellschaft durch die besondere Verteilung von materiellen und ideellen Ressourcen wie Reichtum oder sozialer Anerkennung. In der gegenwärtigen Form des Kapitalismus ist die Ungleichheit des Reichtums gewachsen, während der relative Erfolg des Kampfes um die Bürgerrechte zu einer weniger ungleichen Verteilung von Anerkennung geführt hat.

Charakteristisch für den Prekaritätskapitalismus ist die akute Zunahme der asymmetrischen Verteilung von ökonomischen Risiken. Dies ist vor allem darauf zurückzuführen, dass die öffentliche Hand im Interesse der Verbesserung der nationalen Wettbewerbsfähigkeit auf dem Weltmarkt begonnen hat, die Chancen zur Schaffung von Reichtum bestimmten wirtschaftlichen Akteuren aktiv zuzuweisen und die Risiken auf andere Akteure und die Gesellschaft insgesamt zu übertragen (Kapitel 4).

Die stratifizierte Verteilung von Lebenschancen ist heute hauptsächlich eine Frage des ungleichen Zugangs zum Arbeitsmarkt sowie der Fähigkeit zum freiwilligen Ausstieg aus diesem, wenn die politische Ökonomie nicht die benötigten Arbeitsplätze produziert. Diese Cluster von relationalen Formen der Ungerechtigkeit schaffen ihre jeweiligen sozialen Konflikte und „Klassenfeinde": das eine Prozent der Superreichen gegen die restlichen 99 Prozent; die kulturellen Minderheiten, die an Status gewinnen (Frauen, Afroamerikaner, LGBTQ-Gruppen), gegen diejenigen, die Privilegien verlieren (weiße männliche Arbeiter); die Arbeiterklassen der westlichen Gesellschaften gegen die in Asien oder die in Westeuropa gegen die in Mittel- und Osteuropa, da sich die Beschäftigung unter den Bedingungen des Freihandels und der technologischen Innovation auf der Suche nach billigerer Arbeit nach Osten verlagert. Wichtig ist, dass sich innerhalb der westlichen Gesellschaften in bestimmten Branchen und Unternehmen ein neues Bündnis zwischen Kapital und Arbeit bildet. Hier besteht der Konflikt zwischen jenen Unternehmen, die von der neuen Wirtschaft profitieren, und jenen, die verlieren.

2. Systemische Formen von Herrschaft und Ungerechtigkeit. Diese beruhen auf der konstitutiven Dynamik des gesellschaftlichen Systems, nämlich dem kompetitiven Profitstreben. Hier geht es nicht darum, wie Lebenschancen verteilt werden, sondern was als Lebenschance, als Form des gelingenden Lebens und als vollendetes

Selbst gewertet wird. Das am ausführlichsten erforschte Opfer systemischer Herrschaft ist die natürliche Umwelt, da die extraktive und verschmutzende Dynamik des Kapitalismus der Natur schadet.

Allerdings haben sich in letzter Zeit Formen der Ungerechtigkeit vermehrt, die in systemischer Herrschaft wurzeln. Ein Merkmal des zeitgenössischen (Prekaritäts-)Kapitalismus ist nicht einfach die *Intensivierung* des Kommodifizierungsdrucks unter den Bedingungen integrierter Volkswirtschaften. Charakteristisch ist vielmehr, dass der Druck, der früher fast ausschließlich Arbeiter betraf, nun die gesamte Gesellschaft umfasst und alle Lebensbereiche durchdringt. Die Zwänge sind *verallgemeinert*. Durch die massive Prekarität der Beschäftigung betreffen sie jetzt sogar hoch qualifizierte und gut bezahlte Fachkräfte, einschließlich Eigentümer und Manager des Kapitals.

Die globale Dynamik der kompetitiven Produktion von Profit erzeugt eine Vielzahl von Erfahrungen wirtschaftlichen und psychosozialen Leids: von der Verstrickung in Armut (anstatt nur im Verhältnis zu anderen ärmer zu sein) bis hin zur Angst vor dem drohenden Verlust der Lebensgrundlage, hohem arbeitsbedingtem Stress und einer gestörten Work-Life-Balance. Hier ist auch der Schaden zu berücksichtigen, den der globale Wettbewerb dem politischen System der westlichen Gesellschaften zufügt. Da diese mit dem hocheffizienten autokratischen Kapitalismus von Ländern wie China, der Türkei und Russland um Arbeitsplätze, Profite und Märkte konkurrieren, imitieren sie jenes Merkmal des autokratischen Kapitalismus, das ihn wettbewerbsfähiger macht: technokratische Herrschaft, die dem Profitstreben verpflichtet ist, ohne Rücksicht auf Schäden für Gesellschaft, Natur und Menschen.

3. Strukturbedingte Formen der Ungerechtigkeit (strukturelle Herrschaft). Diese werden durch die besonderen gesellschaftlichen Institutionen erzeugt, die kompetitive Profitproduktion fördern und ermöglichen – wie etwa der technokratische Apparat, der Eigentum und Verwaltung des Kapitals in China kontrolliert, oder die Spielarten des Privateigentums und der Verwaltung der Produktionsmittel (auch in börsennotierten Unternehmen) in kapitalistischen Demokratien.

Im gegenwärtigen Kontext sind die großen Gewinner jene, die eine Art von Rente wie ein natürliches Monopol kontrollieren können und sich so dem Druck der Konkurrenz entziehen. Die „Klassenfeinde" sind dabei eine transnationale kapitalistische Elite, die einige wenige Großunternehmen kontrolliert, gegenüber einer gespaltenen Arbeiterklasse und kleinen Unternehmen, die den Unwägbarkeiten des verschärften Wettbewerbs ausgesetzt sind. In den USA führt die Struktur der Wahlkampffinanzierung zu einem Eindringen des systemischen Imperativs der kompetitiven Produktion von Profit in das politische System.

Zwei Besonderheiten des sozialen Protests verhindern derzeit das Entstehen einer Dynamik des Wandels durch eine breite Mobilisierung der sozialen Kräfte gegen die schädlichsten Auswirkungen des Kapitalismus. Die erste ist, dass sich die sozialen Konfliktlinien zu einem Netzwerk von Antagonismen ausgeweitet haben: die westliche Arbeiterklasse gegen die globale Arbeiterklasse; Arme gegen Reiche; Besitzer wettbewerbsfähiger Industrien gegen jene nicht wettbewerbsfähiger; Inhaber fester Arbeitsverträge gegen ewige Arbeitssuchende. Dieser *vernetzte Antagonismus* blockiert die Entstehung eines eigenständigen revolutionären Subjekts mit einer kohärenten Ideologie (Utopie), um die herum eine gegenkapitalistische Hegemonie aufkeimen könnte.

Das zweite Hindernis betrifft die Art, in der die Agenden der sozialen Gerechtigkeit und der Umweltgerechtigkeit politisiert wurden. Bis vor Kurzem wurde Erstere politisch in Begriffen relationaler Ungerechtigkeit problematisiert: Verarmung (Sorgen um die Lebenshaltungskosten), Ungleichheit und Ausgrenzung. Letztere wurde von sozialen Bewegungen als Frage der systemischen Ungerechtigkeit behandelt. Die Opposition richtete sich gegen das Profitstreben und den Nexus von Produktion und Konsum, für den der Kapitalismus auf die ungezügelte Ausbeutung natürlicher Ressourcen angewiesen ist. Politisch wurden solche Anliegen lange Zeit als „Lifestyle-Themen" betrachtet, während soziale Gerechtigkeit als dringlicheres „Brot-und-Butter-Thema" dargestellt wurde. Deshalb war es schwierig, eine breite Koalition für die Bekämpfung von Armut und Ungleichheit auf der einen und die Rettung der Umwelt auf der anderen Seite zu schmieden: Mit begrenzten nationalen Budgets gaben die Wähler den Brot-und-Butter-Anliegen Vorrang vor denen des Lebensstils.

Der Konflikt zwischen den beiden Agenden hat sich gewandelt. Es ist klar geworden, dass sich die globale Erwärmung beschleunigt (WMO 2019) und die Regierungen nicht das Erforderliche tun, um den Notstand zu beseitigen. Nur 16 der 197 Unterzeichner des internationalen Pariser Abkommens von 2016 für Maßnahmen gegen den Klimawandel haben nationale Klimaaktionspläne verabschiedet, die ehrgeizig genug sind, um ihre Zusagen zu erfüllen (CRICC 2018).[9] Dies hat die Art verändert, wie Klimagerechtigkeit politisiert wird. Die Jugendklimamärsche, die 2019 auf der ganzen Welt stattfanden, und die politischen Aktionen zur Unterstützung des Green New Deal in den Vereinigten Staaten definierten die Umwelt als „lebensnotwendiges" Thema neu und brachten sie mit der Verschärfung von Armut und einer allgemeinen Bedrohung des menschlichen Lebens in Verbindung. Dies erhöhte die politische Bedeutung der Umweltagenda. Die Positionierung auf der gleichen Ebene wie Fragen der wirtschaftlichen und sozialen Gerechtigkeit ermöglicht eine Angleichung zwischen den beiden Agenden, was Anlass zu Hoffnung gibt.

Doch was auch immer an rhetorischen Bekenntnissen zum Streben nach Wohlstand für alle sowie zur radikalen Eindämmung des Klimawandels auftauchen mag: Der Konflikt zwischen der Agenda der wirtschaftlichen Gerechtigkeit und derjenigen der Umweltgerechtigkeit kann im aktuellen wirtschaftlichen Kontext begrenzter öffentlicher Mittel nicht gelöst werden, da sowohl Investitionen in neue Technologien als auch die Erhöhung des Lebensstandards kostspielige politische Ziele sind.

Um diesen Konflikt zu überwinden und politisches Handeln zu ermöglichen, müssen Umweltbelange und Fragen der Armutsbekämpfung durch einen gemeinsamen Nenner verbunden werden. Ein übergreifendes Anliegen, eine „Kette der Äquivalenz" (Laclau und Mouffe 1985), muss entstehen, die die vielfältigen Kämpfe um Emanzipation zu einem gemeinsamen Willen verbindet, der auf die Schaffung dessen abzielt, was Antonio Gramsci „expansive Hegemonie" nannte. Um dies zu erreichen, schlugen Mouffe und Laclau vor, das sozialistische Projekt als „Radikalisierung der Demokratie" neu zu formulieren – das heißt, die Energien des sozialen Protests in den Aufbau einer radikalen und pluralen Demokratie zu lenken. Mouffe (2018) hat diesen Vorschlag bekräftigt, da die populistischen Aufstände des frühen 21. Jahrhunderts die Krise der neoliberalen hegemonialen Ordnung auslösten.

Die Idee der radikalen Demokratie fängt den aktuellen Zeitgeist der progressiven politischen Mobilisierung und der akademischen Wissenschaft gut ein, und sie kann rhetorisch als dringend benötigter Weckruf dienen. Ich bin jedoch skeptisch, dass mehr Demokratie die Logik der Äquivalenz liefern kann, die in der gegenwärtigen historischen Situation gebraucht wird. Denn die Mechanismen der demokratischen Entscheidungsfindung neigen, selbst wenn sie gut eingesetzt werden, naturgemäß zu einer Bevorzugung der kurzfristigen Erfordernisse der Gerechtigkeit (inklusives Wachstum) vor der für viele nicht greifbaren Realität der Umweltzerstörung. Denken wir an den Wohlfahrtskapitalismus, der die Vorstellungen von Grundbedürfnissen in die Höhe trieb, indem er einen relativ inklusiven Wohlstand sicherte und für Befriedigung der Bedürfnisse durch Massenkonsum sorgte. Das spiegelt sich in den allgegenwärtigen „demokratischen" Erwartungen an das wider, was als akzeptabler Lebensstandard gilt (nämlich zur Mittelklasse und zum Wohlstand zu gehören).

Notwendig wäre eine radikalere Logik der Gleichwertigkeit, die eine Vielheit gegen alle drei Kernprinzipien des Kapitalismus mobilisieren kann: Wettbewerb, Profit und Produktion. Eine solche Logik gibt es: Sie ist auf der Ebene der systemischen Ungerechtigkeit angesiedelt, wo die Gegner in den Kämpfen um relationale und strukturelle Herrschaft eine gemeinsame Front finden – in ihrer übergreifenden Unzufriedenheit mit den spürbaren Auswirkungen des Konkurrenzdrucks im Prekaritätskapitalismus. Eine solch breite Unzufriedenheit mit der konstitutiven Dynamik des Kapitalismus anstatt mit der von ihm erzeugten Ungleichheit und Exklusion (die Auslöser antikapitalistischer Mobilisierungen bis vor Kurzem) ist ohne Beispiel. Dadurch entsteht eine einzigartige historische Chance. Auf diesen Punkt sei noch einmal im Detail hingewiesen, auch auf die Gefahr der Wiederholung, denn er ist der Kern der Hauptthese dieses Buches: Die Bedingungen für die Überwindung des Kapitalismus sind jetzt reif, indem wir ihn von innen heraus unterlaufen.

Die Empörung der 99 gegen das eine Prozent scheint einen Protest gegen die Ungleichheit als Hauptform der Ungerechtigkeit unserer Zeit zum Ausdruck zu bringen. Die politische Rhetorik wie auch einige Aktionen über die Grenze zwischen Links und Rechts hinweg wandten sich pflichtbewusst den Ideen der Umverteilung zu. Die sich verändernde Natur des Kapitalismus lässt jedoch vermuten, dass diese jüngsten Aufrufe eine Sorge ausdrücken, die über Ungleichheit hinausgeht – die Sorge über eine neue Form sozialer Ungerechtigkeit, nämlich massive Prekarität, die fälschlicherweise mit den leicht verfügbaren, vertrauten Begriffen der Ungleichheit politisiert wird.

Danny Dorling (2015) trifft den Nagel auf den Kopf, wenn er feststellt, dass die Reichen seit der Großen Rezession im Jahr 2008 neue Wege gefunden haben, ihren Reichtum zu schützen, während alle anderen den Preis für die Austerität zu bezahlen hatten. In ähnlicher Weise stellt Anthony Atkinson (2015) fest, dass es nicht nur um die Reichen geht, die immer reicher werden, sondern dass sich die Wirtschaft schnell verändert und die Mehrheit der Menschen zurücklässt. Wird „Zurücklassen" als tatsächliche oder drohende ökonomische Prekarität und nicht als verminderte Konsumfähigkeit verstanden, ist dies in der Tat ein ernsthafter Grund, empört zu sein. Im Jahr 1859 bemerkte Marx, dass doch etwas faul sein müsse im Innersten eines Gesellschaftssystems, „das seinen Reichtum vermehrt, ohne sein Elend zu vermindern" (1859b). Eineinhalb Jahrhunderte später geht die spektakuläre Zunahme des Reichtums mit einer ebenso spektakulären Zunahme von Formen der Verelendung einher, die über die ökonomische Verarmung hinausreichen und die Vielheit der Menschen auf beiden Seiten der alten Klassengrenze heimsuchen.

Die Wurzeln der sozialen Ungerechtigkeit haben im aktuellen Kontext mit einer Art von politischer Ökonomie zu tun, die eine allgemeine wirtschaftliche Unsicherheit erzeugt, nicht nur Ungleichheit. Dieser Unsicherheit sind fast alle Beteiligten ausgesetzt – abgesehen von dem oberen einen Prozent, für das obszöner Reichtum eine Quelle wirtschaftlicher und sozialer Sicherheit ist. Die Art der Ungleichheit, die soziale Ungerechtigkeit erzeugt, ist also nicht so sehr Ungleichheit der Vermögens- und Einkommenshöhe, sondern Ungleichheit der *Vermögens- und Einkommenssicherheit,* die wiederum die Ungerechtigkeit der ungleich verteilten sozialen Risiken und Chancen verschärft.

Wenn wir keine fundamentale Sicherheit der Lebensgrundlage haben, verlieren wir die Kontrolle über unsere Existenz. Wirtschaftliche Unsicherheit ist politisch lähmend; sie lenkt alle Bemühungen darauf, Einkommensquellen zu finden und zu stabilisieren, und sie lässt weder Raum noch Energie für das Engagement in größeren Auseinandersetzungen um die Art von Leben, die wir führen wollen. „Wir sind die 99 Prozent" drückt nicht die Empörung über die Ungleichheit des Reichtums aus, wie es den Anschein hat. Es ist vielmehr eine Empörung über die Entmachtung. Es ist kein Schrei nach Umverteilung, sondern nach Wiedererlangung der Kontrolle. Es ist der Aufruf, ein System zu beenden, das davon lebt, den einfachen Menschen die Kontrolle zu entziehen. Die systemische Logik des Kapitalismus – die kompetitive Produktion von Profit – hat sich im Kontext der „neuen Wirtschaft" der offenen Grenzen und der technologischen Innovation, die typisch für das 21. Jahrhundert ist, stark verschärft, während die politischen Reaktionen auf diesen Druck eine massive wirtschaftliche und soziale Unsicherheit hervorbrachten, der die 99 Prozent auf vielfältige Weise ausgesetzt sind.

Dieses Verständnis der Natur der sozialen Unzufriedenheit und ihrer Quellen erlaubt es, hinter dem Dickicht der scheinbar disparaten Missstände und jenseits des vernetzten Antagonismus, der den globalen Kapitalismus durchdringt, eine Richtung des Wandels zu erkennen. Die sich ausbreitende Dynamik sozialer Prekarität, von der fast alle Menschen betroffen sind, stärkt die Bildung einer sehr breiten Allianz von Kräften, die den gemeinsamen Wunsch (und nicht nur ein latentes, unartikuliertes Interesse) haben, die wirtschaftlichen und politischen Parameter ihrer Gesellschaften signifikant zu verändern. Auch wenn die soziale Unzufriedenheit sich auf verschiedene Weise äußert, sind Gewinner und Verlierer der ungleichen Verteilung von Lebenschancen unzufrieden. Es geht nicht darum, wie die Lebenschancen verteilt werden, sondern darum, ob das, was als Lebenschance gilt, wirklich erstrebenswert oder auch nur akzeptabel ist. Und dass die erfolgreiche Teilnahme an der kompetitiven Produktion von Profit als Lebenschance definiert wird, beunruhigt die Vielheit. Deshalb ist die Möglichkeit einer radikalen, wenn nicht gar revolutionären Veränderung heute mehr denn je gegeben.

Jede Idee ist nur so stark wie die sozialen Kräfte, die hinter ihr stehen. Hinter der Idee, den schädlichen Konkurrenzdruck des Kapitalismus zu überwinden, sammelt sich eine starke soziale Kraft. Zu den diversen Verbündeten gehören die stolzen Rednecks in West Virginia, die IT-Ingenieure im Silicon Valley, die Unternehmensanwälte in der Londoner City und die Umweltaktivisten in Brüssel. Wir sind an einem Punkt in der Entwicklung des demokratischen Kapitalismus angelangt, an dem die Klagen, die von einer Vielzahl gesellschaftlicher Gruppen geäußert werden, mit der systemischen Logik des Kapitalismus zu tun haben – mit der Art und Weise, in der die kompetitive Produktion von Profit das Leben beeinflusst, und nicht nur mit der ungerechten Verteilung von Reichtum. Das eröffnet die Chance, auf eine radikale Transformation des Systems zu drängen, auch wenn es dem Kapitalismus allem Anschein nach sehr gut geht. Er mag bei guter Gesundheit sein, aber es braucht keine Krise, um tiefgreifende Veränderungen einzuleiten. Diese mögen nur in dem Maße undurchführbar erscheinen, wie sie von den Menschen am Steuer der Politik für undenkbar gehalten werden.

Das nächste Kapitel gibt einen Überblick über Ideen, die die Mehrheit der 99 Prozent über bereits vorhandene Kanäle – vom Protest über Wahlen bis hin zum Druck auf die öffentliche Meinung der Eliten – in die Politik einbringen könnte, um so den Kapitalismus ohne Krise, Revolution oder Utopie zu überwinden.

7. Die Lösung: Überwindung des Kapitalismus ohne Krise, Revolution oder Utopie

„Radikal sein ist die Sache an der Wurzel fassen."
Karl Marx, Zur Kritik der Hegelschen Rechts-Philosophie,
Einleitung

Die Mehrheit der jungen Erwachsenen in den Vereinigten Staaten lehnt sowohl den Kapitalismus als auch den Sozialismus ab, und junge Europäer würden sich laut Umfragen aus dem Jahr 2016 einem bevorstehenden Aufstand gegen den Status quo anschließen.[1] Die europäischen Länder wurden 2019 von Jugendlichen überrollt, die Woche für Woche ernsthaft und beharrlich dringende politische Maßnahmen zum Klimawandel forderten und das heutige Lebensmodell für schädlich erklärten. Die junge Generation in den westlichen liberalen Demokratien fordert eine radikale Alternative, und die Zeit ist tatsächlich reif dafür. Ungehemmt von alten ideologischen Wahrheiten, geben diese jungen Menschen einem übergreifenden Interesse an der Überwindung des bestehenden Systems eine Stimme. Wie sollten diese Impulse in politische Mobilisierung und politisches Handeln umgesetzt werden? Die Vergangenheit bietet keine Lösungen. Wie Nancy Fraser schreibt, „gibt es kein Zurück zu hierarchischen, ausgrenzenden, gemeinschaftlichen Auffassungen von sozialem Schutz, deren Unschuld für immer zerstört wurde, und das zu Recht. Von nun an gibt es keinen Schutz mehr ohne Emanzipation" (2013, 131). Wie würde der Weg der Emanzipation aussehen?

Entgegen den Prognosen, dass der zeitgenössische Kapitalismus unter seinem eigenen Gewicht zu zerbröckeln beginnt, glaube ich, dass in unseren Gesellschaften das Potenzial für die Befreiung vom Druck der kompetitiven

Produktion von Profit wächst – obwohl der Kapitalismus mit seinen ökonomischen und technologischen Herausforderungen gut zurechtzukommen scheint. Derzeit gibt es eine emanzipatorische politische Kraft, eine greifbare und konkrete Vielheit, die Institutionen der demokratischen Politik nutzen könnte, um ihre Unzufriedenheit in Politik umzusetzen. Dies würde eine entscheidende und doch allmähliche Metamorphose der sozialen Ordnung ermöglichen – vom italienischen Denker Antonio Gramsci als „passive Revolution" bezeichnet. In diesem Kapitel geht es um Politiken, die auf eine solche radikale Überwindung des Kapitalismus hinauslaufen – Politiken, die auf die Logik der kompetitiven Produktion von Profit zielen.

Die Formeln für emanzipatorisches politisches Handeln reichen vom Nützlichen bis zum moralisch Anspruchsvollen.

Viele der empfohlenen und versuchten politischen Lösungen für den Umgang mit der jüngsten Krise waren im Bereich des Zweckmäßigen angesiedelt – von Barack Obama 2009 als „praktische Lösungen des gesunden Menschenverstands für die Probleme, vor denen wir stehen" bezeichnet. Gerade weil es Lösungen mit gesundem Menschenverstand waren, handelt es sich um reaktive Krisenbewältigungsmaßnahmen: Sie bieten zwar Notlösungen für das kränkelnde System, haben die Krise jedoch unabsichtlich institutionalisiert und damit weitergeführt – eine Situation, die ich als „Krise der Krise" bezeichne. Trotz der Rückkehr des Wirtschaftswachstums lässt sich die Krise nicht bewältigen, weil ihre Ursachen zur neuen Normalität wurden.

Wenn also der Weg des Hausverstandes eine Sackgasse ist, wie steht es dann mit dem Weg der moralischen Ansprüche? Die Empörung gegen Ungleichheit, gegen gierige Banker und korrupte Politiker, die den öffentlichen Protest in den späten 2010er-Jahren entflammt hat, wird von einer solchen ethischen Sichtweise der Politik getrieben. Das hat den politischen Kampf für inklusiven Wohlstand als eine Frage wirtschaftlicher und sozialer Gerechtigkeit beflügelt. Wissenschaft und zivilgesellschaftlicher Aktivismus erinnern jedoch immer wieder daran, dass genau das „Wachsen des Kuchens" die Bedingungen für die fortgesetzte Existenz der Menschheit auf der Erde zerstört. Wohlstand für alle ist der Untergang für den Planeten.

Wenn weder das politisch Zweckmäßige noch das moralisch Ehrgeizige ausreichen, muss die Lösung dazwischen liegen: im Bereich eines „politisch Hoffnungsvollen". Hoffnung ist im Gegensatz zu Optimismus, wie der Dramatiker, Präsident und Dissident Václav Havel festgestellt hat, „nicht die Überzeugung, dass etwas gut ausgeht, sondern die Gewissheit, dass etwas Sinn hat, egal, wie es ausgeht. (Václav Havel [1986] 1991, 123). Was also ist sinnvoll in Bezug auf die Analyse des gegenwärtigen Kapitalismus und der sich abzeichnenden Bedingungen für seine Überwindung

Innerhalb der Logik der bisherigen Analyse, die eher vom Engagement für Emanzipation von unterdrückenden sozialen Dynamiken als von einem abstrakten „Telos von Freiheit oder Gleichheit" angetrieben wird, sollten politische Maßnahmen und soziale Praxis auf die drei Formen der Herrschaft abzielen, entlang derer soziale Ungerechtigkeit entsteht – die relationale Herrschaft, die strukturelle Herrschaft und die systemische Herrschaft (siehe Kapitel 2 und 5).

In der *relationalen Herrschaft* kann die ungleiche Verteilung von Macht zwischen Gruppen die Unterdrückung einer Gruppe durch eine andere zur Folge haben, was zu sozialem Leid wie Ungleichheit und Armut führt. Diese Zustände sind nicht deshalb ungerecht, weil Gleichheit und Wohlstand moralisch erwünscht wären. Ungleichheit von Vermögen und Einkommen sind ein lang bestehendes Merkmal kapitalistischer Gesellschaften, ohne besondere Unzufriedenheit hervorzurufen. Dies lässt darauf schließen, dass die Bürger dieser Gesellschaften Ungleichheit als legitim ansahen, auch wenn einige ihrer prominenten Moralphilosophen sie ungerecht fanden. Die jüngste Empörung über die Ungleichheit in Europa und den USA deutet darauf hin, dass der gegenwärtige Zustand nicht mehr zu rechtfertigen ist, weil er zu inakzeptablen politischen und sozialen Privilegien führt.[2] In diesem Sinne wird wirtschaftliche Ungleichheit zu Recht als soziales Problem gesehen.

Der Schaden, den Ungleichheit der sozialen Integration zufügt (zum Beispiel durch ein Gefühl der Ungerechtigkeit oder vermindertes Vertrauen in die Regierung, den Markt und andere wichtige soziale Institutionen), ist in der akademischen und politischen Forschung gut dokumentiert und muss nicht weiter diskutiert werden. Die Auswirkung auf die politische Handlungsfähigkeit verdient besondere Aufmerksamkeit, da Ungleichheit in der politischen Einflussnahme aus der Sicht der „Legitimationsmatrix" der liberalen Demokratie als politisches System – nämlich der Gleichheit der Bürgerschaft innerhalb der kollektiven Selbstbestimmung – inakzeptabel ist (siehe Kapitel 2).

Neuere Untersuchungen haben die Dominanz von mächtigen Wirtschaftsorganisationen und einer kleinen Zahl wohlhabender Amerikaner in der Politikgestaltung in den USA gezeigt, die ihren Einfluss während des gesamten Wahlzyklus weitgehend über die Mechanismen der Wahlkampffinanzierung ausüben. Die Politik spiegelt daher fast ausschließlich die Präferenzen der Wohlhabenden wider (Gilens 2014; Gilens und Page 2014). Selbst wenn die besonderen Ermöglichungsmechanismen der Wahlkampffinanzierung fehlen, wie in den meisten europäischen Gesellschaften, bleibt es bei der These, dass die Bürger in wirtschaftlich ungleichen liberalen Demokratien politisch nicht gleich sind. Liberale Werte wie Unternehmertum und Vereinigungsfreiheit betonen das Recht der Bürger auf den Versuch, die Politik zu beeinflussen. Verfügbare materielle Ressourcen (Geld) und ideelle Ressourcen (Bildung) erhöhen die Fähigkeit zu organisiertem Handeln und begründeter Argumentation. Im Wettbewerb zwischen Interessengruppen um politischen Einfluss in ökonomisch ungleichen Gesellschaften gerät man unweigerlich in einen Teufelskreis. Ökonomische Ungleichheit erzeugt politische Ungleichheit, die wiederum ökonomische Ungleichheit reproduziert: Ökonomische Ungleichheit und politische Ungleichheit verstärken sich also gegenseitig (Przeworski 2012).

Dass arme Menschen seltener zur Wahl gehen, ist gut dokumentiert, sei es aufgrund mangelnder Bildung oder weil sie dem politischen System misstrauen.[3] Das Problem der schädlichen Wirkung von Armut auf die politische Handlungsfähigkeit hat jedoch noch tiefere Wurzeln. Matthew Desmond (2016) stellt fest, dass Armut politisch lähmend ist. Die Mieter, deren Leben er schildert, haben Angst, sich zu beschweren, und es fehlt ihnen jede Form der rechtlichen Vertretung. Armut ist für ihn nicht unerwünschte Nebenwirkung eines Systems, das Wohlstand für alle schafft, sondern ein lukratives Geschäft – sie treibt den Kapitalismus an. Daher kann Umverteilung zur Armutsbekämpfung und Angleichung von Ressourcen für politischen Einfluss einen transformativen (und nicht, wie viele glauben, stabilisierenden) Effekt auf den Kapitalismus haben. Die Besteuerung der Reichen ist ein guter Anfang.

Bei relationaler Ungerechtigkeit geht es im aktuellen Kontext um die stratifizierte Verteilung von Arbeitsmarkteintritt und -austritt (Kapitel 6): Diejenigen, die mit den richtigen Fähigkeiten ausgestattet sind, können leicht einen gut bezahlten Job finden und ihn nach Belieben verlassen. Dies ist besonders wichtig, weil der Wert der nicht-produktiven Zeit (Freizeit, Familienleben) steigt und diese Zeit immer wichtiger wird in der Legitimationsmatrix liberaler Demokratien – dem normativen Rahmen, der die Vorstellungen von Lebenschancen und deren gerechter Verteilung festlegt. Hier können qualifizierende Bildung und Umschulung – die Lieblingslösung wohlmeinender Politik-Eliten aus Mitte-Links und Mitte-Rechts – ein wirksames Mittel sein, um Lebenschancen anzugleichen.

Im Problemfeld der *strukturellen Herrschaft* geht es um Ungerechtigkeiten in den strukturierenden Institutionen, die die Dynamik der kompetitiven Profitproduktion und der kompetitiven Erlangung politischer Ämter in Gang setzen. In Bezug auf Erstere stehen der Markt als Mechanismus der wirtschaftlichen Steuerung sowie die Institution des Privateigentums und der privaten Steuerung der Produktionsmittel an oberster Stelle. Eine Gesetzgebung, die darauf abzielt, Großkonzerne zu zügeln, indem sie Arbeitnehmern und lokalen Gemeinschaften mehr Mitspracherecht beim Betrieb des Unternehmens einräumt (wie etwa der Accountable Capitalism Act, den Senatorin Elizabeth Warren im August 2018 in den US-Kongress eingebracht hat), könnte den strukturellen Mechanismus, durch den Eigentum wirtschaftliche Macht und politischen Einfluss hervorbringt, behindern, wenn nicht sogar außer Kraft setzen.[4]

Eine wesentliche strukturelle Quelle der Ungerechtigkeit im heutigen Kontext sind renditeentziehende Oligopole in Sektoren, die für den Wettbewerb undurchlässig sind, wie die Versorgung mit Strom, Gas und Breitband. Aufgrund des sektorspezifischen Widerstands gegen den Wettbewerb müssen solche Unternehmen in öffentliche Hand gegeben werden, auch wenn sie bei der Festlegung des Preises für die von ihnen erbrachten Dienstleistungen weiterhin nach Marktprinzipien arbeiten (wie die meisten Eisenbahndienste in europäischen Ländern und Amtrak in den Vereinigten Staaten).[5]

Bei struktureller Ungerechtigkeit in Bezug auf das *politische* System geht es um den Einfluss des Geldes auf die Politik, der über die Wahlpolitik ausgeübt wird. Der Mechanismus der Wahlkampffinanzierung ermöglicht es (insbesondere in den USA) wirtschaftlich mächtigen Akteuren, den Entscheidungsprozess zu kapern. Wie stark die politische Allianz zwischen konservativen und liberalen Eliten in den USA für eine Drehtür zwischen Wirtschaft und Politik ist, verdeutlicht die einfache Tatsache, dass die europäischen Demokratien nicht so stark von diesem Übel befallen sind. Bezahlte politische Werbung in Radio und Fernsehen ist in vielen europäischen Ländern verboten und die Wahlkampffinanzierung auf ein gut reguliertes Minimum beschränkt. Brächten die Amerikaner den politischen Willen auf, den Einfluss des Geldes auf die demokratische Politik zu unterbinden, gäbe es ein zuverlässiges Modell, dem man folgen könnte. Hier sollten öffentlicher Protest und politisches Handeln in den USA ansetzen, und zwar dringend. Ich werde nicht weiter auf Fragen der strukturellen Ungerechtigkeit eingehen, da diese in den jüngsten politischen Debatten und akademischen Forschungen ausgiebig behandelt wurden, von der Kontrolle der Managergehälter über das Brechen der Marktdominanz von Big Tech bis hin zur Abwehr des Einflusses von Aktionären auf die Entwicklungsstrategien börsennotierter Unternehmen und zur Einführung gemeinschaftlicher Eigentumsformen.[6]

Vor allem muss und kann die *systemische* Herrschaft mithilfe von Praktiken ins Visier genommen werden, die sich der kompetitiven Produktion von Profit widersetzen. Dies ist das eigentliche Ziel radikaler, revolutionärer Praxis. Es würde nicht ausreichen, Abhilfen wie die Umverteilung von Reichtum für Schäden anzubieten, die durch relationale und strukturelle Herrschaft entstanden sind. Wir müssen unsere Aufmerksamkeit auf die Art und Weise lenken, wie die eigentliche konstitutive Dynamik des Systems in struktureller Herrschaft verankert ist und in relationaler Herrschaft zum Ausdruck kommt. Mit anderen Worten: Die Wurzel eines Großteils des Leids, das mit Verarmung, rücksichtslosem Wirtschaften, politischer Korruption und

Umweltzerstörung zusammenhängt, ist die kompetitive Produktion von Profit.

Die heutige Zeit ist von einer übergreifenden, weit verbreiteten Ungerechtigkeit geprägt, erzeugt von der kompetitiven Profitproduktion. In dieser allgemeinen wirtschaftlichen Unsicherheit der „99 Prozent" liegt das beispiellose Potenzial unserer Epoche zur Überwindung des Kapitalismus. Der sich ständig verschärfende Wettbewerbsdruck formt eine systemische Herrschaft, der die meisten Mitglieder der Gesellschaft unterworfen sind: Ihr Leben wird durch diese Dynamik geschädigt. Viele der „glücklichen" Gewinner ungleicher Verteilung von struktureller und relationaler Macht sind ebenfalls der systemischen Logik des Kapitalismus ausgesetzt und leiden unter ihren Auswirkungen, vom tatsächlichen und befürchteten Arbeitsplatzverlust und möglicher Verarmung bis hin zu arbeitsbedingtem Stress, psychischen Gesundheitsproblemen und schlechter Work-Life-Balance.

Es ist eine Besonderheit unserer Zeit, dass sich sowohl die Verlierer (ökonomisch ausgebeutete und sozial ausgegrenzte Gruppen) als auch die vermeintlichen Gewinner im Spiel der kompetitiven Profitproduktion (Arbeitsmarkt-Insider, Eigentümer und Manager von Produktionsmitteln) durch diesen Wettbewerbsdruck geschädigt fühlen und ihre Unzufriedenheit zum Ausdruck bringen. Politische Antworten auf die verschiedenen Missstände würden der eigentlichen konstitutiven Logik des Kapitalismus entgegenwirken – der kompetitiven Produktion von Profit – und zu einem allmählichen Ausstieg aus diesem System führen. In diesem Sinne werden solche Politiken und Praktiken revolutionär sein. Dies hängt nicht von einer bewussten und politisch artikulierten Befürwortung des Sozialismus oder Kommunismus als Alternative zum Kapitalismus ab. Derartige Initiativen könnten radikales Handeln motivieren, sind jedoch nicht Voraussetzung für die Durchführung radikaler antikapitalistischer Praktiken. Allerdings entsteht das Problem des politischen Handlungsträgers.

Das Interesse der breiten Masse, sich der Dynamik der kompetitiven Profitproduktion zu widersetzen, ist nicht so ursprünglich und latent wie ehemals das Interesse der Arbeiter, sich gegen die Ausbeutung im Marx'schen Sinne zu wehren. Dieses Interesse war in Leidenserfahrungen greifbar und äußerte sich in Klagen über Ungerechtigkeit sowie in politischen Forderungen. Ungewissheit wirkt sich hingegen schädlich auf das *Wesen* der politischen Bewegung aus. Unter Bedingungen der Ungewissheit werden die kreativen Energien der sozialen Unzufriedenheit von konservativen Instinkten eingefangen – jener Angst, die soziale Unruhen derzeit auf den reaktionären Pfad der Fremdenfeindlichkeit und des autokratischen Rufs nach Recht und Ordnung lenkt.

Denken wir an die Jugendrebellionen der späten 1960er-Jahre: Sie fanden auf der Basis von zwei Jahrzehnten stabilen Wohlstands statt und entfesselten kühne soziale Fantasien. Jene Männer und Frauen, die es wagten, sowohl zu träumen als auch zu handeln, waren „in zumindest bescheidenem Komfort aufgewachsen", wie es einer ihrer Anführer ausdrückte (Hayden 1962, 45). Breiter Wohlstand und soziale Stabilität marginalisierten die Bedeutung von Brot-und-Butter-Sorgen und verlagerten die Aufmerksamkeit auf postmaterialistische Werte wie Identität, Freiheit und ökologische Gerechtigkeit.[7] Diese verdichteten sich in den späten 1960er-Jahren zu einem Jugendprotest gegen den konsumistischen Lebensstil und die autokratischen Werte, die im Wohlfahrtskapitalismus vorherrschten.[8] Gegenwärtig träumen Jugendliche eher davon, einen Job zu bekommen, und verbringen ihre Freizeit mit unbezahlten Praktika. „Sex and drugs and rock and roll" ist für sie nur ein Songtext, kein Slogan einer Protestkultur gegen Konsumismus und Traditionalismus.

Wirtschaftliche Unsicherheit – wie sie jetzt vorherrscht – löst konservative Instinkte zur Fortführung des bestehenden Systems aus. Paradoxerweise bedeutet dies ein Festhalten an genau der Dynamik, die materielle und psychologische Prekarität erzeugt. Soziale Unruhe entsteht aus dem Gefühl der Unsicherheit, das durch die Kombination von global integrierten Märkten, technologischen Umwälzungen und schwindenden sozialen Sicherheitsnetzen ausgelöst wird. Wird ein Mensch mit überwältigenden Risiken konfrontiert, sucht er einen Ausweg aus der „Freiheit" der ihm aufgezwungenen, untragbaren Eigenverantwortung. Die konservativen Instinkte infolge der Prekarität führen zu einer anhaltenden Wahlunterstützung für Mitte-Rechts und neuer Unterstützung für die extreme Rechte nach der Finanzkrise. Dies ist umso überraschender, als die Wirtschaftspolitik der Privatisierung und Deregulierung als Auslöser der Krise sowie die Sparmaßnahmen zu ihrer Bewältigung größtenteils Erfindungen der wirtschaftsliberalen Rechten waren. Allerdings wird der rechten Mitte mehr wirtschaftliche Kompetenz zugeschrieben als der politischen Linken, vor allem, wenn es darum geht, die Globalisierung zu steuern. Die Unsicherheit und der dadurch ausgelöste Instinkt der Wähler, auf Nummer sicher zu gehen, motiviert einen Großteil der Mitte-Rechts-Stimmen, während die antisystemischen Proteststimmen an die extreme Rechte gehen.

In diesem Sinne hat die akute wirtschaftliche Unsicherheit, die den heutigen Kapitalismus kennzeichnet, eine stabilisierende Wirkung auf das System, obwohl sie nicht nur dem Einzelnen und der Gesellschaft schadet, sondern auch dem eigentlichen Motor des Wohlstands, der Marktwirtschaft. Es wird oft argumentiert, dass Ungleichheit die Konsumfähigkeit vermindert und damit das Wachstum behindert. Wirtschaftliche und soziale Prekarität (selbst ohne Ungleichheit oder Armut) ist jedoch ebenfalls ein starker Hinderungsgrund, Geld auszugeben, sei es für den Konsum oder für Investitionen.

Wirtschaftliche Unsicherheit ist die Ursache dafür, dass die Volkswirtschaften in den westlichen Gesellschaften darum kämpfen, zu ihrer Gesundheit vor der Krise zurückzukehren. Unter diesen Bedingungen wird die Bereitstellung von billigem Geld für Banken diese nicht dazu motivieren, Kredite zu vergeben. Auch Unternehmen mit Leistungsbilanzüberschüssen werden sich nicht beeilen, zu investieren – entweder sitzen sie auf Bargeld oder kaufen damit ihre Aktien zurück, um deren Wert zu steigern. Ebenso werden die „Projektanleihen", auf die sich die Europäische Union verlässt, um die fehlenden Investitionen in große Infrastrukturen zu generieren, kaum den gewünschten Effekt haben, private Unternehmen zu Co-Investitionen zu bewegen.[9] Im Kontext der Unsicherheit können daher weder billige Kredite oder Umverteilung noch eine Deregulierung des Arbeitsmarktes allein die Verbraucher zu Ausgaben und die Unternehmen zu Neueinstellungen motivieren. In diesem Sinne ist wirtschaftliche Unsicherheit schädlich für die Marktwirtschaft, den Wohlstandsmotor des Kapitalismus, auch wenn die konservativen politischen Impulse, die sie auslöst, den politischen Rahmen stabilisieren, in dem der Kapitalismus funktioniert.

Paradoxerweise schaffen daher die politischen Maßnahmen, die den wirtschaftlichen Motor des Kapitalismus ankurbeln, auch die materiellen Bedingungen für politisches Handeln, das sich dem Kapitalismus als sozialem System entgegenstellen kann. Um die systemische Herrschaft, die dem gegenwärtigen Kapitalismus eigen ist, zu bekämpfen und die sozioökonomischen Bedingungen für seine Überwindung vorzubereiten, muss man daher sozioökonomische Sicherheit aufbauen – was ich als „politische Ökonomie des Vertrauens" bezeichne.[10]

Der radikale Charakter dieses Projekts beruht darauf, dass es der konstitutiven Dynamik (der operativen Logik) des Kapitalismus entgegenwirkt, nämlich der kompetitiven Produktion von Profit, und gleichzeitig die materiellen Bedingungen der gemeinsamen Wohlfahrt gewährleistet. Das Projekt wirkt drei Elementen dieser konstitutiven Dynamik entgegen: dem Wettbewerb, dem Profit und dem Produktivismus (der Institutionalisierung der gesellschaftlich bedeutsamen Arbeit als bezahlte Arbeit, die in der kompetitiven Produktion von Profit eingesetzt wird). Sind diese Elemente eliminiert, können wirtschaftliches Handeln und wissenschaftliche Aktivität auf die Befriedigung menschlicher Bedürfnisse ausgerichtet werden. Das Profitmotiv des Kapitalismus treibt hingegen dazu an, Bedürfnisse zu schaffen und sie dann zu befriedigen (Kapitel 2).

Politische Maßnahmen, die sich gegen Ungleichheit und Ausgrenzung (Formen relationaler Herrschaft) oder strukturelle Ungerechtigkeiten richten, die in Formen des Eigentums und des Managements wurzeln, passen perfekt in die operative Logik des Kapitalismus. Zum Beispiel hat sich die Einbeziehung von Frauen in den Arbeitsmarkt als vorteilhaft für den Kapitalismus erwiesen, da sie die Zahl der Arbeitskräfte und die Konkurrenz um verfügbare Arbeitsplätze erhöht und damit die Fähigkeit der organisierten Arbeiterschaft erschwert, den Produktionsprozess zu behindern, um auf höhere Löhne und bessere Bedingungen zu drängen. Eine weitere typische Maßnahme progressiver Politik, die Anhebung der Löhne, verbessert die Kaufkraft und sichert damit den für einen florierenden Kapitalismus unverzichtbaren Konsum. Solche Maßnahmen haben eine *stabilisierende* Wirkung auf die wirtschaftliche Dynamik des Kapitalismus. Sie zähmen das System, wenn sie seine konstitutive Dynamik unterstützen: die kompetitive Profitproduktion.

Maßnahmen, die der kompetitiven Profitproduktion entgegenwirken, treffen jedoch das Herz des Kapitalismus, seine eigentliche operative Logik. Der Druck für solche Maßnahmen wächst aus verschiedensten Richtungen. Wenn sie umgesetzt werden, können sie in ihrer Gesamtheit eine *Überwindung* des Kapitalismus bewirken, indem sie ihn von innen heraus unterlaufen. Wir müssen die Form einer postkapitalistischen Gesellschaft nicht bestimmen, um die Logik der Überwindung des Kapitalismus als „politische Hoffnung" zu befürworten – sie ist auch in Bezug auf konkrete soziale Dynamiken und spezifische politische Forderungen sinnvoll.

Das Projekt, das ich die *politische Ökonomie des Vertrauens* nenne, zielt auf eine Gesellschaft ab, die menschliche Bedürfnisse befriedigen kann, ohne alle Energie der Bedürfnisbefriedigung zu widmen, wie es der Kapitalismus tut (durch ständiges Aufblähen dieser Bedürfnisse als Triebkräfte für die Profiterzeugung). Eine politische Plattform für dieses Projekt würde sich auf Märkte als Mechanismen des Warenaustauschs und das Privateigentum an den Produktionsmitteln als eine der Schlüsselstrukturen des Wirtschaftens stützen. Die Zuteilung von Produktionsleistungen und sozialem Überschuss fiele jedoch nicht dem Markt zu, sondern der öffentlichen Hand. Damit wird die Verkettung zwischen dem Markt als Mechanismus des Warenaustauschs und der kompetitiven Produktion von Profit aufgehoben, die es dem privaten Interesse ermöglicht, das öffentliche Wohl zu übertrumpfen. Das Privateigentum an Produktionsmitteln wird für einen gewissen Wettbewerb zwischen den Wirtschaftsakteuren sorgen, doch dieser bleibt erheblich eingeschränkt, weil der Mechanismus der künstlichen Schaffung von Bedürfnissen nicht mehr funktioniert. Um dies zu erreichen, hat die politische Ökonomie des Vertrauens zwei Komponenten. Die erste betrifft die globale wirtschaftliche Integration (Globalisierung), die zweite die nationale Sozial- und Wirtschaftspolitik.

1. Neugestaltung der Globalisierung: Gegenwärtig besteht die global integrierte Wirtschaft nicht aus nationalen Märkten, die Güter produzieren und über Freihandelsabkommen austauschen, sondern aus globalen Produktionsnetzwerken und Wertschöpfungsketten. Deshalb ist es nicht machbar oder kontraproduktiv, einen nationalen Markt abzuschotten (etwa durch Zölle auf Importe), um eine nationale Wirtschaft oder sogar bestimmte Branchen zu schützen.

Die Schaffung der global integrierten nationalen Märkte fand im späten 20. Jahrhundert zu einem großen Teil unter der Führung der EU und der USA statt, und zwar unter den Bedingungen freier (unregulierter) Märkte. Dadurch wurde die schlimmste Art des Wettbewerbs entfesselt – jene, die auf dem Preis basiert, zum Nachteil von Beschäftigung und Umweltstandards. Die EU und die USA haben immer noch die Chance, die Regeln der Globalisierung neu zu schreiben, indem sie nicht-tarifäre Handelshemmnisse nutzen, um hohe Standards für Beschäftigung und Entlohnung, Verbraucherschutz und Umweltschutz im internationalen Recht zu verankern. Solche Standards definieren das Beste, was das transatlantische (westliche) sozioökonomische Modell zu bieten hat: ein menschenwürdiges Leben. Der Rest der Welt wird keine andere Wahl haben, als zu folgen, wenn er den Zugang zum euro-atlantischen Wirtschaftsraum schätzt.

Warum ist das nicht geschehen? Zu einem bestimmten Zeitpunkt in der jüngeren Geschichte schien man kurz davor zu sein, diesen Weg einzuschlagen. Das Pariser Klimaabkommen von 2015 würde eine Neugestaltung der globalen politischen Ökonomie genau in diese Richtung erfordern. Im Juli 2018 verabschiedete das Europäische Parlament eine Resolution zur Ratifizierung und Umsetzung des Pariser Abkommens als Bedingung für zukünftige Handelsabkommen. Eigentlich wäre es unmöglich, mit den USA über den Handel zu sprechen, seit diese sich 2017 aus dem Abkommen zurückgezogen haben. Inmitten der Drohungen der USA, Zölle auf europäische Autoimporte zu erheben, setzte sich das Europäische Parlament im Februar 2019 jedoch über die Klimabedenken hinweg, um die Gespräche voranzutreiben.

Die Regeln der globalen politischen Ökonomie so zu ändern, dass sie den Erfordernissen des Umweltschutzes und der gesellschaftlichen Wohlfahrt gerecht werden, wäre sowohl für Verbraucher als auch für Unternehmen kostspielig. Nur eine starke politische Führung, die von einem breiten, ideologieübergreifenden Konsens der politischen Kräfte getragen wird, kann die kurzsichtigen Präferenzen der Gesellschaft in ähnlicher Weise außer Kraft setzen, wie die meisten fortschrittlichen Errungenschaften in westlichen Gesellschaften erreicht wurden: von der Rechtsstaatlichkeit bis hin zu den bürgerlichen, sozialen und wirtschaftlichen Rechten.

2. *Neuausrichtung der Innenpolitik*: Der zweite Weg betrifft die innere Wirtschafts- und Sozialpolitik in liberalen Demokratien, denn in den inneren Widersprüchen des zeitgenössischen Kapitalismus liegt ein emanzipatorisches Potenzial. Die beiden Hauptwidersprüche des Prekaritätskapitalismuswurden in Kapitel 5 beschrieben: (1) *überschüssige Beschäftigungsfähigkeit,* die Spannung zwischen dem gestiegenen Wert der verfügbaren Zeit und dem gestiegenen Dekommodifizierungspotenzial moderner Gesellschaften einerseits und dem auf alle gestiegenen Kommodifizierungsdruck andererseits; und (2) *akute Job-Abhängigkeit,* die Spannung zwischen der abnehmenden Verfügbarkeit von Arbeitsplätzen und der zunehmenden Abhängigkeit von einem Job als Quelle des Lebensunterhalts.

Das Potenzial für Emanzipation kann daher durch politische Maßnahmen für eine politische Ökonomie aktiviert werden, die sichere Quellen für den Lebensunterhalt bereitstellt und es gleichzeitig allen ermöglicht, vom erhöhten Dekommodifizierungspotenzial der fortgeschrittenen Moderne zu profitieren. Warum ist dies der Schlüssel zur sozialen Emanzipation im jetzigen historischen Moment?

Die institutionalisierte Verteilung sozialer Chancen und Risiken im Zusammenhang mit dem Arbeitsmarkteinstieg und -ausstieg (die Verteilung der Dekommodifizierungsreserven und des Kommodifizierungsdrucks der Gesellschaft) ist zu einem zentralen Mechanismus der sozialen Schichtung geworden. Eine der auffallendsten Achsen sozialer Konflikte in unseren Gesellschaften ist der Gegensatz zwischen jenen, die alle Chancen und Möglichkeiten eines freiwilligen Arbeitsmarkteintritts und -austritts haben, und jenen, die entweder unfreiwillige Außenseiter auf dem Arbeitsmarkt sind oder gar nicht in der Lage, ihn nach Belieben zu verlassen. Gerechtigkeit zu erlangen, bedeutet in diesem Zusammenhang vor allem eine Maximierung der freiwilligen Beschäftigungsflexibilität. Dadurch könnten die kreativen menschlichen Energien von den produktivistischen Imperativen des vom Profitmotiv getriebenen wirtschaftlichen Handelns befreit werden.

Soziale Gerechtigkeit, so verstanden, hat einen aggregativen und einen distributiven Aspekt. Ersterer betrifft das *Gesamtausmaß* der Freiwilligkeit in einer gegebenen Gesellschaft, Letzterer die *gleichmäßige Verteilung* der freiwilligen Flexibilität unter den Teilnehmern. Eine gerechte Gesellschaft wäre gekennzeichnet durch eine hohe, weit verbreitete Kombination von Verdienstmöglichkeiten und der Fähigkeit zur Dekommodifizierung: *freiwilliger* Arbeitsmarkteintritt und -austritt. Mit anderen Worten: Die freiwillige Beschäftigungsflexibilität muss allgemein gemacht werden (sowohl erhöht als auch gerecht verteilt). Diese „universelle Mindestbeschäftigung" (Azmanova 2012c) soll die Basis eines universellen Grundeinkommens sowie den Aufbau stabiler öffentlicher Dienstleistungen ergänzen.[11] Dadurch ließen sich sektorale Monopole aufbrechen oder andere Maßnahmen zur Liberalisierung der Arbeitsmärkte vorsehen, um Außenseitern den Zugang zu ermöglichen. Darüber hinaus braucht es ein solides soziales Sicherheitsnetz in Verbindung mit einer obligatorischen Begrenzung der Zeit, die mit Erwerbsarbeit verbracht wird, um den freiwilligen Ausstieg aus dem Arbeitsmarkt zu unterstützen. Dies wäre der zweite Schritt: eine Reform der sozialen Absicherung.

Die Verteilung von wirtschaftlichen Chancen und sozialen Risiken ist institutionell vermittelt. Unter anderem wird sie von der Industrie- und Arbeitsmarktpolitik und von der Art der sozialen Absicherung gesteuert, wozu auch die Möglichkeit zur Entfamiliarisierung von Betreuungsaufgaben gehört. Auf individueller Ebene erfordert die freiwillige Beschäftigungsflexibilität die Verbindung aus (1) einem Zugang zu Erwerbsarbeit und (2) Bedingungen, die einen freiwilligen Ausstieg aus dem Arbeitsmarkt ermöglichen, nicht zuletzt die Entstigmatisierung eines solchen Ausstiegs, wenn nicht gar eine positive Sanktionierung. Freiwillige Flexibilität wird möglich, wenn die Arbeitsmärkte hinreichend liberalisiert sind, um Außenstehenden den Zugang zu gewähren, während gleichzeitig eine Festlegung der Bedingungen verhindert, dass atypische Beschäftigung prekär wird (wie in den Niederlanden, wo Teilzeitbeschäftigung stark reguliert ist).

Die Liberalisierung des Arbeitsmarktes in einem Kontext mangelnder Arbeitsplätze erzeugt Wettbewerbsdruck unter den Teilnehmern (Kapitel 5). Geregeltes Jobsharing ist ein Mittel, um diesen Druck zu reduzieren, ohne dass die atypische Beschäftigung zu einer prekären Quelle des Lebensunterhalts wird (wie die derzeitigen Null-Stunden-Verträge). Grundlegend ist die Sicherheit der Einkommensquellen und noch wichtiger deren Unabhängigkeit von der vergangenen oder gegenwärtigen Teilnahme am Arbeitsmarkt. So sollten weder der Anspruch auf Sozialversicherung noch deren Höhe von einem Arbeitsvertrag abhängen, wie im Bismarck'schen Wohlfahrtsstaat, weil dies den Ausstieg aus dem Arbeitsmarkt erschwert. Vielmehr sollte sich der Anspruch an der Staatsbürgerschaft oder besser noch an der Einwohnerschaft orientieren und damit der skandinavischen Form der Wohlfahrtsvorsorge folgen.

Der Hauptwert dieses Modells liegt darin, jedem Bürger einen Platz in der produktiven Wirtschaft zu sichern, aber die Quellen des Lebensunterhalts von der eigenen Verstrickung in den wirschaftlichen Produktionsprozess zu entkoppeln. Linke Kritiker der „Flexicurity" (flexible und sichere Beschäftigung) würden typischerweise gegen die Aktivierung des Arbeitsmarktes (die Umschulung von Arbeitslosen) und für eine großzügige Sozialhilfe argumentieren.[12] Sie würden auch das „defamilialisierte" Wohlfahrtsregime für seine aktive staatliche Politik begrüßen, was volle Teilhabe von Männern und Frauen am Arbeitsmarkt ermöglicht. Aus dieser Perspektive wird soziale Gerechtigkeit zu einer Frage des Gleichgewichts zwischen Deregulierung und Liberalisierung des Arbeitsmarktes einerseits und hohen Ausgaben für die soziale Sicherheit andererseits, die aus der Besteuerung der produktiven Wirtschaftsakteure stammen, einschließlich der Technologie, die menschliche Arbeit ersetzt.[13]

Soziale Gerechtigkeit vorwiegend als Frage der Aufrechterhaltung hoher Aufwendungen für die soziale Sicherheit zu sehen, bedeutet allerdings eine „produktivistische" normative Auffassung von sozialer Gerechtigkeit: das heißt, sie wird in den engen Begriffen von *Produktion* und *Umverteilung* von Wohlstand verstanden. Ich habe jedoch eine andere normative Perspektive skizziert: Nichtherrschaft als Befreiung von den sich beschleunigenden produktivistischen Imperativen des Kapitalismus.

Aus dieser Perspektive ist soziale Gerechtigkeit eine Frage der fairen Verteilung des wachsenden Dekommodifizierungspotenzials fortgeschrittener industrieller Demokratien.[14] In diesem Sinne entwirft die freiwillige Beschäftigungsflexibilität ein normatives Territorium, auf dem Gleichheit und Freiheit als „echte Entscheidungsfreiheit" versöhnt werden können. Sowohl der Eintritt in den Arbeitsmarkt als auch der Austritt aus ihm tragen aufgrund ihrer Freiwilligkeit zur sozialen Inklusion bei. Dieses Kriterium ist eine Form des Egalitarismus, angewandt auf die Autonomie – und zwar eine sozial eingebettete Autonomie, die sowohl die produktive Tätigkeit als auch die Freiheit von Erwerbsarbeit als wertvolle Quellen des Selbstseins und als Mittel sozialer Integration anerkennt. Denn Gemeinschaft wird nicht durch Arbeit konstruiert, ob bezahlt oder nicht, wie James Chamberlain (2018) überzeugend argumentiert hat. Doch selbst wenn die produktive Tätigkeit keine konstitutive Funktion für menschliche Gemeinschaften hat, könnte sie ein Mittel zur sozialen Integration sein, indem sie Ressourcen zur Befriedigung materieller und ideeller Bedürfnisse erzeugt. Die Aufgabe besteht also darin, die Abhängigkeit von bezahlter Arbeit sowohl für die Sozialisation eines Menschen als auch für die Befriedigung von Bedürfnissen zu minimieren.

Gesellschaften, die eine begrenzte, aber sichere Beschäftigung innerhalb eines liberalisierten Arbeitsmarktes mit einer auf Staatsbürgerschaft statt auf Beschäftigung basierenden sozialen Versorgung kombinieren, maximieren sowohl den Zugang zu Einkommensquellen als auch die Möglichkeit zum Ausstieg aus dem Arbeitsmarkt (Dekommodifizierung). Eine solche Kombination könnte die Maximierung der *Verdienstmöglichkeiten* (wenn auch nicht unbedingt der *Einkommenshöhe*) sicherstellen, ohne den Ausstieg aus dem Arbeitsmarkt abzuwerten. Dies wiederum würde eine freiwillige Reduktion der Erwerbsarbeitszeit und die Beschäftigung mit kreativer Arbeit und Freizeit ermöglichen. Das Mainstreaming von freiwilliger Teilzeitarbeit ist eine Form der politischen Gestaltung von Arbeitsmärkten, die dieses Modell sozialer Gerechtigkeit beispielhaft umsetzt.

Innerhalb der Europäischen Union wäre eine solche Kombination aus flexibler Beschäftigung und sozialer Absicherung auf der Grundlage der EU-Bürgerschaft die Basis für eine Neugestaltung des Europäischen Sozialmodells: Man konzentriert sich auf die Bekämpfung von Unsicherheit und nicht ausschließlich auf die Bekämpfung von Ungleichheit (typische Priorität für die Linke) oder auf die Verbesserung der Arbeitsbedingungen (typisches Engagement der politischen Rechten). Dabei stellt sich die Frage, wie die soziale Versorgung finanziert werden soll.

Weil stabile Sozialtransfers (von „reichen" zu „armen" Mitgliedstaaten) zum jetzigen Zeitpunkt nicht infrage kommen, kann ein transeuropäisches System der sozialen Absicherung nicht über nennenswerte nationale Beiträge finanziert werden.[15] Stattdessen könnte es über einen angemessenen europäischen Staatsfonds unterstützt werden – eine unabhängige Einnahmequelle, die nach marktwirtschaftlichen Prinzipien funktioniert. Der Fonds könnte dadurch gespeist werden, dass die Renten von Unternehmen sozialisiert werden, die nicht dem normalen Wettbewerb ausgesetzt sind (einschließlich Banken): zum Beispiel durch eine höhere Besteuerung oder Übergabe dieser Unternehmen in öffentliche Hand – ähnlich einem transeuropäischen Eisenbahnsystem, das sich in öffentlichem Besitz befindet, aber nach marktwirtschaftlichen Grundsätzen des Kosten- und Ertragsmanagements betrieben wird. Die Mittel für die soziale Absicherung würden durch einen „Europäischen Sozialen Stabilitätsmechanismus" ähnlich dem derzeitigen Finanzstabilitätsmechanismus verwaltet, der den Regeln demokratischer Rechenschaftspflicht unterliegt, sodass die demokratische Öffentlichkeit ein Mitspracherecht bei der Zuteilung von produktiven Leistungen und sozialen Überschüssen hat.

Eine politische Ökonomie des Vertrauens mit ihren beiden Komponenten (in Bezug auf die heimische Wirtschaft und den globalen Markt) wird die Diskrepanz zwischen der öffentlichen Absorption von Risiken und der privaten Akkumulation von Gewinnen beheben, die unsere Gesellschaften plagt. Sie wird den Raum für Kreativität vergrößern, indem sie den Wettbewerb verringert, und sie wird die Befriedigung menschlicher Bedürfnisse ermöglichen, ohne diese Bedürfnisse aufzublähen.

Da die kombinierte Wirkung dieser Maßnahmen darin besteht, die kompetitive Produktion von Profit einzuschränken, würde sie die konstitutive Dynamik des Kapitalismus selbst angreifen. Ihre Umsetzung hätte einen immanenten transformativen Effekt. Gleichzeitig würden die Maßnahmen die materiellen Bedingungen für eine fantasievolle und konstruktive politische Mobilisierung zur Überwindung des Kapitalismus liefern, da sie persönliche Sicherheit schaffen und die eigene Zeit von produktivistischen Verpflichtungen und Zwängen befreien. Dafür ist weder eine tödliche Krise des Kapitalismus noch ein revolutionäres Projekt oder eine große Utopie nötig.

Zusammenfassung:
Der radikale Pragmatismus
des Abschieds vom Kapitalismus

„Wenn wir schon das scheinbar Unerreichbare anstreben,
dann sollten alle wissen, dass wir dies tun, um das
Unvorstellbare zu verhindern.“
The Port Huron Statement of Students for a Democratic
Society (1962)

Zumindest seit der Veröffentlichung von Adam Smiths
„The Wealth of Nations" (Der Wohlstand der Nationen)
im Jahr 1776 preist man den Kapitalismus als Motor
nicht nur für materiellen Wohlstand, sondern auch für
wissenschaftliche Innovationen (man denke nur an Ga-
lileo, Newton und Leibniz), für die Maximierung von
Freiheiten und damit für das allgemeine individuelle und
gesellschaftliche Wohlbefinden. Die Alternativen, die
versucht wurden, gingen furchtbar daneben.

Die nicht kapitalistischen Diktaturen, die sich im 20. Jahrhundert ausbreiteten, machten sich oft das Etikett „Kommunismus" zu eigen, um sich zu rechtfertigen. Doch am
Ende errichteten sie ein Gesellschaftssystem, das die größten Bösartigkeiten des Kapitalismus übernahm. Wie der
tschechische Dissident und Philosoph Václav Havel feststellte, sind diese beiden soziopolitischen Systeme Verkör-
perungen derselben ausbeuterischen, entfremdenden Logik.
Im Staatssozialismus wie im Kapitalismus werden die Menschen von einem Zustand heimgesucht, den er *samopohyb*
nannte, was sich mit „Selbstverschwendung" übersetzen
lässt. Diese Malaise entsteht durch die Unterwerfung unter
„die irrationale Eigendynamik anonymer, unpersönlicher
und unmenschlicher Macht – die Macht von Ideologien,
Systemen, Apparaten, Bürokratien, künstlichen Sprachen
und politischen Slogans." (Havel [1984] 1991, 269)

Was auch immer die fortschrittliche Rolle des Kapitalismus war (innerhalb der Dynamik der „schöpferischen Zerstörung", die Karl Marx erkannte und Joseph Schumpeter berühmt machte), es scheint, dass sein Hang zur Zerstörung seine kreativen Kräfte übertrumpft [„trumped"] hat. Dieser Befund geht über die finanziellen, wirtschaftlichen und sozialen Krisen hinaus, die als die Große Rezession des frühen 21. Jahrhunderts in die Geschichte eingehen werden. Diese Rezession verursachte nicht eine Krise *des* Kapitalismus, sondern eine Krise *für* den Kapitalismus – Straßensperren auf dem Weg der kompetitiven Produktion von Profit, die der Kapitalismus zu überwinden versucht, vor allem, indem er den Wettbewerbsdruck erhöht und auf die gesamte Gesellschaft ausweitet. Auf dem Tiefpunkt des wirtschaftlichen Abschwungs wurden Rufe laut, den Kapitalismus zu stürzen (von links), ihn zu stabilisieren (von rechts) oder ihn zu reformieren, um ihn inklusiver zu machen (aus der politischen Mitte). Für mich gibt es eine vierte Option: den Kapitalismus zu überwinden, indem man ihn von innen heraus untergräbt. Dies kann durch radikale Praktiken geschehen: Sie greifen die dem Kapitalismus eigene konstitutive Dynamik an – die kompetitive Produktion von Profit.

Wir leben in einem eigentümlichen Moment des Kapitalismus, die Zeit ist reif für transformative Tendenzen. Diese drängen natürlich nicht alle in dieselbe Richtung. Einerseits konvergieren sie zu einem Zustand, den ich als „Krise der Krise des Kapitalismus" beschrieben habe: Wir stecken in einem Modus des permanenten Krisenmanagements fest, der zur neuen Normalität geworden ist, wobei sich die Gesellschaften in einem Zustand chronischer Entzündung befinden. Andererseits birgt gerade dieser Zustand ein emanzipatorisches Potenzial.

Meine Untersuchung des transformativen Potenzials der heutigen Zeit entfaltete sich als besondere Form der Analyse: eine interne (immanente) Kritik der gelebten Unrechtserfahrungen entstanden aus den zentralen Widersprüchen des zeitgenössischen Kapitalismus. Mein Hauptaugenmerk richtete sich dabei auf den transformativen Druck, der die fortgeschrittenen industriellen Demokratien bereits am Ende des letzten Jahrhunderts getroffen hatte – insbesondere jenen, der durch die neue Ökonomie der offenen Grenzen und der technologischen Umwälzungen erzeugt wurde. Die wirtschaftliche Kernschmelze von 2007/2008 und die darauf folgende jahrzehntelange Rezession ermöglichten es den herrschenden Eliten, einen Wandel zu konsolidieren, der bereits zu Beginn des 21. Jahrhunderts begonnen hatte. Sie erfanden den neoliberalen Kapitalismus als eine noch virulentere Form neu, die ich „Prekaritätskapitalismus" nenne.

Diese neue Modalität hat viele Merkmale ihrer Vorgänger geerbt. Von ihrem neoliberalen Vater übernimmt sie den Wunsch, Wettbewerbsfähigkeit um jeden sozialen Preis aufzubauen. Von ihrem Kindermädchen – dem „Wohlfahrtsstaat" – leiht sie sich eingerostete Umverteilungsinstrumente und passt sie an das verzweifelte Streben nach Wettbewerbsfähigkeit an. Die öffentliche Hand weist in diesem neuen Format des Kapitalismus den einzelnen Wirtschaftsakteuren aktiv Chancen zu, indem sie ihnen hilft, ihren bereits bestehenden Vorsprung in der globalen Wirtschaft zu vergrößern. Gleichzeitig überträgt sie Risiken auf die Gesellschaft oder auf schwächere Wirtschaftsakteure durch einen politischen Ansatz, den ich als „sozial unverantwortliche Herrschaft" bezeichne. Ich habe diese Formulierung nicht gewählt, um den Darstellungen des zeitgenössischen Kapitalismus einen weiteren pejorativen Begriff hinzuzufügen, sondern um die Logik des politischen Handelns zu betonen, das auf wirtschaftliche Effizienz abzielt und diese oft auch erreicht, allerdings ohne Rücksicht auf die Auswirkungen in der Gesellschaft.

Trotz der Verwüstungen, die dies für unsere Gesellschaften mit sich gebracht hat (wie wachsende Prekarität und Umweltzerstörung), ist paradoxerweise keine Legitimationskrise des demokratischen Kapitalismus entstanden. Die anhaltende Stabilität zeigt sich in der abnehmenden Wählerunterstützung für linke Parteien und Bewegungen, der wachsenden Unterstützung für wirtschaftsliberale Eliten (die rechte Mitte gewinnt immer wieder Wahlen) und dem Aufstieg populistischer Bewegungen, die den nationalen Kapitalismus gegen den „ausländischen" Kapitalismus verteidigen. Aus dem Zusammenstoß zwischen den Verteidigern „unseres" Kapitalismus und den Adepten des globalen Kapitalismus geht jedoch keine befreiende Utopie hervor. Die radikale Linke, die um ihr politisches Überleben kämpft, hat weder die Legitimation noch die soziale Unterstützung, um zu einer Revolution aufzurufen.

Der Grund ist eine negative Dynamik der Politisierung, die in einem Kontext massiver wirtschaftlicher, sozialer und physischer Unsicherheit auftritt: Angst löst konservative, oft reaktionäre Instinkte aus. Der Weg zu einer fantasievollen, zukunftsorientierten Politik scheint völlig verbaut. Ohne eine leitende Utopie, ohne eine sich abzeichnende Revolution und ohne eine tödliche Krise des Kapitalismus scheinen wir in der bisher dunkelsten historischen Form des Kapitalismus festzustecken – einer gnadenlosen Konkurrenz um Profit, die das tägliche Leben zerstört, Demokratien zersetzt und die natürliche Umwelt verwüstet.

An anderer Stelle fand sich ein emanzipatorisches Potenzial, das in den beiden Hauptwidersprüchen des gegenwärtigen Kapitalismus wurzelt, die ich als „überschüssige Beschäftigungsfähigkeit" und „akute Arbeitsplatzabhängigkeit" diskutiert habe.

Der erste Widerspruch entsteht aus der Spannung zwischen der beispiellosen technologischen Fähigkeit unserer Gesellschaften, materiellen Wohlstand mit einem Minimum an menschlicher Arbeit zu produzieren (dem *signifikanten Dekommodifizierungspotenzial* unserer Gesellschaften), und dem ständig wachsenden Druck, beschäftigt und beschäftigungsfähig zu bleiben (dem *zunehmenden Kommodifizierungsdruck*). Der zweite Widerspruch besteht zwischen der wachsenden Abhängigkeit von Beschäftigung als Quelle des Lebensunterhalts und der abnehmenden Fähigkeit der politischen Ökonomie, die notwendigen Arbeitsplätze zu liefern.

Beide Widersprüche werden durch die konstitutive Dynamik des Kapitalismus erzeugt: die kompetitive Produktion von Profit. Die Verbindung dieser beiden Antinomien des zeitgenössischen Kapitalismus hat eine Intensivierung des Wettbewerbs zur Folge, die wiederum zu einer beispiellosen Ausbreitung wirtschaftlicher Unsicherheit geführt hat. Prekarität ist die soziale Frage unserer Zeit – daher nenne ich das gegenwärtige System „Prekaritätskapitalismus". Die große Vielfalt an Missständen (von Verarmung über schlechte psychische Gesundheit bis hin zu zerstörten Familien) hat den Kapitalismus in Aufruhr versetzt. Sie könnte im Druck für eine radikale Transformation kulminieren.

Die politische Ökonomie der Unsicherheit, der massiven Prekarität, hat zwar eine weit verbreitete Unzufriedenheit mit dem Kapitalismus erzeugt. Doch diese Unsicherheit äußert sich in einer konservativen bis reaktionären Politisierung der Missstände von „Rettet den Kapitalismus!" bis „Schließt die Grenzen!" Daher meine These: Reformen, die der sozialen und wirtschaftlichen Unsicherheit entgegenwirken, schaffen die materiellen Voraussetzungen dafür, den Protest in eine radikalere und konstruktivere Richtung zu lenken. Dann würde die wütende Menge in die Lage versetzt, zu einem politischen Akteur mit einer positiven Agenda zu werden.

Eine Besteuerung der Reichen wäre vielleicht kein schlechter Anfang. Auf die Frage, ob dies darauf hinauslaufen würde, den Kapitalismus zu retten oder ihm zu helfen, sein Grab zu schaufeln, lautet die Antwort: Sie kann beides tun. Die Rettung des Kapitalismus in der besonderen Konjunktur des frühen 21. Jahrhunderts ist paradoxerweise eine Bedingung für seine Überwindung. Denn der Neustart des ökonomischen Motors des Kapitalismus durch die Stabilisierung von Produktion, Beschäftigung und Einkommen schafft meiner Ansicht nach auch die Bedingungen für emanzipatorisches politisches Handeln.

Ökonomische Prekarität hat, genau wie Armut, lähmende persönliche, politische und soziale Auswirkungen. Die massive wirtschaftliche und soziale Unsicherheit als Kennzeichen der jüngsten Phase des Kapitalismus hat zu einer so radikalen Entmachtung geführt, dass der Aufbau eines Kapitalismus mit menschlichem Antlitz – Robert Reichs (2015) „Rettet den Kapitalismus! Für alle, nicht für 1 %" – eine dringend benötigte Notmaßnahme ist, wenn wir unser kollektives Schicksal jemals in den Griff bekommen wollen.

Dringendes Handeln ist notwendig, damit die Gesellschaft das Steuer wieder in die Hand nimmt. Wir brauchen das, was ich eine „politische Ökonomie des Vertrauens" genannt habe, eine Wirtschaft, die dafür sorgt, dass jeder ein sicheres Auskommen hat. Ich habe einige politische Ideen skizziert, die auf wirtschaftliche Unsicherheit abzielen, nicht auf Ungleichheit (die Standardagenda der politischen Linken) oder Wettbewerbsfähigkeit (die Agenda der politischen Rechten). Ohne der Prekarität entgegenzuwirken, kann der Geist des Unternehmertums und des Experimentierens nicht gedeihen, sei es künstlerisch, wirtschaftlich oder politisch. Dem Kapitalismus Lebewohl zu sagen, würde zunächst voraussetzen, dass es ihm wirtschaftlich gut geht.

Im Bemühen, Armut und Ungleichheit zu bekämpfen, stabile und gute Arbeitsplätze zu schaffen und uns um andere soziale Notlagen unserer Zeit zu kümmern, laufen wir Gefahr, in die Falle des *Paradoxes der Emanzipation* zu tappen: Wenn wir nämlich Inklusion und Gleichheit innerhalb eines Modells des Wohlstands anstreben, dann unterstützen wir ungewollt dieses Modell zusammen mit den Ungerechtigkeiten, die es über Ungleichheit und Ausgrenzung hinaus immer wieder hervorbringt: von der Schädigung der Umwelt bis zur Unterordnung der menschlichen Existenz unter den Druck von Produktion und Konsum (Havels „Selbstverschwendung"). Woher sollten die sozialen Energien kommen, um den Schritt von der Stabilisierung des Kapitalismus zur Emanzipation von ihm zu machen, von der Rettung des Kapitalismus zu seiner Überwindung?

Seit seinen Anfängen im 18. Jahrhundert brachte der Kapitalismus Gegner in Gruppen hervor, für die die langfristigen Vorteile des Marktsystems weniger offensichtlich sind – insbesondere Arbeiter. In der Tat hat sich der Widerstand gegen den Kapitalismus auf der Grundlage der ungleichen Verteilung von Lebenschancen aufgebaut. Zunächst wurde er von der Aristokratie bekämpft, deren sozialen Status er bedrohte, später von den verarmten Arbeiterklassen. Mit anderen Worten: Die Gruppen, die sich dem Kapitalismus widersetzten, waren sowohl diejenigen, die sich auf der Verliererseite der Machtverteilung befanden (Opfer dessen, was ich als „relationale Herrschaft" beschrieben habe), als auch diejenigen, die auf der Verliererseite in Bezug auf das Eigentum an produktivem Kapital standen (Opfer „struktureller Herrschaft").

Marx und die meisten seiner Zeitgenossen behaupteten, dass im Kapitalismus eine Tendenz zum Sozialismus latent vorhanden sei. Sie vertraten die Ansicht, die Arbeiterklasse sei der historische Protagonist, der diese Tendenz in die Tat umsetzt. Für sie bedeutete Emanzipation in Form des Sozialismus in erster Linie die Befreiung der Arbeit von der Ausbeutung. Dies war die vorherrschende Position der Linken im Laufe des 20. Jahrhunderts, während der Kontext des frühen 21. Jahrhunderts eine radikale Alternative ganz anderer Art bietet. Die gegenwärtige emanzipatorische Chance verbindet drei Komponenten: das *Wesen* der Unzufriedenheit, den *Treiber* der Veränderung und die *Mechanismen* der Veränderung. Einige Bemerkungen zu jeder dieser Komponenten sollen die Argumente des Buches zusammenfassen.

Wir stehen an einem Wendepunkt in der Geschichte, an dem die akute Unzufriedenheit mit dem Kapitalismus zunimmt, und zwar nicht wegen seiner schlechten wirtschaftlichen Leistung oder der ungerechten Verteilung des Reichtums, sondern vielmehr wegen seiner hervorragenden wirtschaftlichen Leistung, seiner Intensität. Mit anderen Worten: Da das Realeinkommen und der soziale Einfluss der Arbeiterklasse gestiegen sind, ist Ausbeutung nicht mehr der Hauptfaktor sozialer Ungerechtigkeit. Vielmehr wird die kompetitive Produktion von Profit – die Schlüsseldynamik des Kapitalismus – von allen Beteiligten in diesem Prozess als schädlich empfunden.

Zum ersten Mal werden akute Ungerechtigkeiten aus der kompetitiven wie der produktivistischen Komponente des Kapitalismus erfahren, und gegen beide richtet sich der Widerstand in der Gesellschaft. Nicht nur die ungerechte Verteilung von Reichtum, sondern vor allem der Prozess, durch den Reichtum erzeugt wird, und die Auswirkungen, die er auf Individuen, Gemeinschaften und die Natur hat, werden infrage gestellt. Das Problem des heutigen Kapitalismus ist zum einen die materielle Ungleichheit, zum anderen eine massive wirtschaftliche und soziale Unsicherheit, die eine wachsende Zahl von Gruppen jenseits der Armen und Ausgegrenzten betrifft. Der verschärfte Wettbewerbsdruck des global integrierten Kapitalismus hat auch den Gewinnern der Machtverteilung – Arbeitsmarkt-Insidern mit guten und gut bezahlten Jobs, Kapitaleignern und Kapitalmanagern – spürbaren Schaden zugefügt und deren Unzufriedenheit ausgelöst.

Diese neuartige, vielschichtige Unzufriedenheit formt eine starke politische Kraft. Breit gestreute Interessen über Klassenunterschiede, Bildungsniveaus und kulturelle Identitäten hinweg lassen unterschiedliche Individuen zu einer Masse zusammenwachsen, vereint durch eine gemeinsame Klage gegen die Auswirkungen der kompetitiven Profitproduktion auf ihr Leben sowie ihre soziale und natürliche Umgebung. Mobilisiert in einer nüchternen und wenig glorreichen antikapitalistischen Revolution, können diese Kräfte einen sozialen Wandel vollziehen, der noch radikaler ist als jeder proletarische Klassenkampf.

Die fortschrittliche Politik seit der Geburt des Kapitalismus ging auf eine von zwei Arten vor. Sowohl die Sozialdemokratie als auch die Christdemokratie versuchte, den Kapitalismus durch Reformen wie die Umverteilung des Reichtums zu humanisieren. Die radikale Linke wollte ihn durch eine revolutionäre Enteignung von privatem Produktivvermögen stürzen und dieses in öffentliche Hände geben. Keine dieser Maßnahmen war meiner Ansicht nach eine Bedrohung für den Kapitalismus, weil sie seine konstitutive Dynamik – die kompetitive Produktion von Profit – nicht behindern. Man erinnere sich daran, dass der Zusammenstoß zwischen den kommunistischen Diktaturen und den kapitalistischen Demokratien während des Kalten Krieges die kompetitive Produktion von Profit verewigt hat, indem sie einfach mit anderen Mitteln verfolgt wurde.

Die mittlerweile gut geölte politische Maschinerie der liberalen Demokratie ist trotz der berechtigten Kritik an ihren Schwächen dennoch in der Lage, radikale Veränderungen durch stufenweise politische Reaktionen auf öffentliche Bestrebungen herbeizuführen, solange unterschiedliche Öffentlichkeiten in die gleiche Richtung drängen. Diese Logik des Aufbaus einflussreicher Allianzen führte zur Kodifizierung von Grundrechten (lange vor dem Aufkommen der Massendemokratie), zur Rassen- und Geschlechtergleichheit (trotz des Widerstands numerischer Mehrheiten und mächtiger Minderheiten) sowie zum Wohlfahrtsstaat der Nachkriegszeit.

Symptomatisch für das greifbare Potenzial einer antikapitalistischen Verschiebung der öffentlichen Meinung ist, dass die Idee des demokratischen Sozialismus in den Vereinigten Staaten, dem Flaggschiff der kapitalistischen Demokratie, an politischem Einfluss gewinnt. Dies zeigte sich an der begeisterten Unterstützung junger Amerikaner für Bernie Sanders im Vorfeld der Präsidentschaftswahlen 2016. Die Zahl der Mitglieder bei den Democratic Socialists of America hat sich zwischen 2016 und 2018 verzehnfacht. Die Niederlage des langjährigen Demokratenchefs und Kongressabgeordneten Joe Crowley (typisches Mitglied der demokratischen Partei des neoliberalen Politik-Establishments) gegen die demokratische Sozialistin Alexandria Ocasio-Cortez bei den Vorwahlen in Queens, New York, im Juni 2018 wurde zum Sinnbild für das Phänomen der „sozialistischen Millennials".

Politisch engagierte Millennials sprechen sich sowohl gegen Armut als auch für die Rettung der Umwelt aus, grundlegende Anliegen für das Leben. Diese beiden Ziele können nur durch radikale Praktiken erreicht werden, die sich gegen die kompetitive Produktion von Profit – ergo gegen den Kapitalismus – richten, auch wenn nicht alle die Ideen des Sozialismus oder Kommunismus befürworten. Bezeichnend für einen aufkommenden antikapitalistischen Impetus ist auch das Mainstreaming von Sorgen über Ungleichheit im politischen Diskurs aller politischen Gemeinschaften, nachdem die „Occupy"-Bewegung ein jahrzehntelanges Tabu über die Erwähnung von Ungleichheit im politischen Diskurs gebrochen hat.

Welche politische Kraft genau diese emanzipatorische Politik initiiert, ist von untergeordneter Bedeutung. Die „europäische Säule sozialer Rechte", die 2016 ins Leben gerufen wurde, war beispielsweise eine Initiative der rechten Mitte. In den Vereinigten Staaten richten sich viele der Maßnahmen zum Schutz von Arbeitsplätzen, die Präsident Trump befürwortet oder auf den Weg gebracht hat (wie der Ausstieg des Landes aus der Transpazifischen Partnerschaft), gegen die kompetitive Produktion von Profit und wurden auch von linken politischen Gruppen unterstützt.

Diese Entwicklungen, ebenso wie der Schock, dass wütende Amerikaner einen Außenseiter-Präsidentschaftskandidaten durch die demokratische Wahl brachten, oder die Gegenwelle politischer Proteste, die Trumps Präsidentschaft begleitet hat, signalisieren, dass die technokratische Politik der Alternativlosigkeit (die TINA-Politiklogik) – sie lähmte die westlichen Demokratien in den vergangenen drei Jahrzehnten – vorbei ist. Die institutionellen Kanäle der liberalen Demokratien wurden geöffnet. Sie nehmen soziale Unzufriedenheit wirksam auf und übersetzen sie in Engagement für radikale Alternativen. Die Beschwerden der Masse gegen die Auswirkungen der kompetitiven Profitproduktion könnten durch die Mechanismen der demokratischen Politik politischen Ausdruck finden.

Dies würde auf die Überwindung des Kapitalismus hinauslaufen, auf eine Weise, die Antonio Gramsci „passive Revolution" genannt hat – eine entscheidende, aber schrittweise Verwandlung der sozialen Ordnung, eine radikale, aber nicht rauschhafte Veränderung. Darin liegt die Radikalität der gegenwärtigen Konjunktur, auch wenn sich der Kapitalismus von der jüngsten wirtschaftlichen Talfahrt erholt hat, das Gerede über die Krise des Kapitalismus leiser wurde, eine organisierte revolutionäre Kraft nicht in Sicht ist und die utopischen Modelle für eine postkapitalistische Gesellschaft weitgehend verworfen sind.

Es gibt noch eine weitere Quelle der Hoffnung. Die Generation, die jetzt erwachsen wird – politisch, kulturell, wirtschaftlich –, ist misstrauisch gegenüber den Dogmen sowohl des Kapitalismus als auch des Sozialismus und wird sich nicht von abgestandenen politischen Rezepten einnehmen lassen. Der gegenwärtige Kontext ähnelt dem vom Frühjahr 1968, als junge Menschen ihre Frustration über die bedrückenden Gewissheiten der älteren Generation in einen Umbruch der politischen Vorstellungskraft verwandelten, der über die zaghaften Ambitionen von Inklusion und Gleichheit hinausreichte – sie forderten eine brandneue Welt. Das Jahr 1968 liegt hinter uns und bietet keine willkommenen Entwürfe. Doch eine neue, zahlenmäßig stärkere und in ihrer stillen Unzufriedenheit verbitterte Menge fordert eine Art von Leben, die der gegenwärtige Kapitalismus nicht liefern kann. Wir brauchen nicht die Krücken einer Utopie, einer Krise oder einer Revolution, um den Ausweg zu finden.

Anhang: Zusammenfassung des theoretischen Rahmens

I. Zur gesellschaftlichen Organisation

Die **soziale Ordnung** der gegenwärtigen westlichen Gesellschaften umfasst den **Kapitalismus** als System sozialer Beziehungen und die **liberale Demokratie** als System politischer Herrschaft. Somit kann der Kapitalismus mit einer Vielzahl von politischen Systemen kombiniert werden (z. B. der demokratische Kapitalismus der Vereinigten Staaten und Europas; Chinas autokratischer Kapitalismus). Als eine historisch besondere, moderne Gesellschaftsformation ist der Kapitalismus nicht auf „Marktwirtschaft" oder „Marktgesellschaft".

Das **Repertoire des Kapitalismus** ist eine Einheit aus den folgenden Kernelementen:

1. Zwei *systemische Dynamiken* (Dynamiken, die sich auf das soziale System beziehen):

   (a) Eine *konstitutive Dynamik (operative Logik): die kompetitive Produktion von Profit.* Diese verbindet drei organisierende Prinzipien: Konkurrenz, Profitmacherei und Produktion (die produktivistische, statt schöpferische Natur der Arbeit – d. h. die Arbeit, die mit der Produktion von Waren beschäftigt ist). Die konstitutive Dynamik prägt Vorstellungen von Lebenschancen (für ein erfolgreiches Leben und ein erfülltes Selbst), bevor diese Chancen verteilt werden.

   (b) Eine ermöglichende Dynamik der *ursprünglichen Aneignung:* die Aneignung dessen, was im kompetitiven Streben nach Profit eingesetzt werden soll.

2. *Interne Struktur:* Institutionen mit strukturierender Wirkung, die die konstitutive Dynamik in Gang setzen, wie Privateigentum, Verwaltung der Produktionsmittel und der „freie" Arbeitsvertrag. Diese Institutionen bestimmen die sozialen Beziehungen und gestalten die Verteilung der Lebenschancen in der Gesellschaft.

3. *Ethos:* Weltanschauungen, die das Verhalten orientieren und ihm den Sinn des rationalen Unternehmertums unter individueller Initiative geben. Sie ermöglichen es dem Kapitalismus, seine Legitimation aus der Korrelation zwischen unternehmerischen Risiken und Chancen in der gesellschaftlichen Verteilung von Lebenschancen zu beziehen (siehe auch *Legitimationsmatrix).*

Modalitäten des Kapitalismus sind historische Konfigurationen des Repertoires des Kapitalismus. Veränderungen treten auf, wenn neue Umstände neue gesellschaftliche Chancen und Risiken schaffen, wenn die Korrelation zwischen Risiken und Chancen gestört wird oder wenn neue öffentliche Wahrnehmungen über die gerechte Verteilung von Lebenschancen entstehen. Es gibt vier solcher sequenziellen Modalitäten:

- Liberaler Kapitalismus (19. Jahrhundert);
- Wohlfahrtskapitalismus (der größte Teil des zwanzigsten Jahrhunderts);
- neoliberaler Kapitalismus (spätes zwanzigstes Jahrhundert); und
- Prekaritätskapitalismus (frühes einundzwanzigstes Jahrhundert – aktuelle Ära).

Der **Prekaritätskapitalismus** ist die jüngste historische Ausprägung des Repertoires des Kapitalismus. Seine Kernmerkmale sind: (1) allgemeine Verbreitung der Prekarität über soziale Klassen, Berufsgruppen und Einkommensniveaus hinweg; (2) aktive Umverteilung von Ressourcen durch die öffentliche Autorität weg von schwachen wirtschaftlichen Akteuren hin zu mächtigen Akteuren – im Streben nach globaler wirtschaftlicher Wettbewerbsfähigkeit; (3) angstbasierte Motivation, sich im System zu engagieren. Diese Modalität des Kapitalismus ist durch zwei innere Widersprüche gekennzeichnet: *Beschäftigungsüberschuss* (die gleichzeitige Zunahme des Dekommodifizierungspotenzials moderner Gesellschaften und die Zunahme von Kommodifizierungszwängen) und *akute Arbeitsplatzabhängigkeit* (die Spannung zwischen abnehmender Verfügbarkeit von guten Arbeitsplätzen und zunehmender Abhängigkeit von einem Arbeitsplatz als Quelle des Lebensunterhalts).

Die **liberale Demokratie** ist ein politisches System: das heißt, ein institutionalisiertes System politischer Herrschaft. Sein „Repertoire" besteht aus:

1. *Operative Logik/Prinzip:* das kompetitive Streben nach einem öffentlichen Amt;
2. *Strukturen* (Institutionen mit strukturierender Wirkung), die die operative Logik umsetzen, wie z. B. Volkswahlrecht und kompetitive Wahlen, verfassungsmäßig kodifizierte Grundrechte und rechenschaftspflichtige Regierung; und
3. *Ethos:* Volkssouveränität, verstanden als rationales Unternehmen der kollektiven Selbstbestimmung. Dies ermöglicht es der Demokratie, ihre Legitimität aus den Werten der individuellen Autonomie und der Gleichheit der Bürgerschaft zu beziehen (siehe auch *Legitimationsmatrix).*

Sozialismus ist ein System gesellschaftlicher Beziehungen, das auf der vollständigen Vergesellschaftung der Produktionsmittel beruht, die entweder als Gemeinschaftseigentum oder in der Hand der zentralen öffentlichen Gewalt sind.

II. Zur Legitimität

Ich verwende vier Konzepte, um Legitimation als einen Prozess zu diskutieren, in dem die Subjekte einer gegebenen sozialen Ordnung diese als gerecht anerkennen: *Ethos, Legitimationsmatrix, politischer Bezugsrahmen* und *Legitimitätsabkommen.*

Ethos ist die Einheit von kognitiven und normativen Orientierungen bezüglich der Ansichten über Wahrheit, Angemessenheit und Akzeptanz. Es ist der gesellschaftliche „gesunde Menschenverstand" oder die Rationalität.

Die **Legitimationsmatrix** ist die Menge der normativen Ressourcen, aus denen die Legitimität der sozialen Ordnung entspringt – ihre Grundregeln der Fairness. Die Legitimationsmatrix einer sozialen Ordnung besteht aus einer Reihe von allgemein geteilten Ansichten über Lebenschancen und deren gerechte Verteilung. Der Kapitalismus als System sozialer Beziehungen stützt sich seit seinen Anfängen auf folgende Grundregel: In einer (idealisierten) Marktgesellschaft sollen Risiken und Chancen für jeden Teilnehmer zueinander in Beziehung gesetzt werden. Die Legitimationsmatrix der liberalen Demokratie als politisches System schreibt die gegenseitige Anpassung von individueller Autonomie und kollektiver Selbstbestimmung vor. Dieses Arrangement wird durch eine weitere Grundregel abgesichert: die Gleichheit der Staatsbürgerschaft. Die Legitimationsmatrix des demokratischen Kapitalismus (einer Gesellschaftsordnung mit Kapitalismus als sozialem System und Demokratie als politischem System) verbindet die Regeln, dass Chancen und Risiken miteinander korrelieren und dass alle Mitglieder ein Mitspracherecht bei der Verteilung der Lebenschancen haben. Die Legitimationsmatrix beherbergt den Prozess der Politisierung sozialer Missstände in Forderungen nach politischem Handeln, die an die öffentliche Autorität gerichtet sind.

Der **politische Bezugsrahmen** ist ein breiteres gesellschaftliches Verständnis (politischer Common Sense) darüber, was als politisch relevantes soziales Anliegen gilt (z. B. Armut, Ungleichheit, Kriminalität, Umweltzerstörung). In diesem Rahmen ist das Legitimitätsabkommen angesiedelt.

Das **Legitimitätsabkommen** ist die explizite Legitimitätsbeziehung zwischen der öffentlichen Autorität und den Bürgern. Im Rahmen des politischen Bezugsrahmens legt es fest, welche Handlungen die öffentliche Hand für die Gesellschaft ausführen soll, um die gerechte Verteilung von Lebenschancen (die politischen Leistungen) zu sichern, wie sie in der Legitimationsmatrix verstanden wird. Das Legitimitätsabkommen ändert sich, wenn die Legitimationsmatrix bedroht ist, um sie zu sichern. Dies ermöglicht erhebliche Veränderungen innerhalb eines gegebenen sozialen Systems (erzeugt Modalitäten des Systems), um es intakt zu halten.

Die vier Begriffe sind durch absteigende Gültigkeit und steigende Spezifität miteinander verbunden. Das heißt, *Ethos* hat den größten Geltungsbereich und ist der am wenigsten spezifische Begriff, während das *Legitimitätsabkommen* den engsten Geltungsbereich hat und der spezifischste Begriff unter den vier ist. Sie alle ermöglichen die Politisierung eines sozialen Phänomens zu einem Objekt der Politikgestaltung.

Politisierung ist der Prozess, in dessen Verlauf ein soziales Phänomen öffentliche Aufmerksamkeit erlangt und schließlich zu einem herausragenden Objekt der Politik wird.

Das **Recht auf Politik** ist der Anspruch darauf, dass ein Missstand der Ungerechtigkeit als relevantes soziales Anliegen und als gültiges Objekt der Politikgestaltung betrachtet wird. Es sichert einen fortlaufenden Prozess der Politisierung durch eine kontinuierliche Auseinandersetzung mit den verbindlichen Regeln und Praktiken der Gesellschaft. Das Spektrum der Praktiken, durch die ein Missstand politische Relevanz erlangt, reicht von der Deliberation bis zum Aufruhr. Das Recht auf Politik bildet zusammen mit dem „Recht, Rechte zu haben" (Arendt) und dem „Recht auf Rechtfertigung" (Forst) eine eigene Kategorie, die ich *Meta-Rechte* nenne; diese sind konstitutiv für das Politische, während gewöhnliche Rechte (einschließlich der Grundrechte auf Leben und Freiheit) die Qualität des Politischen bestimmen (d. h. die politische Zugehörigkeit stringenter machen).

Eine **Krise der Krise** ist ein Zustand, in dem man in einer Krise feststeckt. Es gibt prinzipiell drei Lösungen für eine Krise: den Tod, die Rückkehr zum Zustand vor der Krise oder den Übergang zu einem neuen Zustand. Die Perpetuierung der Krisenbewältigung in einen neuen Normalzustand schafft eine Situation, in der die Krise selbst in eine Krise gerät (Krise der Krise): die Krise wird nicht gelöst und keiner der üblichen drei Ausgänge tritt ein. Prekarität wird zu einem immerwährenden Merkmal des Lebens, das alle sozialen Schichten umfasst.

III. Über Herrschaft

Die systemische Dynamik, die Strukturen und die Verteilungsergebnisse der Funktionsweise des Kapitalismus bringen drei Arten von Herrschaft und die damit einhergehenden Formen von Ungerechtigkeit mit sich:

1. **Relationale Herrschaft** besteht in der Unterordnung einer Gruppe von Akteuren unter eine andere durch die ungleiche Verteilung von Macht in der Gesellschaft. Entsprechende Formen der Ungerechtigkeit *(relationale Ungerechtigkeit)* sind Ungleichheit und Ausgrenzung. Typische Abhilfemaßnahmen sind Inklusion und Machtausgleich (z. B. durch Ausweitung des Wahlrechts oder Umverteilung von Vermögen). Nicht alle Ungleichheiten führen zu relationaler Herrschaft.

2. **Systemische Herrschaft** besteht in der Unterwerfung aller Mitglieder der Gesellschaft unter die operative Logik des sozialen Systems, einschließlich der Gewinner der asymmetrischen Machtverteilung. Im Kapitalismus wird sie durch den Imperativ der kompetitiven Produktion von Profit hervorgerufen, dem sowohl die Eigentümer und Manager des Kapitals als auch die Arbeiter unterliegen. *Systemische Ungerechtigkeit* hat mit sozialem Schaden zu tun, der über die ungleiche Verteilung von sozialem Vorteil und Nachteil hinausgeht; es handelt sich um den Schaden, der durch die Vorstellung dessen verursacht wird, was einen sozialen Vorteil ausmacht (das Ideal eines erfolgreichen Lebens und die Vorstellung eines erfüllten Selbst). Diese Vorstellung wird von der operativen Logik des Systems erzeugt, d. h. der systemspezifischen Definition des sozialen Status. Daher sind alle, die in den Prozess

der kompetitiven Profitproduktion eingebunden sind, von der Kommodifizierung der Arbeit (der Behandlung der Arbeitsfähigkeit einer Person als Ware, die für den Marktaustausch produziert wird) und der Entfremdung betroffen, während die Zerstörung der Umwelt ein Schaden ist, den die gesamte Menschheit erleidet, wenn auch in unterschiedlichem Ausmaß. Die Emanzipation von der systemischen Herrschaft würde die Beseitigung der operativen Logik des Systems erfordern – im Fall des Kapitalismus die kompetitive Produktion von Profit.

3. **Strukturelle Herrschaft** betrifft die Urteils- und Handlungszwänge, die die wichtigsten strukturierenden Instanzen des sozialen Systems den Akteuren auferlegen. *Strukturelle Ungerechtigkeit* besteht in der Unfähigkeit einiger Akteure, die Institutionen zu kontrollieren, durch die die operative Logik des sozialen Systems verordnet wird, was sich in ihrer Ohnmacht äußert, die „Spielregeln" zu beeinflussen. Ein typisches Beispiel im Fall des Kapitalismus ist die Ausbeutung der Arbeit, die nicht durch Umverteilung oder höhere Löhne behoben werden kann, und zwar deshalb, weil die kompetitive Produktion von Profit erfordert, dass ein Teil des von den Arbeitern produzierten Mehrwerts in die Aufrechterhaltung der Wettbewerbsfähigkeit des Unternehmens reinvestiert wird, in dem sie beschäftigt sind. Die Befreiung von struktureller Ungerechtigkeit erfordert die Abschaffung der Institutionen, die die strukturelle Herrschaft hervorbringen. Im Fall des Kapitalismus sind dies das Privateigentum an Produktionsmitteln und der Markt als Mechanismus für die Zuteilung von Produktionsleistungen und Überschüssen (jedoch nicht als Mechanismus zur Deckung von Angebot und Nachfrage bei der Verteilung von Gütern für den persönlichen Konsum).

Das **Paradox der Emanzipation** ist eine Situation, in der der Erfolg im Kampf gegen eine Form der Herrschaft um den Preis der Verschärfung einer anderen Form erreicht wird. Kämpfe gegen Ungleichheit und Exklusion (relationale Herrschaft) tendieren dazu, den Wert des sozialen Systems, in dem Ungleichheit und Exklusion erzeugt werden, zu erhöhen und damit die Legitimität eines ungerechten Systems zu steigern.

Emanzipatorische Praxis ist ein dauerhaftes Muster von Aktivitäten (sozialen Interaktionen), die auf die Beseitigung von systemischer, struktureller und relationaler Herrschaft abzielen.

Radikale oder **revolutionäre Praxis** ist emanzipatorische Praxis, die darauf abzielt, systemische Herrschaft zu beseitigen.

Anmerkungen

Einleitung: „Wie konnte das passieren?"

1 So beschrieb der Ökonom Joseph Stiglitz (2003) das letzte Jahrzehnt des 20. Jahrhunderts, als spektakuläre Arbeitsplatzschaffung, technologische Innovation, die das Produktivitätswachstum ankurbelte, und niedrige Inflation zusammenkamen, um einen beispiellosen Wohlstand im Westen und anderswo zu sichern, bevor er dessen lehmiges Fundament aufdeckte.

2 Die Die Fraktion Die Linke im Europäischen Parlament – GUE/NGL beauftragte mich 2002 mit der Erstellung dieser Studie im Hinblick auf die bevorstehenden Europawahlen 2004. Eine Version des Berichts, den ich 2003 vorlegte, wurde in Azmanova (2004) veröffentlicht.

3 Berichten zufolge weigerte sich sogar Marx, sich als Marxist zu bezeichnen, d. h. als Denker, der sich einer Methode der sozioökonomischen Analyse verschrieben hat, die auf abstrakten Gesetzen beruht, die aus Marx' historischer Darstellung des europäischen Kapitalismus des 19. Jahrhunderts abgeleitet wurden (Engels, „Brief an Bernstein", 1882; Engels, „Brief an Schmidt", 1890).

4 Gloria Steinem ist berühmt für ihre Frustration über die Unübersichtlichkeit der feministischen Wissenschaft, die in der Derrida'schen Dekonstruktion wurzelt. Die bekannte Feministin hat oft scherzhaft damit gedroht, ein „Vorsicht! Dekonstruction voraus!"-Schild an der Straße nach Harvard und Yale aufzustellen (vgl. Steinem 2015).

1. Die Beinahe-Krise des Kapitalismus

1 Für beide Denker sind Krisen ein Kernmerkmal der Dynamik des Kapitalismus – ein Prozess, in dem der „Sturm der schöpferischen Zerstörung" ausgehend von der technologischen Innovation das Alte beseitigt und das Neue hervorbringt. Schumpeter eignete sich die Idee von Marx an und popularisierte sie.

2 Siehe Blanchard (2010) nur einer ausführlichen Darstellung, dass die Krise aus einer Politik resultierte, die auf einer ökonomischen Analyse beruhte, der die ethischen Erwägungen fehlten, die der politische Ökonom Adam Smith und der religiöse Denker John Calvin (in ihren Analysen von Arbeit, Konsum und Handel) als wesentlich für die wirtschaftliche Tätigkeit erachteten, nämlich Ehrlichkeit, „Nächstenliebe" und Achtung vor dem Gesetz.

3 Verabschiedet auf dem Kongress in Lissabon am 7. und 8. Dezember 2018: https://www. pes.eu/ export/sites/default/.galleries/ Documents-gallery/Resolutions_PES_Congress_2018.pdf_ 2063069299.pdf.

4 Wie der Ökonom Michael Roberts (2016) feststellte, ist der Grund für die langwierige Nachkrisenperiode mit langsamem Wachstum und schwacher Produktivität die Tatsache, dass die Rentabilität des Kapitals zu niedrig ist. Er behauptet,

dass ein schnelles Wirtschaftswachstum erst dann zurückkehren wird, wenn ein weiterer Einbruch eine ausreichend hohe Profitrate wiederherstellt, was durch weitere Sparmaßnahmen (Kürzungen bei öffentlichen Investitionen und Löhnen) und Einschränkungen der Verhandlungsmacht der Arbeitnehmer gewährleistet werden kann.

5   Präsident Trump wurde gegen offene Märkte (Globalisierung) und nicht gegen den freien Inlandsmarkt gewählt. Die Aussicht auf einen Sieg der rechtsextremen Marine Le Pen bei den französischen Präsidentschaftswahlen 2017 mobilisierte Wählerunterstützung für Emmanuel Macron, einen ehemaligen sozialistischen Politiker, der sich öffentlich vom Sozialismus lossagte und den freien Markt befürwortete. Als Wirtschaftsminister hatte Macron die Liberalisierung der französischen Wirtschaft gelenkt. Als er die Präsidentschaft übernahm, begann er mit der Senkung der Unternehmenssteuern und der Kürzung der französischen Vermögenssteuer, um alle finanziellen Vermögenswerte zu schonen, und versprach, innerhalb von fünf Jahren sechzig Milliarden Euro an öffentlichen Ausgaben zu kürzen.

6   Berichtet vom Netzwerk Feeding America unter „What Is Food Insecurity?", https://www.feedingamerica.org/hunger-in-america/food-in security.

7   Betrachtet man die Wahllandschaft unmittelbar nach der Krise, so brachten die Wahlen in den Jahren 2010 und 2011 Mitte-Rechts in Spanien, Portugal, der Schweiz, Finnland, Andorra, Irland, Italien, Dänemark, Großbritannien und den Niederlanden an die Macht – um nur die „reifen" Demokratien Europas zu nennen. In diesem Zeitraum ging die Mehrheit der Stimmen nur in Schweden an Mitte-Links, wo die Sozialdemokraten nur 0,6 Prozentpunkte mehr erhielten als die wirtschaftsliberale Moderate Sammlungspartei. (Die Stimmen für erstere gingen in der nächsten Runde deutlich zurück, während die Stimmen für letztere beträchtlich zunahmen.)

2. Kapitalismus auf dem Prüfstand

1   Es geht um die Fähigkeit des Staates, gesellschaftliche Ressourcen so zu verwalten und zu verteilen, dass sie zur Verwirklichung der vorherrschenden Gerechtigkeitsvorstellungen beitragen (Offe 1985, 5).

2   Theodor W. Adorno und Ernst Bloch, „Etwas fehlt... Über die Widersprüche der utopischen Sehnsucht. Ein Gespräch mit Theodor W. Adorno", in Gespräche mit Ernst Bloch, Rainer Traub und Harald Wieser, Hg. (Frankfurt am Main: Suhrkamp, 1975), 58-77. Man kann die Debatte zwischen Adorno und Bloch hier nachhören: https://archive.org/details/Adorno-ErnstBloch-MglichkeitenDerUtopieHeuteswf1964

3. Ideologien für das neue Jahrhundert

1   Berichtet in James Polity, „Migration Opens the Door to Italy's Populists", Financial Times, 1. August 2017, https://www.ft.com/content/b964453a-72b1-11e7-aca6-c6bd07df1a3c.

2   Gordon Brown lancierte diesen Slogan auf der Jahreskon-
    ferenz von Labour im Jahr 2007; er wurde vor allem bei der
    Anti-EU-Mobilisierung für das Referendum im Juni 2016 ver-
    wendet, als 51,9 Prozent für den Austritt Großbritanniens aus
    der Europäischen Union (Brexit) stimmten.
3   Der Vortrag wurde bei den Seminaren „Philosophers bridge
    the Bosphorus" in Istanbul gehalten, 19. bis 24. Mai 2010,
    http://www.resetdoc.org/story/00000021088.
4   In den 1990er-Jahren gewannen rechte und/oder Protestpar-
    teien beträchtliche Wählerunterstützung und zogen sogar in
    die Parlamente der reifen Demokratien Westeuropas, Kanadas
    und Australiens sowie der jungen postkommunistischen De-
    mokratien Ost- und Mitteleuropas ein (Azmanova 2004; Nor-
    ris 2005).
5   Die Dienstleistungsrichtlinie der EU (Richtlinie 2006/123/
    EG) ermöglichte es einem Arbeitnehmer aus einem beliebigen
    Mitgliedstaat (z. B. einem polnischen Installateur), in einem
    anderen Staat (z. B. Frankreich) unter dem Arbeitsrecht des
    ersteren zu arbeiten. So würde ein Installateur, der in Frank-
    reich über ein polnisches Unternehmen angestellt ist, die pol-
    nischen Löhne erhalten, die viel niedriger als die französischen
    Löhne sind.
6   Tea-Party-Mitglieder beetonen weniger die Bedrohung durch
    Einwanderer, die amerikanische Arbeitsplätze wegnehmen;
    ihre Hauptsorge gilt der illegalen Verwendung von staatlichen
    Geldern (durch öffentliche Unterstützung oder Inanspruch-
    nahme staatlicher Dienstleistungen) durch nicht autorisierte
    Einwanderer (Skocpol, Williamson und Coggin 2011).
7   Im Vorfeld der französischen Präsidentschaftswahlen 2012
    warf der Generalsekretär des Front National, Steeve Briois,
    Jean-Luc Mélenchon, dem Vorsitzenden des Front de Gauche,
    vor, dass seine einwanderungsfreundlichen Positionen ihn zu
    einem Feind der arbeitenden Bevölkerung machten und nicht
    „des französischen Volkes", wie es bis kurz zuvor noch der Fall
    gewesen wäre. („Mélenchon, par ses positions ouvertement
    immigrationnistes et anti-francaises, est l'ennemi du peuple
    ouvrier", zitiert in „Le Front national pris en faux par Melen-
    chon", Liberation, 30. Mai 2012).
8   Siehe z. B. Yalda Hakim, „Migrant Crisis: ‚Hipster Right'
    Group Trying to Stop Rescue Ships", BBC News, 8. Juli 2017,
    http://www.bbc.com/news/world-europe-40505337.
9   Die erste moderne Phase der Globalisierung, vom 17. bis zum
    späten 19. Jahrhundert, war die der Imperien. Zu den histori-
    schen Phasen und den verschiedenen Prozessen, die die globa-
    le Verflechtung vorantreiben, siehe Mann (1986–2012), Held
    (1999) und Held und McGrew (2007).
10 Umfragen zeigten, dass die Themen, die die Ablehnung des
    Europäischen Verfassungsvertrags in Frankreich und den Nie-
    derlanden im Jahr 2005 über die Links-Rechts-Grenze hinweg
    motivierten, die Angst vor der Verlagerung von Arbeitsplätzen,
    die Angst vor Einwanderung und eine übermäßige wirtschaft-

liche Liberalisierung waren (Europäische Kommission 2005a, 2005b). Die vorherrschende Assoziation in der öffentlichen Wahrnehmung der EU mit der Politik der offenen Grenzen (Globalisierung und Erweiterung) erklärt den radikalen Rückgang der Unterstützung für die EU-Integration unter den französischen Sozialisten: Im Vergleich zur Abstimmung über den Vertrag von Maastricht im Jahr 1992 ist die Unterstützung für die EU unter den Wählern der Sozialisten und der Grünen, die zuvor sowohl die europäische Integration als auch die Erweiterung unterstützt hatten, stark zurückgegangen.

11 Erinnern wir uns an den Enron-Finanzskandal im Jahr 2000, den Angolagate-Skandal (Waffen gegen Öl) in Frankreich, die Verurteilung des ehemaligen französischen Präsidenten Jacques Chirac wegen Missbrauchs öffentlicher Gelder während seines Wahlkampfes in den 1990er-Jahren, die Augusta-Affäre in Belgien in den 1980er-Jahren (Bestechung von Amtsinhabern durch Luftfahrtunternehmen) oder den Spesenskandal im britischen Parlament im Jahr 2009, um nur einige der Entwicklungen zu nennen, die das öffentliche Vertrauen in die politischen und wirtschaftlichen Eliten erschüttert haben, lange bevor die sozialen Auswirkungen der Finanzkrise spürbar wurden.

12 In einer Stichprobe von EU-15-Ländern ist der Rückgang des Vertrauens in politische Institutionen in den Ländern am höchsten, in denen die Austerität eine Folge der Rettung von Banken durch die Regierungen mit öffentlichen Geldern ist (Roth, Nowak-Lehmann und Otter, 2011).

13 Ich bin Claus Offe dankbar, dass er mir geholfen hat, diesen Punkt zu formulieren, den ich in Azmanova 2004 ausführlicher behandelt habe.

14 Wie viel Entscheidungsgewalt man König Ludwig XVI. überlassen sollte, war die strittigste Frage unter den Abgeordneten der französischen Verfassunggebenden Versammlung, die im Sommer 1789 zusammentrat, um die erste schriftliche Verfassung der Nation auszuarbeiten. (Verabschiedet wurde sie 1791.) Die antiroyalistischen Revolutionäre setzten sich zur Linken des Vorsitzenden, während sich die Befürworter der Monarchie zu seiner Rechten versammelten. Bemerkenswert ist, dass die „Monarchiens" („Monarchisten"), auch Demokratische Royalisten genannt, ein dem britischen Modell ähnliches Modell (eine konstitutionelle Monarchie mit einem Zweikammerparlament) vertraten: Das heißt, beide Seiten suchten ihre Legitimation in demokratischen Werten.

15 Da der Wettbewerb um die Stimmen auf die endgültige Wahl der Bürger abzielt, lassen sich Alternativen am besten als binäre Oppositionen entlang einer Links-Rechts-Dimension darstellen. Ein zusätzlicher Faktor für die eindimensionale Struktur der Wahl, besonders in Mehrparteiensystemen, ist die Notwendigkeit der Koalitionsbildung. Die Bildung politischer Allianzen zur Regierungsbildung macht es notwendig, dass ideologische Divergenzen entlang einiger Linien ignoriert werden. (In der umfangreichen Literatur hierzu siehe z. B.:

Schattschneider 1948; Sartori 1976; Oppenhuis 1995; Fuchs und Klingemann 1990; Thomassen 1994.)

16 Die in den Abbildungen verwendeten Bezeichnungen entsprechen der europäischen Politik. Die Logik der Aggregation der öffentlichen Präferenzen ist die gleiche in den Vereinigten Staaten, wobei die Demokratische Partei den oberen linken Quadranten und die Republikanische Partei den unteren rechten Quadranten einnimmt.

17 Ronald Inglehart hat diesen Trend seit den 1970er-Jahren über den World Values Survey (http://www.worldvaluessurvey.org/wvs.jsp) nachgezeichnet. Seiner Ansicht nach brachte die postindustrielle Revolution den Übergang von der „alten Politik", die sich auf Brot-und-Butter-Sorgen wie Einkommen und Wohnen konzentrierte, zu einer „neuen Politik", die sich auf Lebensstil, Selbstdarstellung, Bürgerdemokratie, Identitätsrechte und Umweltbelange konzentrierte; dies führte schließlich zu einer neuen politischen Kultur (Inglehart 1977, 2008). Siehe auch die Beiträge in Clark und Hoffman-Martinot (1998).

18 Wie Peter Mair formuliert hat, werden in einem Kontext zunehmender sozialer Mobilität und Heterogenität „Bedeutungen nicht mehr geteilt und die Implikationen politischer Haltungen auf der linken oder rechten Seite werden fast unlesbar" (Mair 2007b, 24).

19 Die Europawahl 2004 bescherte der Fraktion der europäischen Liberaldemokraten den mit Abstand höchsten Zuwachs an Wahlerfolgen. Diese Fraktion konnte ihre verbesserte Position bei den Wahlen im Juni 2009 halten. Dieses Phänomen wiederholte sich auf der Ebene der nationalen Wahlen in ganz Europa. (Siehe Azmanova 2011a für weitere Details.)

20 Pelosi machte diese Bemerkung in einem CNN-„Town Hall"-Interview im Januar 2017, als sie von Trevor Hill gefragt wurde, ob die Demokratische Partei in wirtschaftlichen Fragen weiter nach links rücken könnte, und zitierte dabei Belege dafür, dass die Mehrheit der jungen Erwachsenen in den USA den Kapitalismus ablehnt. CNN, „Pelosi: Democrats are capitalists", http://www.cnn.com/videos/politics/2017/02/01/nancy-pelosi-town-hall-capitalism-sot.cnn.

21 Wie von Bernard Cassen, dem Gründer der französischen Protestpartei Attac, argumentiert (zitiert in Harman 2007).

22 Der Begriff der „freien Märkte" bezeichnet eine minimale Regulierung eines heimischen Marktes, einen Laissez-faire-Kapitalismus. Im Gegensatz dazu bezieht sich Marktoffenheit auf die Regeln, die den Austausch zwischen inländischen Volkswirtschaften regeln, normalerweise durch Handel und Investitionen. Man kann sich den Austausch zwischen stark regulierten inländischen Volkswirtschaften (unfreie, aber offene Märkte), geschlossenen inländischen freien Marktwirtschaften (Autarchien) und gegenseitig integrierten freien inländischen Märkten (offene freie Märkte) vorstellen.

23 „Ni patrie, ni patron. Ni Le Pen, ni Macron. On vaut mieux que ca" („Weder das Vaterland noch der Boss. Weder Le Pen

noch Macron. Wir haben Besseres verdient"). Unter diesen Slogans marschierten Gymnasiasten in ganz Frankreich in einem, wie die Medien es nannten, „wilden Marsch" vor der letzten Runde der französischen Präsidentschaftswahlen im April 2017.

4. Aus dem Leben des demokratischen Kapitalismus

1 Ich beziehe mich hier auf *soziale* Risiken und Chancen, die durch die besondere Organisation des Systems der sozialen Beziehungen bedingt sind. Die ungleiche Verteilung von Risiken und Chancen unter den Bürgern, die auf eine zufällige Verteilung zurückzuführen ist, gehört nicht dazu. Ich bin Philippe Schmitter dankbar, dass er mich zu dieser Klarstellung veranlasst hat. Dies steht im Einklang mit meiner Konzeptualisierung von Ungerechtigkeit als soziales Unrecht, auch wenn ich Judith Shklars (1992) Position zustimme, dass man keine starren Regeln aufstellen kann, um Unglücksfälle von Ungerechtigkeit zu unterscheiden.

2 Tocqueville macht diesen Punkt wiederholt in den beiden Bänden von „Demokratie in Amerika". Lassen Sie mich nur dies zitieren: „Ich glaube, dass demokratische Gemeinschaften eine natürliche Vorliebe für Freiheit haben. Aber für die Gleichheit ist ihre Leidenschaft glühend, unersättlich, unaufhörlich, unbesiegbar; sie rufen nach Gleichheit in Freiheit; und wenn sie diese nicht erlangen können, rufen sie immer noch nach Gleichheit in Sklaverei. Sie werden Armut, Knechtschaft, Barbarei ertragen, aber sie werden keine Aristokratie ertragen" (Tocqueville [1835] 1990, 2:97).

3 In den Vereinigten Staaten sprach Präsident Franklin Delano Roosevelt von der Notwendigkeit einer „großen kooperativen Bewegung", um die „nationale Notlage zu bewältigen, die durch weit verbreitete Arbeitslosigkeit und Desorganisation der Industrie entsteht" (Rede vom 16. Juni 1933 zum National Industrial Recovery Act, http://www.presidency.ucsb.edu/ws/? pid= 14673).

4 Die erste Taxonomie erfasst die Variation im Grad der Koordinierung der politischen Ökonomie. Hier reicht die Variation typischerweise von „liberalen Marktwirtschaften" bis zu „koordinierten Marktwirtschaften" (Hall und Soskise 2001). Die zweite Taxonomie, die von Gosta Esping-Andersen (1990) eingeführt wurde, erfasst die Variation in der Art und Großzügigkeit der Bereitstellung von Sozialleistungen. Innerhalb dieser Taxonomie werden die nationalen Varianten in „liberale", „konservative" und „sozialdemokratische" Typen von Wohlfahrtsregimen unterteilt.

5 Der Begriff „Korporatismus" bezieht sich nicht auf Wirtschaftsunternehmen, sondern auf organisierte wirtschaftliche Interessen wie Zünfte, Gewerkschaften und Arbeitgeberverbände, deren Einfluss in der Wirtschaft das auf Eigeninitiative und Wettbewerbsfähigkeit basierende Kleinunternehmen, das im liberalen Kapitalismus die Hauptrolle gespielt hatte, marginalisierte.

6 Für einen Überblick über die verschiedenen Hypothesen zu den Triebkräften dieses Wandels (sowie die zwingendste Erklärung), siehe Reich 2007, 50–87.

7 Mit „Neoliberalismus" beziehe ich mich auf die Rückkehr zu sozial entbetteten Märkten im späten 20. Jahrhundert, die gemeinhin als „neoliberaler Kapitalismus" bezeichnet wird, ein politisches Projekt, das in den späten 1960er-Jahren entstand, aber erst in den 1980er-Jahren vollständig umgesetzt wurde. Siehe Harvey 2005. Der Begriff „Neoliberalismus" tauchte schon früher mit einer ganz anderen Konnotation auf, und zwar in Bezug auf die soziale Marktwirtschaft, die vom Wohlfahrtsstaat verwaltet wird (was ich hier als „Wohlfahrtskapitalismus" diskutiere). Alexandre Rustow prägte ihn 1938, um eine Doktrin zu bezeichnen (die auch als Ordoliberalismus bekannt ist), die durch staatliche Eingriffe in die Wirtschaft gekennzeichnet ist, um Wachstum und Markteffizienz zu sichern. In seinem Buch „Neo-Liberalism and Its Prospects" (1951) verwendet auch Milton Friedman den Begriff, um das Nachkriegsmodell der staatlich gelenkten kapitalistischen Wirtschaft zu beschreiben. Michel Foucault erörtert in seinen Vorlesungen am College de France (1978–1979) den Kapitalismus der Nachkriegszeit als „Neoliberalismus" und kritisiert dabei auch den Wohlfahrtskapitalismus.

8 Thatcher entlehnte die Phrase „there is no alternative" von Herbert Spencers Formulierung des Sozialdarwinismus ein Jahrhundert zuvor.

5. Prekaritätskapitalismus

1 Ich habe diese Modalität als „reorganisierten Kapitalismus" (Azmanova 2010) und „aggregativen Kapitalismus" (Azmanova 2013a) bezeichnet, um sie von der früheren, neoliberalen Form abzugrenzen, die Offe, Lash und Urry als „desorganisierten Kapitalismus" bezeichnet haben, oder um die recht eigentümliche Funktion der öffentlichen Hand hervorzuheben, die darin besteht, Chancen für Akteure zu aggregieren, die bereits über Wettbewerbsvorteile in der globalen Wirtschaft verfügen, während Risiken auf die Gesellschaft verteilt werden. Ich habe hier das Etikett „Prekaritätskapitalismus" gewählt, um die massenhafte Verbreitung von Unsicherheit als charakteristisches Merkmal hervorzuheben. Die dynamische Natur des Kapitalismus, die in Schumpeters Begriff der „schöpferischen Zerstörung" gut beschrieben ist, bringt eine ständige Destabilisierung mit sich. Zum ersten Mal sind jedoch wirtschaftliche und soziale Unsicherheit zu einem charakteristischen Merkmal der Gesellschaftsordnung geworden.

2 Die Lissabon-Strategie war ein Zehn-Jahres-Aktionsplan für die wirtschaftliche Entwicklung, der von den Staats- und Regierungschefs der EU-Mitgliedstaaten im März 2000 verabschiedet wurde. Sie verpflichteten sich, die EU bis 2010 zum „wettbewerbsfähigsten und dynamischsten wissensbasierten Wirtschaftsraum der Welt" zu machen (EC 2000).

3   In den Vereinigten Staaten begann der Anstieg der Hightech-Investitionen im Jahr 1993. Siehe Aussage des Vorsitzenden der Federal Reserve, Alan Greenspan, vor dem Committee on Banking and Financial Services, U.S. House of Representatives, 22. Juli 1999, https://www.federalreserve.gov/boarddocs/hh/1999/July/testimony.htm.

4   Angeführt werden die Megadeals vom US-amerikanischen Medien- und Telekommunikationssektor. Das weltweite Deal-Volumen war Anfang 2018 so hoch wie nie zuvor, seit Thomson Reuters 1980 mit der Aufzeichnung von Daten zu Fusionen und Übernahmen begann. James Fontanella-Khan und Arash Massoudi, „Global dealmaking reaches $2.5tn as US megadeals lift volumes", Financial Times, 28. Juni 2018, https://www.ft.com/content/fc30ca5e-7a1d-11e8-8e67-1e1a0846c475.

5   Aus den Sektoren der „Old Economy" haben sich die „Ressourcen"-Industrien (Gewinnung von und Handel mit natürlichen Ressourcen) dieser Logik bisher entzogen, da die globale Nachfrage nach Energie immer weiter steigt.

6   Ein aktuelles Beispiel ist der „Sweetheart"-Steuerdeal, den die irische Regierung dem Technologieriesen Apple gewährt hat, dem sie erlaubt hat, über einen Zeitraum von zehn Jahren einen Steuersatz von 3,8 Prozent auf 200 Milliarden Dollar an Überseegewinnen zu zahlen. Im September 2016 entschied die Europäische Kommission, dass dies ein Verstoß gegen das EU-Verbot staatlicher Beihilfen sei und ordnete an, dass das Unternehmen Steuern in Milliardenhöhe an den irischen Staat zu zahlen habe. Bezeichnenderweise legte die irische Regierung mit breiter Unterstützung sowohl der etablierten als auch der oppositionellen politischen Kräfte Berufung gegen das Urteil ein.

7   Siehe „European Defence Fund and EU Defence Industrial Development Programme", https://ec.europa.eu/info/law/better-regulation/initiatives/com-2017-294_ de.

8   Credit Default Swaps (CDS) gibt es seit den frühen 1990er-Jahren, aber ihre Verwendung nahm zwischen 2003 und 2007 rapide zu (Kim 2013).

9   Karl Polanyi (1944) weist auf die fiktive Natur der Kommodifizierung von Land, Arbeit und Geld hin – das heißt, dass es sich um Entitäten handelt, die von ihrem Wesen her nicht wirklich für eine Kommodifizierung (Produktion ausschließlich für den Marktaustausch) geeignet sind. Ich glaube, Jean-Francois Lyotard (1984, 4) war der erste, der die aufkommende Kommodifizierung von Wissen (das produziert wird, um verkauft zu werden) in fortgeschrittenen kapitalistischen Gesellschaften ansprach und damit eine vierte fiktive Ware hinzufügte.

10 Sie wurde auch nicht durch Verschwendung herbeigeführt, wie allgemein angenommen wird. Spanien und Irland zeichneten sich vor der Krise 2008 durch ein niedriges Verhältnis von Schulden zum Bruttoinlandsprodukt aus, das deutlich unter dem Deutschlands lag.

11 William James, „May Says Ready to Curb Human Rights Laws to Fight Extremism," Reuters, 6. Juni 2017.

12 Für eine ausführliche Diskussion dieses Zustands des Feststeckens und seiner institutionellen und sozialpsychologischen Verwicklungen siehe Hage 2009.

13 Die Einheitliche Akte (eine Überarbeitung der Römischen Verträge von 1957, mit denen die Europäischen Gemeinschaften gegründet wurden) setzte das Ziel, bis zum 31. Dezember 1992 einen einheitlichen Markt zwischen den Mitgliedstaaten zu schaffen.

14 Offene Märkte sind eine Frage der Handelspolitik. Beim freien Markt (Laissez-faire) geht es um den Zustand der inländischen Produktion und des Austauschs. So kann man sich eine Konfiguration vorstellen, die einen integrierten Markt zwischen den EU-Mitgliedstaaten durch die Aufhebung zwischenstaatlicher Handelsbarrieren aufbaut, aber einen starken öffentlichen Sektor und geschützte Arbeitsmärkte im Inland beibehält. Dies würde eine transeuropäische soziale Marktwirtschaft schaffen, was derzeit nicht der Fall ist.

15 Das Prinzip der Suprematie oder des Vorrangs des EU-Rechts besagt, dass die Gesetze der EU-Mitgliedstaaten, die im Widerspruch zu den Gesetzen der Europäischen Union stehen, als nichtig zu betrachten sind, damit letztere in Kraft treten können. Die Doktrin, dass das EU-Recht eine unabhängige Quelle ist, die nicht durch innerstaatliche Rechtsvorschriften außer Kraft gesetzt werden kann, ohne ihren Charakter als Gemeinschaftsrecht zu verlieren, entstand in einer Reihe von Entscheidungen des Europäischen Gerichtshofs, beginnend mit Costa v. ENEL im Jahr 1964.

16 In diesen beiden Fällen entschied der Europäische Gerichtshof, dass das Recht der Gewerkschaften, kollektive Maßnahmen zu ergreifen oder ausländische Dienstleister zur Einhaltung bestimmter Mindestarbeitsbedingungen zu zwingen, durch die EU-Grundsätze der Freizügigkeit und der Niederlassungsfreiheit eingeschränkt wird. Das Gericht stellte effektiv die Freiheit des Marktes über die sozialen Rechte. Amtsblatt der Europäischen Union, 23. Februar 2008, 10.

17 Dies soll den bestehenden Europäischen Finanzstabilisierungsmechanismus und die Europäische Finanzstabilisierungsfazilität ersetzen, Instrumente zur finanziellen Unterstützung von EU-Mitgliedstaaten in finanziellen Schwierigkeiten, unter der Bedingung, dass sie makroökonomische Anpassungsprogramme annehmen, die sich auf die Liberalisierung der Produkt- und Arbeitsmärkte konzentrieren und von der Europäischen Kommission und der Europäischen Zentralbank (EZB) vereinbart wurden.

18 Der Fiskalpakt verlangt von den Mitgliedstaaten, Gesetze zu erlassen, die einen ausgeglichenen oder überschüssigen Staatshaushalt vorschreiben und damit zumindest kurzfristig eine Austeritätspolitik erzwingen. Diese Bestimmungen wurden in den Vertrag über Stabilität, Koordinierung und Steuerung in der Wirtschafts- und Währungsunion aufgenommen, der am 2. März 2012 von allen Mitgliedstaaten der Europäischen Union

mit Ausnahme Großbritanniens und der Tschechischen Republik unterzeichnet wurde.

19 Ein perfektes Beispiel für dieses Phänomen ist, dass Facebook und Twitter unter politischem und öffentlichem Druck den rechtsextremen amerikanischen Verschwörungstheoretiker Alex Jones und die Fake-News-Website Infowars von ihren Plattformen verbannt haben. Ungeachtet der unmittelbaren Vorteile der Säuberung des öffentlichen Raums von toxischen Inhalten haben sich Facebook und Twitter mit diesem Akt das Recht angemaßt, darüber zu urteilen, wer Zugang zu diesem öffentlichen Raum hat – das heißt, seine Nutzung zu sanktionieren. Damit werden gänzlich private Wirtschaftsakteure auf Kosten der Öffentlichkeit ermächtigt, während gleichzeitig die Illusion entsteht, dass erstere effektiv sicherstellen können, dass die Informationen, die sie im öffentlichen Raum erscheinen lassen, der Wahrheit entsprechen. Dies ist eine unlösbare Aufgabe für einen so großen Kommunikationsraum.

20 Die Analogie zwischen *raison d'état* und *raison d'économie* verdanke ich meiner Studentin Cécile Maitre-Ferri.

21 Die Forschungsrahmenprogramme der EU finanzieren auch die Grundlagenforschung („blue skies research" ohne unmittelbare praktische Anwendung und Marktnutzen). Meine Betonung liegt in dieser Darstellung auf der ungleichen Verteilung von Investitionsrisiken und -nutzen zwischen der Gesellschaft und privatwirtschaftlichen Akteuren, die durch den vorherrschenden Ansatz der EU-Förderung verstärkt wird.

22 Andrew Feenberg (2017) zeichnet den Beitrag nicht-spezialisierter Öffentlichkeiten zur Entwicklung und Implementierung von Technologie nach, um zu argumentieren, dass wissenschaftliche Rationalität nicht undurchlässig für die empirisch begründeten Urteile demokratischer Öffentlichkeiten ist. Dies erlaubt ihm, die Lücke zwischen wissenschaftlicher Rationalität und Alltagserfahrung zu schließen, die Technik (und technokratische Herrschaft) als für Demokratie undurchlässig dargestellt hatte. Der Prozess, der oft durch Straßenproteste eingeleitet wird, durchläuft Anhörungen und Gerichtsverfahren und gipfelt schließlich in neuen Regulierungen, die sowohl die Entwicklung als auch die Anwendung von Technologie betreffen.

23 John F. Kennedy widersetzte sich während seiner Amtszeit als Senator dem Bürgerrechtsgesetz von 1957 und verbündete sich mit den segregationistischen Ausschussvorsitzenden der Demokratischen Partei im Süden. Erst die „beharrlichen, disziplinierten, manchmal Brutalität provozierenden Märsche der Bürgerrechtsbewegung überzeugten Kennedy, das öffentliche Narrativ über Rasse und amerikanische Identität neu zu gestalten" (Sleeper 2017).

24 Jodi Dean (2009) hat argumentiert, dass vernetzte Kommunikationstechnologien in der gegenwärtigen politisch-ökonomischen Formation, die sie „kommunikativen Kapitalismus" nennt, zutiefst entpolitisierend wirken.

6. Woran leiden die 99 Prozent?

1 Die Tatsache, dass die Rekrutierung von Fahrern frei von Rassismus ist, ist durchaus vereinbar mit der Tatsache, dass Uber, wie die meisten Unternehmen im Silicon Valley, nur wenige Frauen und Angehörige ethnischer Minderheiten in Führungspositionen hat.

2 Man beachte, dass die akademische Zeitschrift Loisir et Societé/Society and Leisure (Presses de l'Université du Québec) im Jahr 1978 gegründet wurde, was ein wachsendes wissenschaftliches Interesse an Freizeit als sozial bedeutsames Phänomen widerspiegelt.

3 Aus der Fülle hervorragender Arbeiten zu diesem Thema möchte ich Castells (1996), Boltanski und Chiapello (1999) sowie Haskel und Westlake (2017) hervorheben, die die neuartigen Merkmale der sogenannten „New Economy" mit offenen Grenzen und intensiver technologischer Innovation am deutlichsten nachzeichnen.

4 Ich habe diesen ersten Widerspruch des zeitgenössischen Kapitalismus und seine sozialen Implikationen in Azmanova (2012c) diskutiert und gebe hier einige der Argumente und Belege wieder.

5 Judith Butler (2004) hat die Unterscheidung zwischen Prekarität als allgemeiner menschlicher Bedingung der Verwundbarkeit getroffen, die in unserer gegenseitigen Abhängigkeit verwurzelt ist, und Prekarität, die sozial erzeugte Verwundbarkeit ist, die aus sozialer Marginalisierung, Armut, wirtschaftlicher Unsicherheit, politischer Entmündigung und/oder Gewalt resultiert. Ein charakteristisches Merkmal der Prekarität ist in dieser Darstellung ihre ungleiche Verteilung: Sie betrifft nur einige Gruppen. Holmes (2010), Marazzi (2010) sowie Fumagalli und Mezzadra (2010) thematisieren Prekarisierung als ein Element der Transformation des Kapitalismus. Paul Apostolidis (2017, 3) hat argumentiert, dass die Merkmale prekärer Lebensweisen, die er in seiner Studie über Latino-Tagelöhner feststellt, sich weit über die untersten Klassenschichten hinaus ausbreiten: „Wenn Prekarität die besondere Notlage der am stärksten unterdrückten Menschen der Welt benennt, bezeichnet sie auch einen nahezu universellen Komplex der Unfreiheit." Für eine umfassende Diskussion des Phänomens und der Verwendungsweisen des Begriffs siehe della Porta et al. (2015).

6 Die arbeitsbezogene Angst hat in Anwaltskanzleien zugenommen, da die Nachfrage nach ihren Dienstleistungen seit langem rückläufig ist und der Einsatz von Technologie im Laufe der Zeit menschliche Ressourcen in Anwaltskanzleien ersetzt. Thomas S. Clay und Eric A. Seeger, „Law Firms in Transition 2017: An Altman Weil Flash Survey", http://www.altmanweil.com/LFiT2017/.

7 Wirtschaftliche Selbstmorde, die durch Arbeitsplatzverlust, Schulden und Zwangsvollstreckungen während der Großen Rezession in Europa und Nordamerika ausgelöst wurden, haben zugenommen (Reeves, McKee, und Stuckler 2014). Ar-

beitsplatzsuizide sind jedoch eine eigene Kategorie. Sie werden durch lange Arbeitszeiten, feindselige Arbeitsbedingungen, Konkurrenz und Arbeitsplatzunsicherheit ausgelöst und werden typischerweise am Arbeitsplatz begangen. Nach Angaben des U.S. Bureau of Labor Statistics haben Selbstmorde am Arbeitsplatz in den letzten Jahren zugenommen, obwohl die Gesamtzahl der Todesfälle am Arbeitsplatz stetig gesunken ist (Harris 2016).

8   Auf die Frage „Was würden Sie anders machen, wenn Sie noch fünf Jahre zu leben hätten?" antworteten 64 Prozent, dass sie mehr reisen würden, 61 Prozent würden mehr Zeit mit ihrer Familie verbringen, und nur 3 Prozent würden härter arbeiten, um ihre Familie zu versorgen. Zwei Drittel der Befragten gaben an, dass das Erreichen finanzieller Sicherheit der Sinn der Arbeit am Vermögensaufbau sei. Nur die sehr Wohlhabenden (mit fünf Millionen Dollar oder mehr) hatten das Gefühl, genug zu haben, um sicher zu sein.

9   Die sechzehn Länder sind: Algerien, Costa Rica, Kanada, Äthiopien, FYR Mazedonien, Guatemala, Indonesien, Japan, Malaysia, Montenegro, Norwegen, Papua-Neuguinea, Peru, Samoa, Singapur und Tonga.

7. Die Lösung: Überwindung des Kapitalismus ohne Krise, Revolution oder Utopie

1   Umfrage des Institute of Politics (IOP) an der Harvard University, Frühjahr 2016: http://iop.harvard.edu/youth-poll/harvard-iop-spring-2016-poll. In einer anderen Umfrage der European Broadcasting Union (EBU) antwortete mehr als die Hälfte der Befragten im Alter von 18 bis 34 Jahren in den 33 befragten europäischen Ländern mit „Ja" auf die Frage: „Würden Sie sich aktiv an einem groß angelegten Aufstand gegen die an der Macht befindliche Generation beteiligen, wenn er in den nächsten Tagen oder Monaten stattfinden würde?" „Generation What?", EBU, Genf, 2017, http://www.generation-what.eu/en/.

2   Siehe meine Erörterung des Zusammenhangs zwischen Ungleichheit und sozialem Privileg unter Rückgriff auf Alexis de Tocqueville in Kapitel 4.

3   Für eine reichhaltige sozio-anthropologische Untersuchung der Auswirkungen der Wohlfahrtsreform auf die Art und Weise, wie Alleinerziehende, Menschen mit Behinderung und junge Arbeitssuchende, die Sozialleistungen beziehen, mit Fragen der Staatsbürgerschaft umgehen, siehe Patrick 2017.

4   Der vorgeschlagene Bundesgesetzentwurf sieht vor, dass Mitarbeiter in Unternehmen mit einem Steueraufkommen von mehr als 1 Milliarde Dollar 40 Prozent der Vorstandsmitglieder wählen und dass 75 Prozent der Aktionäre und Vorstandsmitglieder alle politischen Ausgaben genehmigen müssen.

5   Die National Railroad Passenger Corporation and Subsidiaries (Amtrak) ist eine 1871 gegründete US-amerikanische Gesellschaft im Staatsbesitz. Sie wird einer unabhängigen Finanz-

prüfung unterzogen und hat Anspruch auf Fördermittel der Bundesregierung. Der Preis des Dienstes basiert jedoch auf wirtschaftlichen Erwägungen der Effizienz, nicht auf solchen des „öffentlichen Dienstes".

6   Siehe z. B. Unger 2006 und Reich 2010 und 2018.

7   Siehe Anmerkung 17 zu Kapitel 3.

8   Die Ereignisse vom Mai 1968 hatten nicht die uneingeschränkte Unterstützung der linken Intellektuellen. In Frankreich tadelte Louis Althusser (ebenso wie die Mitglieder der Gruppe Tel Quel) die Studentenbewegung, weil sie nicht auf der Linie der Kommunistischen Partei lag. In Deutschland warnten Adorno und Habermas davor, dass die Studentenbewegung in einen „linken Faschismus" auszuarten drohte. Marcuse, der zu dieser Zeit eine Position in Kalifornien innehatte, unterstützte die Studentenbewegung (und lehnte es ab, sie als linken Faschismus zu bezeichnen), auch wenn er urteilte, dass die Umwälzung nicht auf eine revolutionäre Situation hinauslief. Siehe Adorno und Marcuse 1969.

9   Die Europa-2020-Projektanleiheninitiative wurde 2016 von der Europäischen Kommission und der Europäischen Investitionsbank ins Leben gerufen, um die europäische Wirtschaft anzukurbeln, indem die Kapitalmarktfinanzierung für große Infrastrukturprojekte in den Bereichen Verkehr, Energie sowie Informations- und Kommunikationstechnologie angeregt wird. Durch die Bereitstellung einer sicheren Kreditlinie hoffen die europäischen Gremien, „institutionellen Anlegern einen Seelenfrieden zu bieten", wie es im Grundsatzpapier heißt. Europäische Investitionsbank, „The Europe 2020 Project Bond Initiative: Innovative Infrastructure Financing", http://www.eib.org/products/blending/project-bonds/index.htm.

10 Ich habe den Begriff erstmals in Azmanova 2011b in einer Analyse der Bedingungen für effektiven Multikulturalismus verwendet.

11 Für die bisher aktuellsten und umfassendsten Darstellungen der Idee eines universellen und bedingungslosen Grundeinkommens siehe Standing 2017 und Van Parijs und Vanderborght 2017.

12 In diesem Sinne hat Wolfgang Streeck (2008) den Diskurs über Flexicurity kritisiert und für eine Rückkehr zu einem Diskurs über Rechte plädiert.

13 Ich beziehe mich auf die „Robotersteuer" – die Idee, dass Roboter mit einem ähnlichen Steuersatz wie Arbeiter besteuert werden –, die 2018 von Microsoft-Gründer Bill Gates verbreitet und von der US-Kongressabgeordneten Alexandria Ocasio-Cortez und dem Präsidentschaftskandidaten Andrew Yang aufgegriffen wurde.

14 Für alternative, nicht-produktivistische Modelle sozialer Gerechtigkeit siehe z. B. Fitzpatrick (2004), Goodin (2001), Reich (2015, 2018) und Stiglitz (2016), die politische Ideen für die Neuerfindung unserer Vorstellungen von Wohlstand im Sinne des Gemeinwohls darlegen. Guy Standing (2010, 2016) hat

die Aufmerksamkeit auf die Tatsache gelenkt, dass der Kapitalismus Arbeit nur als Arbeit oder einkommensschaffende Tätigkeit wertschätzt, und die Linke gewarnt, die Falle dieser produktivistischen Romantisierung zu vermeiden. James Chamberlain radikalisiert diese Position weiter und fordert uns auf, uns von der Ansicht zu verabschieden, dass Gemeinschaft durch Arbeit konstruiert wird, ob bezahlt oder nicht. Das Modell, das ich in diesem Buch charakterisiere, hat Platz für diese Ideen, insbesondere in dem Maße, wie sie die kompetitive Produktion von Profit als konstitutive Dynamik des Kapitalismus angreifen.

15 Für eine ausführliche Darstellung dieses Arguments, siehe Offe 2016.

Zusammenfassung: Der radikale Pragmatismus des Abschieds vom Kapitalismus

1 Ein anderer volkstümlicher Witz aus meiner Jugendzeit unter der Diktatur der Kommunistischen Partei in meiner Heimat Bulga-rien drückt es so aus: Der Unterschied zwischen Kommunismus und Kapitalismus ist, dass im Kapitalismus der Mensch den Menschen ausbeutet; im Kommunismus ist es umgekehrt. Diese Bemerkung wird oft John Kenneth Galbraith zugeschrieben, aber ihre Quelle ist unbekannt. Wichtig ist, dass ihre Popularität unter osteuropäischen Dissidenten unsere gesunden Bedenken gegenüber beiden Systemen gut erfasst.

Bibliografie

Adorno, Theodor W. (1966) 1973. Negative Dialectics. Trans. E. B. Ashton. New York: Continuum.

– – . 1970–1986. Gesammelte Schriften in zwanzig Banden [Complete Works]. Ed. Rolf Tiedemann, with Gretel Adorno, Susan Buck-Morss, and Klaus Schultz. Frankfurt am Main: Suhrkamp, 2003.

– – . 1976. „On the Logic of the Social Sciences." In Adorno et al. 1976, 105–122.

Adorno, Theodor W., Hans Albert, Ralf Dahrendorf, Jurgen Habermas, Harald Pilot, and Karl R. Popper. 1976. The Positivist Dispute in German Sociology. Trans. Glyn Adley and David Frisby. London: Heinemann Educational Books.

Adorno, Theodor W., and Herbert Marcuse. 1969. „Correspondence on the German Student Movement." New Left Review 233, no. 1 (January–February 1999): 123–36.

Allen, Amy. 2015. „Emancipation Without Utopia: Subjection, Modernity, and the Normative Claims of Feminist Critical Theory." Hypatia 30, no. 3: 513–29.

Apostolidis, Paul. 2018. Migrant Day Laborers and the Politics of Precarity. Oxford: Oxford University Press.

Arato, Andrew. 1982. „Political Sociology and the Critique of Politics." In The Essential Frankfurt School Reader, ed. Andrew. Arato and Eike Gebhardt, 3–25. New York: Continuum.

Atkinson, Anthony. 2015. Inequality: What Can Be Done? Cambridge, MA: Harvard University Press.

Azmanova, Albena. 2004. „The Mobilization of the European Left in the Early 21st Century." European Journal of Sociology 45, no. 2: 273–306.

– – . 2010. „Capitalism Reorganized: Social Justice After Neo-Liberalism." Constellations: An International Journal of Critical and Democratic Theory 17, no. 3: 390–406.

– – . 2011a. „After the Left-Right (Dis)continuum: Globalization and the Remaking of Europe's Ideological Geography." International Political Sociology 5, no. 4: 384–407.

– – . 2011b. „Against the Politics of Fear: On Deliberation, Inclusion, and the Political Economy of Trust." Philosophy and Social Criticism 37, no. 2: 401–12.

– – . 2011c. „Social Harm, Political Judgment, and the Pragmatics of Universal Justification." In Philosophical Dimensions of Human Rights: Some Contemporary Views, ed. Claudio Corradetti, 107–23. Oxford: Springer.

– – . 2012a. „De-Gendering Social Justice in the 21st Century: An Immanent Critique of Neoliberal Capitalism." European Journal of Social Theory 15, no. 2: 143–56.

– – . 2012b. The Scandal of Reason: A Critical Theory of Political Judgment. New York: Columbia University Press.

– – . 2012c. „Social Justice and Varieties of Capitalism: An Immanent Critique." New Political Economy 17, no. 4: 445–63.

– – . 2013a. „The ‚Crisis of Capitalism' and the State – More Powerful, Less Responsible, Invariably Legitimate.“ In Semantics of Statebuilding: Language, Meanings, and Sovereignty, ed. Nicolas Lemay-Hebert, Nicholas Onuf, Vojin Raki., and Petar Bojani., 150–62. London: Routledge.

– – . 2013b. „The Crisis of Europe: Democratic Deficit and Eroding Sovereignty – Not Guilty.“ Law and Critique 24, no. 1: 23–38.

– – . 2014. „Crisis? Capitalism Is Doing Very Well. How Is Critical Theory?“ Constellations 21, no. 3: 351–65.

– – . 2016a. „Empowerment as Surrender: How Women Lost the Battle for Emancipation as They Won Equality and Inclusion.“ Social Research 83, no. 3 (Fall): 749–76.

– – . 2016b. „The Right to Politics and Republican Non-Domination.“ Philosophy and Social Criticism 42 (May–June): 465–75.

– – . 2018a. „The Populist Catharsis: On the Revival of the Political.“ Philosophy and Social Criticism 44, no. 4: 399–411.

– – . 2018b. „Relational, Structural, and Systemic Forms of Power: The ‚Right to Justification' Confronting Three Types of Domination.“ Journal of Political Power 11, no. 1 (February): 68–78.

Baldwin, Richard. 2019. The Globotics Upheaval: Globalization, Robotics, and the Future of Work. London: Orion.

Barboza, David. 2017. „How a Silicon Valley Firm Is Aiding China's Ambitions.“ New York Times, August 6, 2017, Sunday Business.

Bauman, Zygmunt. 2016. Strangers at Our Door. Malden, MA: Polity.

Beck, Ulrich. 1992. Risk Society: Towards a New Modernity. London: Sage.

Beck, Ulrich, and Elisabeth Beck-Gernsheim. 2002. Individualization: Institutionalized Individualism and Its Social and Political Consequences. London: Sage.

Bell, David N. F., and David G. Blanchflower. 2018. „Underemployment in the U.S. and Europe.“ NBER Working Paper No. 24927. https://www.nber.org/papers/w24927

Benhabib, Seyla. 1986. Critique, Norm, and Utopia: A Study of the Foundations of Critical Theory. New York: Columbia University Press.

Blanchard, Kathryn D. 2010. The Protestant Ethic, or the Spirit of Capitalism: Christians, Freedom, and Free Markets. Eugene, OR: Cascade Books.

Bloch, Ernst. 1988. The Utopian Function of Art and Literature. Cambridge, MA: MIT Press.

Bobbio, Norberto. 1996. Left and Right: The Significance of a Political Distinction. Trans. Allan Cameron. Chicago: University of Chicago Press.

Boltanski, Luc, and Eve Chiapello. 1999. The New Spirit of Capitalism. London: Verso, 2005.

Bourdieu, Pierre. 1986. „The Forms of Capital.“ In Handbook of Theory and Research for the Sociology of Education, ed. John G. Richardson, 241–58. New York: Greenwood.

Brown, Wendy. 1995. States of Injury: Power and Freedom in Late Modernity. Princeton, NJ: Princeton University Press.

– – . 2015. Undoing the Demos: Neoliberalism's Stealth Revolution. New York: Zone Books.

Butler, Judith. 2004. Precarious Life: The Powers of Mourning and Violence. New York: Verso.

Cabrita, Jorge, Simon Boehmer, and Camilla Galli da Bino. 2016. „Working Time Developments in the 21st Century: Work Duration and Its Regulation in the EU." Eurofound: European Foundation for the Improvement of Living and Working Conditions, report EF1573. https://www.eurofound.europa.eu/publications/report/2016/industrial-rela tions-law-and-regulation/working-time-developments-in-the-21st-century-work-duration-and-its-regulation-in-the-eu.

Castells, Manuel. 1996. The Rise of the Network Society. Oxford: Wiley-Blackwell.

Chamberlain, James A. 2018. Undoing Work, Rethinking Community: A Critique of the Social Function of Work. Ithaca, NY: Cornell University Press.

Clark, Terry N., and Vincent Hoffmann-Martinot, eds. 1998. The New Political Culture. Boulder, CO: Westview Press.

Consortium of Research Institutes in Climate Change (CRICC). 2018. „Aligning National and International Climate Targets." Report of Grantham Research Institute on Climate Change and the ESRC Centre for Climate Change Economics and Policy. London: London School of Economics. October 29, 2018. http://www.lse.ac.uk/GranthamInstitute/publication/targets/.

Corfe, Robert. 2010. The Future of Politics with the Demise of the Left/Right Confrontational System. Suffolk, UK: Arena Books.

Cox, Robert. 1981. „Social Forces, States, and World Orders: Beyond International Relations Theory." Millennium: Journal of International Studies 10, no. 2: 126–55.

Crouch, Colin. 2011. The Strange Non-Death of Neo-Liberalism. Cambridge: Polity.

– – . 2017. Can Neoliberalism Be Saved from Itself? London: Social Europe Editions.

Dean, Jodi. 2009. Democracy and Other Neoliberal Fantasies: Communicative Capitalism and Left Politics. Durham, NC: Duke University Press.

Della Porta, Donatella, Sakari Hanninen, Martti Siisiainen, and Tiina Silvasti. 2015. „The Precarization Effect." In The New Social Division: Making and Unmaking Precariousness, ed. Donatella della Porta, Sakari Hanninen, Martti Siisiainen, and Tiina Silvasti. London: Palgrave Macmillan.

Derrida, Jacques. 1983. „Economies of the Crisis." In Negotiations: Interventions and Interviews, 1971–2001, ed. and trans. Elizabeth Rottenberg, 69-73. Stanford, CA: Stanford University Press, 2002.

Desmond, Matthew. 2016. Evicted: Poverty and Profit in the American City. New York: Crown.

Deutscher, Penelope, and Christina Lafont, eds. 2017. Critical

Theory in Critical Times: Transforming the Political and Economic Order. New York: Columbia University Press.

Dinmore, Guy. 2008. „Man in the News: Umberto Bossi." Financial Times, April 18, 2008.

Dorling, Danny. 2015. Inequality and the 1%. London: Verso.

Engels, Friedrich. 1845. The Conditions of the Working-Class in England in 1844. Trans. F. K. Wischnewetzky. New York: Cosimo, 2008.

Esping-Andersen, Gosta. 1990. The Three Worlds of Welfare Capitalism. Cambridge: Polity Press.

European Commission (EC). 2005a. „The European Constitution: Post-Referendum Survey in France." Flash Eurobarometer 171 (June).

– – . 2005b. „The European Constitution: Post-Referendum Survey in the Netherlands." Flash Eurobarometer 172 (June).

– – . 2011. „Horizon 2020." European Commission. Brussels: https://ec.europa.eu/programmes/horizon2020/.

European Parliament (EP). 2017. „EU Migrant Crisis: Facts and Figures." June 30, 2017. http://www.europarl.europa.eu/news/en/headlines/society/20170629STO78630/eu-migrant-crisis-facts-and-figures.

European Risk Observatory. 2008. „Work-Related Stress: New Challenges in a Changing Workplace." Report of the European Agency for Safety and Health at Work (OSHA). European Risk Observatory, Brussels, January 31, 2008.

European Trade Union Institute. 2018. „One in Every Five European Workers Endures Work-Related Stress." May 3, 2018. https://www.etui.org/Topics/Health-Safety-working-conditions/News-list/One-in-every-five-   European-workers-endures- work- related-stress.

Feenberg, Andrew. 2017. Technosystem: The Social Life of Reason. Cambridge, MA: Harvard University Press.

Finlayson, Gordon. 2014. „Hegel, Adorno, and Immanent Criticism." British Journal for the History of Philosophy 22, no. 6: 1142–66.

Fitzpatrick, Tony. 2004. „A Post-Productivist Future for Social Democracy?" Social Policy and Society 3, no. 3: 213–22.

Fleming, Peter. 2017. The Death of Homo Economicus: Work, Debt, and the Myth of Endless Accumulation. London: Pluto Press.

Forst, Rainer. 2011. The Right to Justification: Elements of a Constructivist Theory of Justice. Trans. Jeffrey Flynn. New York: Columbia University Press.

Frankfurt, Harry G. 2015. On Inequality. Princeton, NJ: Princeton University Press.

Franzini, Maurizio, Elena Granaglia, and Michele Raitano. 2016. Extreme Inequalities in Contemporary Capitalism: Should We Be Concerned About the Rich? Cham, Switzerland: Springer.

Fraser, Nancy. 2003. „On the Place of Experience in Critical Theory." Dissent (January).

– – . 2009. „Feminism, Capitalism, and the Cunning of History." New Left Review 56.

– – . 2013. „A Triple Movement: Parsing the Politics of Crisis After Polanyi." New Left Review 81: 119–32.

– – . 2014a. „Behind Marx's Hidden Abode: For an Expanded Conception of Capitalism." New Left Review 86: 55–72.

– – . 2014b. „Can Society Be Commodities All the Way Down? Post-Polanyian Reflections on Capitalist Crisis." Economy and Society 43, no. 4: 541–58.

– – . 2015. „Legitimation Crisis? On the Political Contradictions of Financialized Capitalism." Critical Historical Studies 2, no. 2: 157–89.

– – . 2017a. „Against Progressive Neoliberalism, a New Progressive Populism." Dissent, January 28.

– – . 2017b. „The End of Progressive Neoliberalism." Dissent, January 2.

Fraser, Nancy, and Rahel Jaeggi. 2018. Capitalism: A Conversation in Critical Theory. Cambridge: Polity.

Friedman, Benjamin M. 2005. The Moral Consequences of Economic Growth. New York: Knopf.

Fuchs, Dieter, and Hans-Dieter Klingemann. 1990. „The Left-Right Schema." In Continuities in Political Action: A Longitudinal Study of Political Orientations in Three Western Democracies, ed. M. Kent Jennings and Jan W. van Deth, 203–34. Berlin: De Gruyter.

Fumagalli, Andrea, and Sandro Mezzadra, eds. 2010. Crisis in the Global Economy: Financial Markets, Social Struggles and New Political Scenarios. Los Angeles: Semiotext(e).

Geishecker, Ingo, and Holger Gorg. 2007. Winners and Losers: A Micro-Level Analysis of International Outsourcing and Wages. Discussion Paper 6484. London: Center for Economic Policy Research.

Geuss, Raymond. 1981. The Idea of Critical Theory: Habermas and the Frankfurt School. Cambridge: Cambridge University Press.

Giddens, Anthony. 1994. Beyond Left and Right: The Future of Radical Politics. Stanford, CA: Stanford University Press.

Gilens, Martin. 2014. Affluence and Influence: Economic Inequality and Political Power in America. Princeton, NJ: Princeton University Press.

Gilens, Martin, and Benjamin I. Page. 2014. „Testing Theories of American Politics: Elites, Interest Groups, and Average Citizens." Perspectives on Politics 12, no. 3 (September): 564–81.

Goodin, Robert E. 2001. „Work and Welfare: Towards a Post-Productivist Welfare Regime." British Journal of Political Science 31, no. 1: 13–39.

Goodin, Robert E., James M. Rice, Antti Parpo, and Line Eriksson. 2008. Discretionary Time: A New Measure of Freedom. Cambridge: Cambridge University Press.

Gramsci, Antonio. (1929–1935) 2012. Gefängnishefte. Herausgeben von Klaus Bochmann und Wolfgang Fritz Haug, 10 Bände, Hamburg: Argument.

Gray, John. 1998. False Dawn: The Delusions of Global Capitalism. London: Granta.

Greenberg, Edward S. 1974. Serving the Few: Corporate Capitalism and the Bias of Government Policy. New York: Wiley.

Grundy, George W., and Dylan Avery. 2017. Death of a Nation: 9/11 and the Rise of Fascism in America. New York: Skyhorse.

Habermas, Jurgen. 1973. Legitimationsprobleme im Spätkapitalismus. Frankfurt: Suhrkamp.

– – . Theorie des kommunikativen Handelns. Band 2: Zur Kritik der funktionalistischen Vernunft. Frankfurt, Suhrkamp.

Hage, Ghassan. 2009. „Waiting Out the Crisis: On Stuckedness and Governmentality." In Waiting, ed. Ghassan Hage, 97–106. Victoria: Melbourne University Press.

Hall, Peter, and David Soskise, eds. 2001. Varieties of Capitalism: The Institutional Foundations of Comparative Advantage. Oxford: Oxford University Press.

Hardt, Michael, and Antonio Negri. 2004. Multitude: Krieg und Demokratie im Empire. Frankfurt: Campus.

– – . 2018. Assembly. Die neue demokratische Ordnung. Frankfurt: Campus.

Harman, Chris. 2007. „Theorising Neoliberalism." International Socialism 117 (December 18). http://isj.org.uk/theorising-neo-liberalism/.

Harris, Reginald. 2016. „Suicide in the Workplace." Monthly Labor Review. U.S. Bureau of Labor Statistics, December 2016. https://stats.bls.gov/opub/mlr/2016/article/pdf/suicide-in-the-workplace.pdf.

Hartmann, Martin, and Axel Honneth. 2006. „Paradoxes of Capitalism." Constellations 13, no. 1: 41–58.

Harvey, David. 2003. The New Imperialism. Oxford: Oxford University Press.

– – . 2005. A Brief History of Neoliberalism. Oxford: Oxford University Press.

– – . 2010. The Enigma of Capital and the Crises of Capitalism. Oxford: Oxford University Press.

– – . 2014. Seventeen Contradictions and the End of Capitalism. London: Profile.

Haskel, Jonathan, and Stian Westlake. 2017. Capitalism Without Capital: The Rise of the Intangible Economy. Princeton, NJ: Princeton University Press.

Havel, Vaclav. (1984) 1991. „Politics and Conscience." In Open Letters: Selected Prose, 1965–1990, ed. Paul Wilson, 249–71. London: Faber and Faber.

– – . (1986) 1991. „The Politics of Hope." In Disturbing the Peace: A Conversation with Karel Hvizdala, trans. Paul Wilson. London: Vintage.

Hayden, Tom. 1962. The Port Huron Statement: The Visionary Call of the 1960s Revolution. New York: Thunder's Mouth Press, 2005.

Held, David. 1999. Global Transformations: Politics, Economics and Culture. Stanford, CA: Stanford University Press.

– – . 2016. Global Politics After 9/11: Failed Wars, Fragmentation, and Authoritarianism. London: Global Policy.

Held, David, and Anthony McGrew, eds. 2007. Globalization Theory: Approaches and Controversies. Cambridge: Polity.

Hellwig, Timothy, and David Samuels. 2007. „Voting in Open Economies: The Electoral Consequences of Globalisation." Comparative Political Studies 40, no. 3: 283–306.

– – . 2017. Assembly. Oxford: Oxford University Press.

Hobsbawm, Eric. 1975. The Age of Capital, 1848–1875. London: Abacus.

Holmes, Brian. 2010. „Is It Written in the Stars? Global Finance, Precarious Destinies." Ephemera: Theory & Politics in Organization 10: 222–33.

Honneth, Axel. 2013. Das Recht der Freiheit. Grundriß einer demokratischen Sittlichkeit. Berlin: Suhrkamp.

Horkheimer, Max. 1937. „Traditional and Critical Theory." In Critical Theory: Selected Essays, trans. M. J. O'Connell, 188–243. New York: Continuum, 2002.

Inglehart, Ronald. 1977. The Silent Revolution: Changing Values and Political Styles Among Western Publics. Princeton, NJ: Princeton University Press.

– – . 2008. „Changing Values Among Western Publics from 1970 to 2006." West European Politics 31: 130–46.

International Labour Organization (ILO). 2018a. „Unemployment and Decent Work Deficits to Remain High in 2018." January 22, 2018. http://www.ilo.org/global/about-the-ilo/newsroom/news/WCMS_ 615590.

– – . 2018b. The World Employment and Social Outlook: Trends 2018. Geneva: ILO.

Jaeggi, Rahel. 2017. „A Wide Concept of the Economy: Economy as a Social Practice and the Critique of Capitalism." In Critical Theory in Critical Times: Transforming the Political and Economic Order, ed. Penelope Deutscher and Cristina Lafont, 160–80. New York: Columbia University Press.

Jay, Martin. 1984. Adorno. Cambridge, MA: Harvard University Press.

Judis, John. 2016. The Populist Explosion: How the Great Recession Transformed American and European Politics. New York: Columbia Global Reports.

Kant, Immanuel. (1795) 2016. Zum ewigen Frieden. Ein philosophischer Entwurf. Vollständige Neuausgabe mit einer Biographie des Autors. Hg. von Karl-Maria Guth. Berlin: Hofenberg.

Kapstein, Ethan B. 2000. „Winners and Losers in the Global Economy." International Organization 54, no. 2: 359–84.

Keane, John. 2009. The Life and Death of Democracy. London: Simon & Schuster.

Keynes, John Maynard. (1930) 1963. „Economic Possibilities for Our Grandchildren." In Essays in Persuasion. New York: Norton.

Kim, Gi H. 2013. „Credit Default Swaps, Strategic Default, and the Cost of Corporate Debt." Warwick Business School Finance Group Working Papers, no. 13–12. http://web.warwick.ac.uk/fac/soc/financeRepec/Repec/2013/Kim2013CDSSDCCD.pdf

Kitschelt, Herbert. 2004. Diversification and Reconfiguration of Party Systems in Postindustrial Democracies. Bonn, Germany: Friedrich Ebert Stiftung.

Klein, Steven. 2019 (forthcoming). The Work of Politics: Making a Democratic Welfare State. Cambridge: Cambridge University Press.

Kriesi, Hanspeter, Edgar Grande, Romain Lachat, Martin Dolezal, Simon Bornschier, and Tim Frey. 2006. „Globalization and the Transformation of the National Political Space: Six European Countries Compared." European Journal of Political Research 45: 921–56.

Kuhn, Peter, and Fernando Lozano. 2005. „The Expanding Workweek? Understanding Trends in Long Work Hours Among U.S. Men, 1979–2004." NBER Working Paper No. 11895. https://www.nber.org/papers/w11895.pdf.

Laclau, Ernesto, and Chantal Mouffe. 1985. Hegemony and Socialist Strategy. London: Verso.

Lagarde, Christine. 2015. „Economic Inclusion and Financial Integrity – An Address to the Conference on Inclusive Capitalism." International Monetary Fund, May 27, 2014. https://www.imf.org/en/News/Articles/2015/09/28/04/53/sp052714.

– – . 2017. „IMF's Christine Lagarde: ‚Inequality Is Rising.' „ BBC interview with Christine Lagarde. http://www.bbc.com/news/av/business-27595151/imf-s-christine-lagarde-inequality-is-rising.

Laponce, Jean. 1981. Left and Right: The Topography of Political Perceptions. Toronto: University of Toronto Press.

Lash, Scott, and John Urry. 1987. The End of Organized Capitalism. Madison: University of Wisconsin Press.

Lee, Sangheon, Deirdre McCann, and Jon C. Messenger. 2007. Working Time Around the World: Trends in Working Hours, Laws, and Policies in a Global Comparative Perspective. Geneva: International Labour Organisation.

Leibfried, Stephan. 2010. „Social Policy. Left to the Judges and the Markets?" In Policy Making in the European Union, ed. H. Wallace, W. Wallace, and M. A. Pollack, 243–78. Oxford: Oxford University Press.

Lilla, Mark. 2016. „The End of Identity Politics." New York Times, November 18, 2016.

– – . 2017. The Once and Future Liberal: After Identity Politics. New York: Harper.

Lipset, Seymour M., and Stein Rokkan. 1967. „Cleavage Structures, Party Systems and Voter Alignments: An Introduction." In Party Systems and Voter Alignments: Cross-National Perspectives, ed. S. M. Lipset and S. Rokkan. New York: Free Press.

Lyotard, Jean Francois. 1984. The Postmodern Condition: A Report on Knowledge, Minneapolis: University of Minnesota Press.

Mair, Peter. 2007a. „The Challenge to Party Government." EUI Working Papers, SPS No. 2007/09. Florence: European University Institute.

– – . 2007b. „Left–Right Orientations." In The Oxford Handbook of Political Behaviour, ed. Russell J. Dalton and Hans-Dieter Klingemann, 206–22. Oxford: Oxford University Press.

Majone, Giandomenico. 1990. Deregulation or Re-Regulation? Regulatory Reform in Europe and the United States. London: Francis Pinter.

Mann, Michael. 1986–2012. The Sources of Social Power. 3 vols. Cambridge: Cambridge University Press.

Marazzi, Christian. 2010. The Violence of Financial Capitalism. Los Angeles: Semiotext(e)

Marcuse, Herbert. (1932) 1973. „The Foundation of Historical Materialism." In Studies in Critical Philosophy. Boston: Beacon Press.

– – . (1933) 1973. „On the Philosophical Foundations of the Concept of Labor in Economics." Telos 16: 9–37.

– – . 1964. One-Dimensional Man: Studies in the Ideology of Advanced Industrial Society. Boston: Beacon Press.

Marx, Karl. 1845. Thesen über Feuerbach.

– – . 1848. Manifest der Kommunistischen Partei.

– – . 1857. Grundrisse der Kritik der politischen Ökonomie.

– – . 1859a. Zur Kritik der politischen Ökonomie

– – . 1859b. „Bevölkerung, Verbrechen und Pauperismus". New York Daily Tribune, September 16, 1859.

– – . 1867. Das Kapital, Band 1: Der Produktionsprocess des Kapitals.

– – . 1885. Das Kapital, Band 2: Der Circulationsprocess des Kapitals.

– – . 1894. Das Kapital, Band 3: Der Gesammtprocess der kapitalistischen Produktion.

Mascherini, Massimiliano. 2017. „Long-Term Unemployed Youth: Characteristics and Policy Responses." Eurofound: European Foundation for the Improvement of Living and Working Conditions, December 14, 2017. https://www.eurofound.europa.eu/publications/blog/long-term-unemployed-youth-the-legacy-of-the-crisis.

Mason, Paul. 2015. PostCapitalism: A Guide to Our Future. London: Penguin.

Mattick, Paul. 2011. Business as Usual: The Economic Crisis and the Failure of Capitalism. London: Reaktion Books.

Mazzucato, Mariana. 2013. The Entrepreneurial State: Debunking Public vs. Private Sector Myths. London: Anthem Press.

McGinnity, Frances, and Emma Calvert. 2009. „Work-Life Conflict and Social Inequality in Western Europe." Social Indicators Research 93, no. 3: 489–508.

McKnight, David. 2005. Beyond Right and Left: New Politics and the Culture Wars. Crow's Nest, NSW, Australia: Allen & Unwin.

Mouffe, Chantal. 2005. On the Political. London: Routledge.

– – . 2018. For a Left Populism. London: Verso.

Norris, Pippa. 2005. Radical Right: Voters and Parties in the Electoral Market. Cambridge: Cambridge University Press.

Obama, Barack. 2006. Keynote address at the launch of the Brookings Institute's Hamilton Project, April 5, 2006. Viewable at YouTube, „Barack Obama at the Launch of the Brookings

Institute's Hamilton Project," posted by heckofjob, November 30, 2009, https://youtu.be/P-5Y74FrDCc.

Offe, Claus. 1985. Disorganized Capitalism: Contemporary Transformations of Work and Politics. Cambridge: Polity.

– – . 2016. Europe Entrapped. Cambridge: Polity Press.

Oppenhuis, Erik. 1995. Voting Behavior in Europe: A Comparative Analysis of Electoral Participation and Party Choice. Amsterdam: Het Spinhuis.

Palermo, Giulio. 2017. „Competition: A Marxist View." Cambridge Journal of Economics 41, no. 6: 1559–1585.

Patrick, Ruth. 2017. For Whose Benefit? The Everyday Realities of Welfare Reform. Bristol, UK: Policy.

Perrineau, Pascal. 2002. „Les evolutions de la Ve Republique: L'affaiblissement de l'antagonisme gauche/droite." Cahiers francais 300, no. 1: 48–54.

Piketty, Thomas. 2014. Capital in the Twenty-First Century. Cambridge, MA: Harvard University Press.

Polanyi, Karl. 1944. The Great Transformation: The Political and Economic Origins of Our Time. Boston: Beacon Press, 1957. Deutsch: Polanyi, Karl. (1944) 1978. The Great Transformation. Politische und ökonomische Ursprünge von Gesellschaften und Wirtschaftssystemen. Frankfurt: Suhrkamp.

Postone, Moishe. 1993. Time, Labor, and Social Domination: A Reinterpretation of Marx's Critical Theory. New York: Cambridge University Press.

Przeworski, Adam. 2012. „Economic Inequality, Political Inequality, and Redistribution." Brazilian Political Science Review 6, no. 1: 11–36.

Quart, Alissa. 2018. Squeezed: Why Our Families Can't Afford America. New York: HarperCollins.

Reed, Alec. 2011. Capitalism Is Dead – Peoplism Rules: Creating Success Out of Corporate Chaos. London: McGraw-Hill.

Reeves, Aaron, Martin McKee, and David Stuckler. 2014. „Economic Suicides in the Great Recession in Europe and North America." British Journal of Psychiatry 205, no. 3: 246–247.

Reich, Robert B. 2007. Supercapitalism: The Transformation of Business, Democracy, and Everyday Life. New York: Vintage.

– – . 2010. Aftershock: The Next Economy and America's Future. New York: Alfred A. Knopf.

– – . 2015. Saving Capitalism: For the Many, Not the Few. New York: Alfred A. Knopf.

– – . 2018. The Common Good. New York: Alfred A. Knopf.

Reid-Henry, Simon. 2015. The Political Origins of Inequality: Why a More Equal World Is Better for Us All. Chicago: University of Chicago Press.

Rhodes, Martin. 2001. „The Political Economy of Social Pacts: Competitive Corporatism and European Welfare Reform." In The New Politics of the Welfare State, ed. Paul Pierson, 165–94. Oxford: Oxford University Press.

Roberts, Alasdair. 2013. The End of Protest: How Free-Market Capitalism Learned to Control Dissent. Ithaca, NY: Cornell University Press.

Roberts, Michael. 2016. The Long Depression: Marxism and the Global Crisis of Capitalism. Chicago: Haymarket Books.

Rorty, Richard. 1996. „What's Wrong with Rights?" Harper's Magazine (June): 15–18.

Roth, Felix, Felicitas Nowak-Lehmann D., and Thomas Otter. 2011. „Has the Financial Crisis Shattered Citizens' Trust in National and European Governmental Institutions?" CEPS Working Document No. 343, June 2011. https://www.ceps.eu/ceps-publications/has-financial-crisis-shattered-citizens-trust-national-and-european-governmental/.

Roth, Philip. 1980. Philip Roth interviews Milan Kundera. http://www.kundera.de/english/Info-Point/Interview_Roth/interview_roth.html.

Rueda, David. 2006. „Social Democracy and Active Labour-Market Policies: Insiders, Outsiders and the Politics of Employment Promotion." British Journal of Political Science 36, no. 3: 385–406.

Sarkar, Saral. 2014. The Crises of Capitalism: A Different Study of Political Economy. Trans. Graciela Calderon. Berkeley, CA: Counterpoint.

Sartori, Giovanni. 1976. Parties and Party Systems: A Framework for Analysis. Cambridge: Cambridge University Press.

Sassen, Saskia. 2014. Expulsions: Brutality and Complexity in the Global Economy. Cambridge, MA: Harvard University Press.

Schattschneider, Elmer E. 1948. The Struggle for Party and Government. College Park: University of Maryland.

Schumpeter, Joseph A. 1928. „The Instability of Capitalism." Economic Journal, 38. Reprinted in Essays: On Entrepreneurs, Innovations, Business Cycles, and the Evolution of Capitalism, ed. R. V. Clemence, 47–72. New Brunswick, NJ: Transaction Publishers, 1989.

– – . (1943) 2020. Kapitalismus, Sozialismus und Demokratie. 10., vervollständigte Auflage. Tübingen: Narr Francke Attempto.

Shaikh, Anwar. 2016. Capitalism: Competition, Conflict, Crises. Oxford: Oxford University Press.

Shiller, Robert. 2013. „Nobel-Winning Economist Warns: Rising Inequality a Problem." Interview with the Associated Press, October 15, 2013. http://www.telegram.com/article/20131015/NEWS/310149727.

Shklar, Judith N. 1992. The Faces of Injustice. New Haven, CT: Yale University Press.

Skocpol, Theda, Vanessa Williamson, and John Coggin. 2011. „The Tea Party and the Remaking of Republican Conservatism." Perspectives on Politics 9, no. 1: 25–43.

Sleeper, Jim. 2017. „Eyes Off the Prize." Democracy, August 17, 2017. https://democracyjournal.org/arguments/eyes-off-the-prize/.

Srnicek, Nick, and Alex Williams. 2015. Inventing the Future: Postcapitalism and a World Without Work. London: Verso.

Standing, Guy. 2010. Work After Globalization: Building Occupational Citizenship. Cheltenham, UK: Edward Elgar.

– – . 2011. The Precariat: The New Dangerous Class. London: Bloomsbury.

– – . 2016. The Corruption of Capitalism: Why Rentiers Thrive and Work Does Not Pay. London: Biteback.

– – . 2017. Basic Income: A Guide for the Open-Minded. New Haven, CT: Yale University Press.

Steinem, Gloria. 2015. My Life on the Road. New York: Random House.

Stiglitz, Joseph E. 2003. Globalization and Its Discontents. New York: Norton.

– – . 2015. The Great Divide: Unequal Societies and What We Can Do About Them. New York: Norton.

Streeck, Wolfgang. 1984. „Neo-Corporatist Industrial Relations and the Economic Crisis in West Germany." In Order and Conflict in Contemporary Capitalism, ed. John H. Goldthorpe, 291–314. Oxford: Oxford University Press.

– – . 2009. Re-Forming Capitalism: Institutional Change in the German Political Economy. Oxford: Oxford University Press.

– – . 2010. „Taking Capitalism Seriously: Toward an Institutionalist Approach to Contemporary Political Economy." MPIfG Discussion Paper 10/15.

– – . 2013. Gekaufte Zeit. Die vertagte Krise des demokratischen Kapitalismus. Berlin: Suhrkamp.

– – . 2016. How Will Capitalism End? Essays on a Failing System. London: Verso.

Sull, Don. 2009. „Survival in an Age of Turbulence." Financial Times, April 16, 2009.

Tepper, Jonathan, and Denise Hearn. 2018. The Myth of Capitalism: Monopolies and the Death of Competition. Hoboken, NJ: Wiley & Sons.

Thomassen, Jacques A. 1994. „Empirical Research into Political Representation: Failing Democracy or Failing Models?" In Elections at Home and Abroad: Essays in Honour of Warren Miller, ed. M. K. Jennings and T. E. Mann, 237–65. Ann Arbor: University of Michigan Press.

Tocqueville, Alexis de. (1835) 1990. Democracy in America. 2 vols. New York: Vintage Books. Deutsch: Tocqueville, Alexis de. (1835) 1956. Über die Demokratie in Amerika. Frankfurt: Fischer.

Tolentino, Jia. 2017. „Charlottesville and the Effort to Downplay Racism in America." New Yorker, August 13, 2017.

Tufekci, Zeynep. 2017. Twitter and Tear Gas: The Power and Fragility of Networked Protest. New Haven, CT: Yale University Press.

UBS. 2015. „When Is Enough . . Enough? Why the Wealthy Can't Get Off the Treadmill." UBS Investor Watch.

Ughetto, Pascal. 2008. „Workplace Suicides Highlight Issue of Rising Stress Levels at Work". European Observatory of Working Life publication. January 13, 2008. https://www.eurofound.europa.eu/observatories/eurwork/articles/workplace-suicides-highlight-issue-of-rising-stress-levels-at-work.

Unger, Roberto. 2006. The Left Alternative. London: Verso.

Valery, Paul. 1941. Tel Quel. Paris: Gallimard.

Van Parijs, Philippe, and Yannick Vanderborght. 2017. Basic Income: A Radical Proposal for a Free Society and a Sane Economy. Cambridge, MA: Harvard University Press.

Weber, Max. (1904–1905) Die protestantische Ethik und der Geist des Kapitalismus. In: Archiv für Sozialwissenschaft und Sozialpolitik. 20, 1904, 1–54, und 21, 1905, 1–110

– – . (1920) 1947. The Theory of Social and Economic Organization. Trans. A. M. Henderson and Talcott Parsons. Glencoe, IL: The Free Press.

– – . (1922) 1976. Wirtschaft und Gesellschaft . Tübingen: Mohr Siebeck, Max-Weber-Gesamtausgabe I/22-1 – I/22-5; I/23.

Wilde, Oscar. (1891) 1912. The Soul of Man Under Socialism. London: Arthur L. Humphreys.

World Meteorological Organisation (WMO). 2019. „WMO Statement on the State of the Global Climate in 2018". https://library.wmo.int/doc_num.php?explnum_id=5789.

Yonnet, Paul. 1999. Travail, loisir, temps libre et lien social. Paris: Gallimard.

Žižek, Slavoj. 2019. Wie ein Dieb bei Tageslicht. Frankfurt: Fischer.